U0876344

君王们的信仰

JUNWANGMEN DE XINYANG

李南·著

東方出版社

责任编辑:李椒元
版式设计:胡永和
责任校对:宋春燕

图书在版编目(CIP)数据

君王们的信仰/李南著. -北京:东方出版社,2008.5
ISBN 978-7-5060-3140-0

Ⅰ.君… Ⅱ.李… Ⅲ.帝王-人物研究-中国-古代 Ⅳ.K827=2

中国版本图书馆 CIP 数据核字(2008)第053554号

君王们的信仰
JUNWANG MEN DE XINYANG

李 南 著

東方出版社 出版发行
(100706 北京朝阳门内大街166号)

北京世纪雨田印刷有限公司印刷 新华书店经销

2008年5月第1版 2008年5月北京第1次印刷
开本:700毫米×1000毫米 1/16
字数:246千字 印张:22

ISBN 978-7-5060-3140-0 定价:35.00元

邮购地址 100706 北京朝阳门内大街166号
人民东方图书销售中心 电话 (010)65250042 65289539

目　录

前言

在中国几千年的历史中，随着朝代的更替，政权的移接，君王们的身影也随着历史的脚步而出现或消亡。他们有的开一代先河，创一世伟业；有的治国无道，为他人作嫁衣裳；有的造反立业，却消弭于滔滔历史洪流之中。这些帝王的上位无不印证了"一将功成万骨枯"的名言。

论地位：这些君王们是人中之龙；论权力：他们至高无上——这是中国历代皇帝一脉相承的"政治标识"。所以，无论是明君，还是昏君，他们都可以对着自己的子民大言不惭地宣告"朕就是法，寡人就是天"。可是，他们的"法"与"天"从何而来，由何而去呢？换句话讲，他们是用什么来治理自己国家的呢？他们的治国方略中，是否也有某种高山仰止的力量源泉与精神支柱呢？这些，本都应该是我们管窥历史的主轴，遗憾的是，历史为我们留下的记述却只是一鳞半爪，未成系统，使得我们纵然能够知道历代君王功过几何，但功绩或过错的始因，却知之甚少。何况，世人评价向来不一，究竟何为真相，何为全貌，向无定论。这不能不说是一大缺憾！

中国俗语有云："一物降一物。"在我学习的历史学过程中，就曾经用这个"定律"推敲过"以君代法""以君遮天"的古代君王们的习性，一个疑窦从此而生：谁来降君王？

带着这个疑窦，我重温了很多关于古代帝王的历史资料，并极尽所能地找出一些能指导他们定立政纲的噱头，再沿着这些噱头深究，渐渐地，一个词条的轮廓在我的脑海里明晰起来，这个词条就是“信仰”二字。

是的，唯有信仰，才可以“降”君王！

于是，《君王们的信仰》的创作冲动由此而生。

信仰这个词奥妙无穷，有的人认为它总有一种神秘神奇的感觉，似乎蕴涵着无穷的力量。有的人则对它不屑一顾，甚至嗤之以鼻，把它归类为封建迷信，落后骗人的学说。何以信仰一词会招致如此截然相反的两种评价？

不妨先来看看何谓信仰。

人们对某种理论、学说、主义的信服和尊崇，并把它奉为自己的行为准则和活动指南，它是一个人做什么和不做什么的根本准则和态度。看，信仰如此震慑人心，如此具有号召力，甚至具有导人向善恶的作用。当信仰与君王连在一起的时候，会有何种惊人的发现呢？

从秦始皇开始，这位千古一帝对于长生有着疯狂的向往与执著的追求，这种信仰至死不渝。汉武大帝为了追求神仙信仰，赔上了一家的性命。儒家信仰的忠实追随者王莽，虽然篡汉，可是他的信仰并没如他所期望的那样帮助他治国兴邦。当佛家信仰自印度传入我国之后，与道家千百年来一直存在矛盾，尽管之前有梁武帝的崇佛，后有武则天的信佛，可它仍经历了三武一宗的法难。说到这，有必要强调一下信仰的实用之处。虽然，不能否定很多帝王把信仰归类于信念，是信念的一部分，是信念最集中、最高的表现形式。但是，信仰也是为帝王上位和统治百姓的工具。用信仰圈限人民的活动，用信仰麻痹人民的思想，用信仰得到人民的拥护。

信仰也包含有信仰的君王对国家未来的美好憧憬。所以有信仰与没有信仰的君王是不一样的。没有信仰的君王，会失去把握自身命运的力量，其发展的目标性会大大减低；有信仰的君王，会为自己的信仰调动自身的一切力量，集中到既定的目标上，其知识、能力、内心世界都会得到充实和提高，从而推及统治整个国家的政纲。就好像成吉思汗的萨满信仰，包括大明开国皇帝朱元璋扑朔迷离的回教信仰——从他的治国之道与用人处世上，我们甚至还挖掘出一幕足可以惊世的秘密。

《君王们的信仰》从秦始皇开始，到洪秀全的起义，力图通过有力的史料与确切的证据，分析历朝历代帝王们的信仰，深入探悉他们的内心世界。希望剑走偏锋，通过之前少有人提及的信仰问题，发掘历史中不为人知，或鲜为人知的事实，从而更有利于研究中国几千年来的历史文化。由于笔者学识浅陋，恐行文中出现欠缺之处，贻笑大方，故而特拜访了人民大学历史系权威教授马金科老师，蒙马老师不弃，占用休息时间给予了本书斧正与肯定，及时纠正了文中的错漏之处，在此笔者对马老师致以深重的谢意。本书实乃笔者的浅见，虽蒙专家教授的鼓励，心下不免惴惴，因而竭诚希望广大读者的批评指正。

李　南

2007年7月30日于北京

第一章　秦始皇:走火入魔于“长生不老”间

公元前221年,秦灭六国,至此,分崩离析的华夏国土结束了战国时代,中国从此有了第一个中央集权的国家,国号——秦。

秦国始皇帝姓嬴名政,这是中国历史上唯一一个迄今为止也没找到自己真实祖宗的皇帝,但这丝毫不影响作为一个天才的用武之地。他有军事家的才能和政治家的眼光,在他登极后,设立郡县,开凿运河,兴建长城,严刑立法,一度把诸侯割据混战近五百年的沧桑乱世治理得颇有东方帝国般的神韵。一个科技、文化、管理、知识及生活水平满目疮痍的国度,在一个具有卓越的超前意识的领军人物手里,逐渐开始复苏。

可是,好景不长,秦始皇所希冀的长久统治并没有实现,尽管他虔诚地祝祷永生,并把一生中近三分之一的精力投入到追求神仙、寻求仙药的事业中去,并为此巡游全国、北击匈奴、坑杀儒士、兴建宫室,不惜一切手段企图与天地同寿、与日月同辉,但最终还是死在巡游求仙的途中。想必连秦始皇自己也没有想到,正是他的信仰,他那孜孜不倦的求仙活动对秦王朝的统治产生了巨大的负面影响,进而变成了加速秦王朝灭亡的催化剂。

让很多人感到不解的是,像秦始皇这种才智不凡的君王,怎么也会对虚头巴脑的“成仙不死”之道如此虔诚、神往,乃至至死不悟?

对于这个问题的解答，不是一句话两句话说得清的。我们不能单纯地把他看做是唯心主义者的思想取向，因为这涉及秦始皇信仰的形成背景，以及当时的历史条件、社会因素等多方面原因，只有深入分析这些因素，才能帮助我们解开这位千古帝王的求仙之谜。

第一节　人心不古，神仙兴方术，"不死"谑始皇

姓名：嬴政

性别：男

民族：汉

体貌特征：《太平御览》皇王部《河图》中说秦始皇相貌雍容轩昂，是古代相书中典型的帝王之相。

家庭出身：皇族

生卒：公元前259～公元前210年

社会关系：

父亲：子楚（也有人说是吕不韦，至今尚无定论）

母亲：赵姬（曾为歌伎，被吕不韦重金买来为妾，后献于子楚）

帝号：秦始皇

理想：修道成仙、长生不死

一、方士由来有据，"礼崩乐坏"的背景探绎

秦始皇的信仰与他所处时代的大背景是分不开的。要知道秦始皇距今有两千二百多年，当时印度佛教还没有传入中国，而西方的基督教发源于公元1世纪巴勒斯坦地区犹太人社会，直至唐太宗贞观九年即公元635年，基督教方始传入中国。也就是说秦始皇时期我国并未受到外来宗教思想的影响，而本土的宗教尚未成形，充其量是

处于萌芽状态。因此，秦始皇的信仰源头还要从春秋战国时期说起。应该说春秋战国之际是中国历史发展的一个重要阶段，它处于从奴隶社会向封建社会转变的过渡时期，是有识之士思维活跃的时期，是各种理论的萌芽阶段。

随着周王朝实力与威望的衰退，各诸侯国呈现出了兴盛的状态。这一时期的周朝天子已经名存实亡，几乎由领军诸侯的国家领袖沦落为附属物。因而早前适用于周朝的礼法、制度及思维模式显然已经无法适应当时社会的要求以及生产力的发展。

这是个人人都在要求独立的年代。当时的文词中提到的礼崩乐坏，人心不古，说的就是国家出现了一拨拨叛逆人士，从太宰掠妻弑君、公子佗杀兄夺位、雍姬杀夫，到吾公子杀父王等违背礼教规章事件，频频发生。这还不算，各地的诸侯拥兵自重，纷纷宣布独立，从春秋五霸到战国七雄，无一不是豪情壮志、欲独领风骚的人物。他们坚信只有自己坐上第一把交椅才是硬道理，因而“连横”、“合纵”、“武治”等政治学说有了广阔的市场前景。谁也不愿意听孔老夫子在那里反复地唠叨什么“仁”啊“礼”的，所以孔先生的悲哀就悲哀在他生不逢时，要晚生几百年，越过秦国的尸体，步到汉朝，兴许就能独领风骚，把自己的学说发扬光大了。可春秋战国时期诸侯王心中向往的是权力，是地位，是万代千秋的世袭罔替，他们为此可以付出所有的心血，可以不择手段，只要能登极，不计一切代价和后果。

此时，各国诸侯都有自己的想法，要么改旗易帜自己建国兴邦，要么强强联手割据一方。这些诸侯不约而同地遗弃了自己的领袖，他们不仅不再向当时的周天子纳贡，而且楚庄王居然派使臣问周天子大禹铸的九鼎有多重。这明显带有挑衅的意味，说明自己有欲取代其位的野心。

比楚国动作更大的还有鲁国的昭公，他率先在国内掀起了一股经济改革的浪潮,从废井田、开阡陌到大肆变法,在当时很成气候。鲁国在昭公手里开始有了鼎盛的迹象,各国君主显然是看到了前景和实效,于是纷纷效仿,他们开始如饥似渴地养士招贤。当时的君王们已然深刻地认识到我们21世纪才认识到的真理:什么最可贵,人才!于是,他们为自己的国家建设广纳精英、积累人才。

周天子的威信渐行渐远,一人说了算的制度已然不再适用,反而是诸侯们都在极力思索和探求新的治国之道。于是开创了前无古人后无来者的百家争鸣局面。尽管由于地方势力的割据,使得社会上充斥着混乱的不安定因素,可是也不可否认,正是这种"思变"之潮的发端和此消彼长的各种沙龙,推动了社会的发展,这个时代所产生的思想财富,为后世的民族传统文化奠定了基础,提炼出了精华。

其实,这种文化现象和知识世家的分崩离析开始得很早,只不过周天子时代也未曾对其加以重视和控制,使得它一直延续下来,原属王官的知识分子融入了普通老百姓之中,而原为下层的平民知识分子的地位却大幅度提高了,并融入了本属上流社会的王官阶层之中,正是这种新型的知识阶层的产生,出现了一个新的称谓——"士"。当时各国的君王不少都深信方士、术士之言,似乎方士才是第一生产力,才是"摇钱树"。当然,也不能否认,这些"半路修行"的方士也确实有些技能,他们不仅能把君王说服得对"长生不老"一说深信不疑,而且还"制造"了不少靠"呼风唤雨"吃饭的幻术高手。

《墨子枕中五行记》中曾经提到,这些方士能够把人随处隐藏,也能含笑间由男变女,还可以让人"飞行上下"。《墨子枕中五行记》初衷示人与否,我说不清楚,就连他对方士的描述,我想或多或少也带着些许的新鲜感。因而对于他的描写和记载只能看做是方士文化的一种演绎,其可信度则大打折扣。所谓的方士,按我们现代人理解,应该类似于科技工作者和神职人员。当然当时的科技水平有限,对于无法理解的事物就用神仙来解释。因而他们的思想领域和认识高度总围绕神仙世界不足为奇。巧趣的是,秦始皇嬴政恰好就生在这个年代。他之所以对长生不老如此执著追求,与他所受的仲父吕不韦的言传身教不无关系。吕不韦当相国时,其门客中有一多半是方士与术士,嬴政从小在这种环境里成长,自然而然会受到方士和术士思想文化的熏陶。

当然,我们不能因为现在人们享受到数字科技给我们带来的幸福,而一味地否定数字科技尚处于贫瘠时代的方士作用。毕竟方士方术也归在百家争鸣的范畴之中。而这一领域的确是当时人们智慧的体现。它不仅涉及思想领域,它的出现还刺激和推动了狭义上的科学技术的发展。在春秋、战国时期,中国在狭义上的科学技术及科学思想已达到相当高的水平。这种所谓的狭义上的科技,说到底就是方术。这些引人注目的科学成果,大部分也还是集中于古代的方术中。

方术其实算是当时一个时髦的新名词,它是指当时社会上流行的各种各样的技术、艺能。所谓“百家众技也,皆有所长,时有所用”,由此,从秦汉以来,方术几乎成了一切高端杂术的总称。

不妨把方术提高一个层次,称它为方技,因为,它的确是以探讨“人道”与“性命”为主,内容涉及医学、药学、性学、养生学、长寿学以及与之有关的营养学、植物学、动物学、矿物学、古化学等学科。古代的科学技术史料大多囊括其中,并产生了许多令世界瞩目的科学成果及科学思想,在当时也算是一门科技攻关的重点项目。秦始皇纵然具有超强的超前意识,也不可能飞跃两千年的历史长河,到现代这个世界来,与我们共享现代数字科技的荣耀,他所能做的,就是利用方术上的长寿学,尽量地让自己享受到长生不老的实惠。

这一段时期的方士技术,后来在很多相关的书籍中都有记述。

比如在《后汉书》中专门有《方术列传》，其序就把卜筮、阴阳、推步、河洛之文、龟龙之图、箕子之术、师旷之书、纬候之部、钤决之符、易学数术、图录内学等皆归属于方术。这不免给人以无限遐想，为那个数字科技还不发达、信息传播有限的年代中的方士披上了一层神秘的面纱。

还有一种记述应该引起我们的注意，那就是"方仙道"与"神仙家"。"方仙道"与"神仙家"最早源自战国时齐人邹衍创立阴阳五行学说，方士们利用邹衍之学来解释其秘术仙方，从而形成了《史记》所说的"方仙道"与《汉书·艺文志》所说的"神仙家"。神仙思想是由"不死"的观念而起，它源于上古的巫师文化，至春秋、战国时受到更多人的重视，并已有人造仙药批量生产。比如《左传·昭公二十年》有载，齐景公问晏子曰："古而无死，其乐若何？"晏子以"古无不死之人"为答，看来这位是当时几个为数不多能始终保持头脑清醒的人。《战国策·楚策》也有记述说，有人献不死药于荆王。《韩非子·外储说左上》曰："客有教燕王为不死之道者。"证明"不死""成仙"的思想在晚周时期从民间到王宫都已颇为流行，故被众多诸侯国的君王们所重视。

既然有了神仙家滋生的土壤，又受到历届君王的向往，那么"不死"之道吸引秦始皇嬴政的目光也就不足为奇了。

二、内因驱动，祈求以无限生命享用无限欲望

当然，基于历史的局限，我们不能一味地否定秦始皇嬴政在"延寿"与治国思想上对神仙教的心理依托。毕竟，在他统一全国后，他"意得欲从"的"霸道"作风，还是把他手下的宦官管理得服服帖帖。他在位时期，不仅是名正言顺的万人之上，而且也是极端的个人主义者。只要他想做的无论如何也要达到目的，无论多困难也得实现。

全中国就他一人说了算,他从不考虑事件的可行性有几分。在国运无忧、生活无忧的前提下,他的眼光开始瞄准了“求仙”事业,认为兴许迈入这一领域,能实现自己长生不死的美好愿望,能把自己的霸业进行到底。

秦始皇的这种个人嗜好很快被传到民间,于是当时社会上求仙活动再次鼎盛起来,这很迎合君王的志趣,礼崩乐坏、百家争鸣过犹不及,这表明:方士说从当初的风生水起,到秦帝国的方兴未艾,给一代君王提供的绝不仅仅是娱乐的平台,更重要的是他已然把“求仙”与“求长生”的兴趣灌输到自己的血液里,并以此当作自己的人生指导方向,所以说秦始皇的信仰带有极其浓重的主观色彩。因而,要说他对“仙”与“长生”的潜心追逐,还得从他自己身上找原因。

首先,来看这位“千古一帝”的体貌特征。这和他的求仙有着最直接的关系。

据说这位秦始皇和一般人长得不太一样,是位硬线条的美男子,他身形奇高,有多高?史书没有记载,但根据专家用出土文物进行的物理分析,估计不下1米98,有的学者认为他腰围4尺开外,身形魁梧,大有雄姿勃发的君主风范。也有人唱反调,说他应该是小矮个儿,长得瘦小枯干。当然这种说法只是出于“印象派”感觉,没有根据,也没有相关的证据,所以不可信。那么秦始皇的身体健康状况如何呢?据史料记载,吕不韦在世时,他还时时地被安排锻炼,身体也还是过得去的,但吕不韦死后,他取消了锻炼,身体状况也每况愈下,再加上他锐意改革,日理万机,夜以继日地勤奋工作,精力透支过度,人尚未老,身体就过早地衰弱下来,以致疾病缠身,心神不宁。

由此我们可以推测出秦始皇正是由于自身健康不佳的原因,才对“长生”有一种本能的渴望。被权力和欲望双重包围着的秦始皇,不得不经常面对生存还是死亡的思考,这对秦始皇来说可是个大问题。于是，力图寻求摆脱死亡威胁的途径，就提上了日程。在这个日程里，头等大事当然是求医。求医，求什么医？怎么求？当时中国医学界基本是由无所不能的神仙教与方术掌握着话语权的，秦始皇不求方术不求神仙，求谁？因而，我们有理由相信，个人健康问题是秦始皇长期迷恋和迷信神仙学说的第一大归因。

其次，要看到秦始皇的复杂经历。

秦始皇也不是一开始就风光无限，傲视天下的。尽管他 13 岁就登了基，可是，他的监护人也就是仲父吕不韦一手遮天，朝中大事小事都是吕不韦做主。因此吕不韦才是嬴政统治初期名副其实的最高领袖。有名无实的现状压抑着年幼的皇帝，如果说这还能忍，那么他亲生母亲的所作所为，则是令他忍无可忍。曾经以舞女为职业的生母赵姬，生活作风实在腐化堕落，不仅和丞相吕不韦有绯闻，致使这位始皇帝的家谱至今说不清是否姓吕，还与假宦官嫪毐也有说不清的关系，可以说这威胁到了秦始皇的人格尊严，成了他一生抹不掉的污点，这在自古崇尚礼仪廉耻的中国，连普通百姓都无法忍受，何况是高高在上的国君。因而，随着年龄的增长，也经过激烈的思想斗争，秦始皇的性格逐渐硬朗起来，他先后灭掉了吕不韦和嫪毐的势力，把秦国的政权牢牢地控制在自己手中。此间，国家虽然统一了，可是六国残余势力和敌对势力的暗杀活动猖獗，先后有几拨恐吓暗杀行动险些要了他的命。先是高手荆轲的行刺，再是张良搏浪锥击，以及而后的逢盗兰池等等，政敌一次次谋划针对他的必欲置之死地而后快的行动，刺激了他的好胜心理，也坚定了他一定要找到一种长生不死办法的决心。求仙活动正是他的这种心态的集中体现。

再有，就是秦始皇成熟后私欲的无限膨胀。

干事业之初，秦始皇很知道严格要求自己，吃穿提倡艰苦朴素，待人也能宽容，可是开了几次杀戒后，他的仁爱之心渐渐淡漠，面对自己统一全国的巨大功绩，面对无数的战争胜利，他的傲骨逐渐被傲气所替代。他感觉自己是前无古人后无来者的千古一帝，无人能望其项背。再加上善于察言观色的赵高、李斯之流对他的阿谀奉承，极尽吹捧之能事，秦始皇渐渐地不再关心自己究竟姓什么了，在他体内那些贪婪暴虐的不安定因子逐渐显露出来，无限的私欲也找到了突破口，开始恶性膨胀。

比如下令斥巨资为自己建造阿房宫，比如搜罗天下美女、珍宝供自己玩乐等等，生活糜烂无比，还听不进劝诫，稍有人劝阻，立马就触怒天颜。生活上的奢侈还表现在秦始皇的出游上，这位始皇帝无疑给后世那些爱各地巡游的皇帝开了先河。只不过，他从不知微服私访为何物，每出门一次，都要耗费一大笔开销。但是，让秦始皇始料未及的是，常年的游乐无疑给他的健康雪上加霜。当他发现自己身体每况愈下了，意识到生命的缩短就等于他可以享受的时间不长了，于是坚定了“成仙才能长生，才能保住自己所享有的一切”的信念。所以，他对求仙活动的敬仰之情就有如滔滔江水，连绵不绝。

最后一处归因，还要归结于他自身那自负的个性。

后人对秦始皇的评价是“始皇为人，天性刚愎自用”，从众多史料中我们不难发现，这位始皇帝性格自以为是、独断专行。初登极，姑且算他年幼而有所不能，但当他发现皇帝就是至高无上的代名词后，就变得唯我独尊、自以为是起来，他根本听不进任何不同意见，比如震惊海内外的焚书坑儒行动就是因为他听不进他人的反对意见而一手掀起的。李斯提出不要攻打匈奴的建议也被他拒绝，就连自己的亲生儿子扶苏对坑儒有不同意见，也被他流放。这样的性格，连最亲近的人都不相信，他还能相信谁？他甚至不放心把政事交给别人处理，只好事必躬亲，“事无大小皆决于上”，更不甘心死后把政权交给别人，很明显他对于当帝王的瘾还没过够，因此对于得道成仙、永生不死的追求就更加狂热。

要说秦始皇对求仙之道狂热到什么程度,看看他营造的骊山墓就知道了。或许是秦始皇多次求仙不成,炼的长生不死药又不好使,因而头脑片刻清醒之时,还是决定给自己建墓,好让自己死后仍能享受到生前的风光。但是直到躺在陵墓里,他仍然固执地追寻着成仙之路,从兵马俑的发掘就可以看出这一点。古代帝王讲究面南坐北,而兵马俑却是面向东方。据勘测,躺在地下的秦始皇也是头西脚东,秦人称为面东。东方就代表了仙人居住的地方,也就是说秦始皇至死还没觉悟,还做着入海求仙的美梦呢。

从如上几点分析可以看出,秦始皇迷信神仙,求不死之药,和他自身经历、身体状况有着紧密的联系,包括他个人的性格爱好,错综复杂的个性因素,使得秦始皇对求仙活动表现出始终如一的坚定和异乎寻常的热情,也使得神仙学说对秦始皇的晚年生活及秦朝政治统治力产生了巨大的影响。

第二节 扼杀诸子百家,为巫筮的延承发展开路

信仰的力量是强大的,为了自己的信仰,许多人甚至可以抛头颅、洒热血而在所不惜。当然,秦始皇高高在上的统治地位使得他用不着为了追求自己的信仰而付出生命的代价。但他想要在那个充斥着诸子百家学说的时代力捧自己所信奉的神仙信仰,却也绝非一件易事。想要使自己的信仰变成所有人的信仰,就必须利用自己手中的权力为所有人洗脑,于是,这位始皇帝在求仙信仰的一路引领下,不惜使用强权铁腕、霹雳手段,坚决废黜了诸子百家学说,为自己的神仙信仰在全国范围内的迅速发展铺平道路。

不过,也有一家逃过了这一劫,那就是法家。本就有严重暴力倾

向的秦始皇与倡导法、术、势的法家一拍即合，他尤其对法家的“暴力万能论”和“君权绝对论”大加提倡推广，法家成了这位专制君王使用暴力手段实现国家意志的唯一工具。但是，这种具有中国特色的“法”，开创了酷刑文化，这对于本就性格暴躁、手段残酷的秦始皇来说，无疑是正中下怀，他越来越享受这种酷刑文化为他所带来的众人臣服于他脚下的片刻欢愉，并越发地沉醉其中。但他自己可能并没有意识到，正是他的这种“法治”，促使他日后不得不走上了追逐长生的道路。

一、诸子让位，法家一枝独秀

既然选择了以“法”治国，那么接下来的问题就是怎么治，对此，秦始皇的态度是：执法必严，违法必究。这本来是一件利国利民的好事，也是一个国家能够尽快步入正轨、昌盛发展的必由之路。可是这本应该是治理国家所用的严州峻法到秦始皇这儿却被扭曲和篡改了，他完全把“法”变成了个人发泄不满和打击报复人民的工具。

应该说，开始注意并赏识法家的并不只是秦始皇，早在他太爷爷、爷爷当皇帝的时候就清醒地认识到，要想实现君主独裁就得推行“法治主义”。尤其是在商鞅推行变法后，一时间，国民经济有了突飞猛进的发展，人民安居乐业，路不拾遗，山无盗匪，这使当时的国家统治者看到了方向，因而使“法治主义”在秦国深深地扎下了根，在社会领域的各个方面形成了系统的、牢固稳定的、有可操作性的一整套制度。既然这个政策得到了肯定，那么后世陆续跟着落实的人自然层出不穷。比如法家学说的代表人物韩非和秦始皇当政时期的丞相李斯，都是看到儒家没有前途，因而半路出家弃儒投法。此后，整个社会开始向法看齐。因而，在这个社会政治大环境中茁壮成长起来的秦始皇自然坚信以“法”治国会给自己带来真正的实惠。

当然，对于秦始皇推行“法治”，我们不能否认与这位帝王的个性因素有关，用现代话说叫性格决定命运，而这位就是典型的例证。

在秦始皇成长的过程中，秦国已然是地道的法家思想根据地，在这种特殊文化环境的熏陶之下，年幼的始皇帝已经成为一个地地道道的法家人物。他不仅是法家大师韩非的忠实拥趸者，而且还广招各国的法家人物，坚决按照法家的“君主集权论”和“暴力万能论”来建构新国家的模型，坚决相信只有武力才能统一中国。在他这些表现近乎疯狂的对君权和暴力进行极力追求的过程中，秦始皇本人的人格力量起着至关重要的作用。我们有理由相信，一个慈眉善目、地上有只蚂蚁都要绕道走的人绝对不会是政治、军事强人！因为没有一颗冷酷的心，他就根本无从承担起推行“法治”的重任。秦始皇少年时代苦难的经历，扭曲的家庭生活，父亲、母亲给他的尊严蒙上的耻辱，过早地对宫廷深处尔虞我诈的内幕的了解和把握等等现实，都明确地告诉他：要想生存下去，就不能相信别人，凡事都要靠自己。因而他对荀子、韩非所提出的“人性恶”理论深信不疑。应该说秦始皇是个有严重自卑心理的人物，尽管他小小年纪就当上了皇帝，可是一方面朝中事务他一人说了不算，有吕不韦和他抢班夺权，另一方面，他唯一的亲人——母亲却只顾满足自己的私欲而屡屡制造宫廷丑闻，令他颜面尽失、羞怒不已，而自己的父亲究竟是那个疼爱自己的父王子楚，还是那个整天在耳边教训自己的仲父吕不韦，相信他是既想知道又怕知道。于是，他的性格在这种环境下日益变得乖戾偏激，理智却在磨难中逐渐成熟，他深刻地体会到，一切都是假的，只有手中的权力才是能够让自己为所欲为的锐利武器。认识到这一点，他开始靠冷酷无情地奴役、责罚他人，来补偿自己精神上的惨痛损失。这实在不能不说是一种变相的报复行为。

综上所述，“法治主义”在很大程度上能使秦始皇强力意志、优势意志、占有欲、权势欲得到最充分的表现,因而这使得他很有满足感、荣誉感。当然,“法治主义”的确有用,起码在统一中国的战争中,确实奏效,这使秦始皇的虚荣心获得了满足。于是他更加深信,“法治主义”是万能的,是“放之四海而皆准”的真理。

可事实是,他扭曲了“法治主义”,片面地认为其最大威力在于“重刑主义”,而把秦始皇带入这一误区的不是别人,正是一度让秦国百姓过上小康生活的变法先锋——商鞅。所谓“重刑主义”,就是轻罪重罚,就是用恐怖手段制造一种威慑力量,驱使民众就统治阶级之范。秦始皇看到了施行“重刑主义”后的成果,于是毫不犹豫地将其拿来为己所用。但商鞅在主张“重刑”之外,还补之以“厚赏”,并且商鞅在主张“重刑”的同时,还没有忘记“重刑”的道义基础,即“以刑去刑”。他提出:“重刑者,民不敢犯,故无刑也。”“刑重而必得,则民不敢试,故国无刑民。”“行罚重其轻者,轻者不至,重者不来,此谓以刑去刑。”而到了秦国统一中国前夕,秦始皇的思想导师韩非已经在极力鼓吹“重罚少赏”了。韩非坚持恩威并施的“赏罚论”,把法家学说的重点有意转移到突出“罚”的作用上。当然韩非还算有理智,他也知道如果用刑太严、太重,后果恐怕会出现“刑过民无惧”的反效果,因此一再提醒秦始皇无论赏罚都要有个合理的限度,超出这个限度,赏罚就会失去它的作用。可惜,已经被权力欲望和血腥洗脑的秦始皇根本没听进去。“重刑主义”到了秦始皇手中,完全变了味儿,他不主张“重刑厚赏”或“重刑少赏”,而是主张“专任刑罚”的“重刑不赏”! 能杀的就绝不手软,不能明着杀的,也尽可能想办法杀掉。就算是市井小窃,要赶上秦始皇心情不好,他没准儿也能把人家判个车裂。当然,这样严酷的刑法如果没有大臣的支持,光靠秦始皇一个人大概也不会进行得如此风生水起。坚决拥护和响应秦始皇这种极端思想的正是当时的政治设计师、丞相李斯。用他的话说就是:“名主圣王之所以能久处尊位,长执重势,而独擅天下之利者,非有异道也,能独断而审督责,必深罚,故天下不敢犯也。”有了这样得力的助手、知心的臣子,秦始皇更是毫无顾忌,誓将“重刑主义”进行到底!所以,“法治主义”到了秦始皇手中,已经完全偏离了它“以救群生之乱,去天下之祸”的初衷,而成为独裁者秦始皇“举错暴众”、与民为敌的残忍而野蛮的统治工具了。

在秦始皇统一六国之前,因为兵祸战乱,老百姓每天都过着朝不保夕的悲惨生活,现在,国家终于统一了,老百姓都盼着能过上幸福安乐的生活,都盼着这位有史以来第一位统一天下的皇帝给他们暗无天日的生活带来一丝光明。可秦始皇却不这么想,他认为只有他一个人有资格冲破黎明的封锁,享受阳光和雨露,而那些芸芸众生就是要为自己的幸福生活服务的。出自这种专横的设想,他迫使人们按照他的绝对意志去建造宏伟的宫殿,去修筑豪华的骊山墓,去日夜赶造举世震惊的万里长城,去铺筑四通八达的驰道,去远征匈奴和南越,去巡游全国,去寻找长生不老药,甚至去枉杀无辜和焚书坑儒。

如果有谁胆敢稍微露出一丝不满的神色,那么有的是毛骨悚然的刑法等着他。就死刑而言,就有戮刑、磔刑、弃市、定杀、生埋、赐死、枭首、腰斩、凿颠、抽肋、绞、剖腹、族刑、具五刑……至于其他刑罚,那就更是名目繁多,不胜枚举了。这些阴森可怖的刑罚,为秦始皇营造出了“黑色恐怖”的气氛,使那些笼罩在“黑色恐怖”阴霾下的人们逐渐习惯了李斯所说的“群臣百姓救过不给,何变之敢图”的政治氛围,从而使秦帝国的臣民成为任秦始皇肆意驱使、鞭挞甚至杀害的人形畜生!

秦始皇的“法治”使他享受到了当帝王的乐趣,享受到了无上的权力,享受到了无止境欲望的满足,享受到了一切的一切,因而他就愈发想千秋万代地将这种“美好的生活”维持下去。可是,我们前文提到,秦始皇的健康状况实在不容乐观,统治后期又没有坚持体育锻炼,能够维持生命本来不算太困难,然而他偏偏投身于荒淫享乐中,再加上政事的沉重负累,大大消耗了他的精力和体力。一方面他想让人人都畏惧自己,另一方面,他又害怕自己身体的日趋衰弱使自己的领袖地位不保。同时,秦始皇也清醒地认识到,老百姓在自己的残酷压榨下已经生出了诸多不安定的因子,他怀疑人人都有杀掉自己报仇泄愤的想法,因而求仙成了他维持永久统治、享受人们永久膜拜和畏惧的唯一办法。至此,施暴政、施酷刑、享受权力和执著求仙就形成了一个怪圈,越是不停地施暴,越是想长久地维持统治,从而越是想追求长生。想必,连秦始皇自己也没有想到,正是他的“法治主义”终于把大秦帝国境内的大多数人推向绝境,为秦帝国的毁灭埋下了伏线。

二、政治的需要,寻求方士巫筮的依托

毋庸置疑,方士与巫筮在秦帝国的延承发展是缘于秦始皇为其大开的方便之门。这点不难理解,因为秦始皇本身就是个求仙的忠实拥护者,而巫术中的“方术”,就是专门讲求所谓“长生不老”之术的学问。可以说巫术是道教的祖师爷,因为以后所出现的原始道教,就是在巫术、方术、阴阳五行等基础上产生的。巫术包括的范围很广,卜筮就是巫术的一种,巫师们假借鬼神的身份说话,用这种方式替人判断吉凶祸福,虽然并不科学,可是在那个年代却是绝对的权威,而这也是秦始皇最喜欢的“游戏”。虽然说全国大事小情秦始皇大可一锤定音,可是到了紧要关头,在那些连自己也说不好是福是祸的问题上,就要靠问卜来决定是否可行了。

比如,秦始皇为了证明自己统一六国的正统地位,就要给自己找个理所当然的理由,好让臣民们心服口服,这个时候,借助巫筮的力

量当然是最好的选择。

在科学技术水平还不发达的年代,人们认为一个朝代的建立有没有正当的理由,是关系到这个朝代能否兴旺发达、长治久安的重要因素之一。因此,每一个朝代的统治者总会千方百计地寻找种种理由,为自己的存在寻找合理的依据。商汤灭夏时,就声称自己是上天派下来接替夏王朝的。周人则宣称:自己的祖先就是神仙的后代,周朝取代商朝当然也是上天的旨意。那么,秦王朝的建立有什么正当的、足以震慑人心的理由呢?秦王嬴政陷入了深深的思考。

说自己也是上天的使者、神仙的后代?这个理由前面的商汤和周朝都已经用过了,恐怕不足以取信于人,可如果不用这个理由,恐怕又不易于招揽人心。这个问题趟若不能给出一个完满的答案,很可能会给其他六国有同样野心的诸侯送去堂而皇之起兵讨伐的理由,到时候别说统一天下了,自己目前的国土能否保全还是问题!正当秦王嬴政苦思理由而不得的时候,当时著名的阴阳五行学家邹衍所创立的"五德始终说"给他带来了灵感。这位邹衍提出了用金、木、水、火、土来解释社会历史的变化更替的说法。每一个朝代各占一"德",五德相生相克,反复循环。尧舜时代是土德,夏朝为木德,商朝为金德,周朝为火德。由此类推,若秦朝是一个正统的朝代,它就必须具有水德,如此才能证明它的存在是正当的,是上天的安排。

于是,秦王嬴政就开始派出人马四处宣扬,说早在秦文公的时候,一次打猎时曾获得一条黑龙,此为上天把水德转托给秦人的证据。那么我们大秦灭周,就是水克火,这是上天的安排,因此,我所建立的秦王朝完全是合乎天意的。

为了使自己的政权名头更加响亮,秦始皇特地在泰山脚下举行封禅典礼,以此来证明他的帝位是天神授予的。秦王朝的正统地位,就是在这样的舆论宣传中逐渐被确立起来。既然神仙给秦始皇带来了如此大的实惠,试问,他又怎么能不大力推崇呢?

除此以外,秦始皇推崇巫筮方术还有一部分原因是出于政治的需要。

在秦始皇统治时期,他虽然政绩卓著,可是秦朝政权也面临着各种矛盾和压力。由于这位秦始皇大兴土木,横征暴敛,巧取豪夺,挥霍无度,搞得民不聊生,百姓心里自然不平衡。特别是到秦始皇执政末期,人民的各种反抗活动此伏彼起,六国旧贵族也企图东山再起,秦帝国面临着严重的政治危机。作为一名独断专行、刚愎自用的专制君主,秦始皇认为自己既然有能力统一天下,就一定有能力使国家长治久安,他不相信别人能比自己更有治国兴邦的才能。为了治理好国家,他需要时间,需要长寿甚至长生,而求仙活动恰恰满足了他的这种政治上和心理上的需要,因此,那些由方士们所宣扬、推动的求仙活动就愈发激起了秦始皇的热情和执著。

要说这些鼓吹神仙学说的方士们可比秦始皇更懂得利用神仙的价值,秦始皇当初不过是编了个“祖上打猎曾得黑龙一条”来为自己继周之后一统天下制造理由,而这些方士们却是逢人就说海外有三座神山,山上有黄金、白银砌成的宫殿和纯白色的禽兽,仙人们就居住在那里,他们根本不用劳作,还有不死之药确保仙福永享。他们可以永远逍遥自在地享受这种生活等等。仙人在他们口中被描绘成幸福和无所不能的化身。那时候老百姓被秦始皇压迫着,自由和安适成为人们最大的需求,因而被暴政酷刑包围的人民都对神仙以及神仙般的生活充满了向往和渴求。正是这种广阔的市场使这些方士们越发胡编乱造,一天到晚自称他们掌握着神奇的办法——方术,利用方术就可以见到神仙,并从神仙那里求得不死之药。因而人民百姓大都坚信成了仙人就可以使天生肉体的生命无限延长,并永享快乐。这样的宣扬也同样令秦始皇心驰神往,神仙般的日子他倒是不怎么稀罕，但能够长生不死却是他此时梦寐以求的愿望。因此这一学说对世人包括秦始皇都产生了巨大的吸引力。方士们应该属于最早的宣传工作者，他们对仙山、仙境活灵活现的描述，对仙人随心所欲、无所不能而又长生不死的生活的深情赞美，都令秦始皇心慕神往、沉迷于此而深信不疑，以致这位始皇帝不惜耗费巨资，几次巡游全国，去追寻神仙的踪迹。正是因为秦始皇如此笃信方术，这又同样刺激了神仙学说的飞速发展，使秦帝国境内的求仙之风愈演愈炽，成为秦始皇苦苦追求成仙之道的社会基础，方士也俨然成为能够游走于豪门显贵之家的人上人，甚至动辄就妄谈国事，议论皇帝，以为凭借秦始皇目前对方士的依赖和宠爱，断不会追究自己的罪责。可是，方士们太低估了秦始皇的政治敏感度，也又太高估了这位暴君的心理承受底线，因而在不知不觉中也给自己招来了大祸。

第三节 "焚书坑儒"，企图"大一统"精神教化

秦始皇三十四年也就是公元前 213 年，官拜仆射的大臣淳于越提出了恢复分封制的主张，而丞相李斯却不赞同。李斯指出，具体问题要具体分析，不能遵循以前的政策，如这种返旧守旧思潮不加以禁止，很可能危害社会的安定团结，于是他提出了一个改变历史的建议。秦始皇很器重自己这位丞相，因为每次他都能说到自己心坎儿里去，因而很支持李斯的建议。而李斯的这一席话，则最终导致了历史上著名的"焚书"事件的发生。

如果说"焚书"事件是秦始皇为了巩固自己的统治政权、推进国家向前发展，而利用君主强权制造的一场中国文化史上的大灾难，那么在公元前 212 年发生的更血腥、更暴力的"坑儒"事件，则是秦始皇为维护王权威严而制造的一起更骇人听闻的大惨案！在这次事件

中,有多达千余名儒生和方士被残忍坑杀,成为封建帝王维护王权尊严、巩固统治政权的牺牲品。

“焚书坑儒”长久以来都被认为是秦始皇的一大不可饶恕的罪状,成了历朝历代的史官们口诛笔伐的材料,但其实,秦始皇所实行的文化专制,有助于控制全国的舆论与宣传,有助于稳定政权。他的这一精神文化领域的大一统决策在当时是必要的,对后世来说也具有积极意义。

一、焚书是罪大恶极还是时势需要

其实,细想想,秦始皇这一国之君当得着实不易,统一全国已经耗费了半生的心力,治国兴邦更是搭进了他大半个人生,况且治国之道不同于略地,丝毫马虎不得。尤其这位还是不相信别人的帝王。因此,他自己的劳心费力非其他帝王可比,同时他还得防备时不时冒出来的不和谐音符。尽管他整天绷着脸,力求体现自己的威严,制定严苛的政策,想让四方民众无条件服从自己。可是时间一长,六国的遗老遗少和贵族们也就不像刚开始那么畏惧这个统治者了。于是在公元前221年,他们开始蠢蠢欲动,大肆引经据典谈论朝廷政事,特别是那些儒生,他们借用兴办私学的名义,借古讽今,在街头坊间散布舆论,给秦始皇的统治政权、秦朝社会的稳定造成了很大的不利影响。

虽然秦始皇一度力图压制自己的怒火,想拿宽容换支持,不想,这种尖锐的矛盾冲突还是大规模爆发了。公元前213年,秦始皇在咸阳宫召集群臣举行宴会,庆贺自己北筑长城、南伐百越的功绩。任仆射一职的大臣周青臣首先上奏,把秦始皇的功绩大大称颂了一番,可是秦始皇的好心情并没能维持多久,旧势力的代表人物、同样身为仆射的大臣淳于越的一席话就瞬间浇灭了他的喜悦之情,淳于越说:

"商、周的王位能够传一千多年,是因为分封制的实施。现在陛下设郡县、去分封,假如有的人突然起来篡权,没有辅佐怎能相救呢?"实际上,这是很多固守旧观念的朝臣们私底下议论和不满已久的事,今天这个君臣同欢的场合只不过是恰巧给他们提供了大发牢骚的机会。于是,一群守旧派朝臣连忙纷纷附和,提出本朝皇帝处理政务还是应该学习并遵循前人的治国政策,也就是恢复分封制。当时的情况明显让秦始皇左右为难。如果答应恢复分封制,明显是否定自己的决策,这对于心高气傲的秦始皇来说是最大的忌讳。可如果不答应,今日之议恐怕难以收场,还会给以后埋下很多隐患。正在他头疼不已的时候,丞相李斯挺身而出,当场提出了反对意见,他针对以淳于越为代表的反对派论调进行了严厉的驳斥。他说,每个朝代的国家政策都不一样,五帝相互间就不重复,现在国家安定了,法令也统一了,百姓正在积极地投入生产劳作,作为朝廷的官员,你们本应带头学习并遵守法令,为国效力,为君分忧,但你们却墨守成规,一点与时俱进的精神都没有,还四处散播谣言,煽动百姓不服从朝廷的号令,使民心不安,社稷动摇,难道想让自己成为千古罪人不成?有鉴于此,李斯进一步向秦始皇建议说:这些以淳于越为代表的"愚儒"们是秦朝政权和国家顺利发展的绊脚石,应当及早除掉。秦始皇一听正中下怀,遂命令李斯拿出一份可行性计划。不久,李斯在他呈给秦始皇的奏折中详细论述了除掉这些"愚儒"们的重要性和必要性,特别是诸子百家"入则心非,出则巷议,夸主以为名,异取以为高,率群下以造谤",更会严重影响国家的稳定发展。并特别提出了焚书的建议:除博士官的藏书和秦国史书以外,所有的《诗》、《书》、百家语和史书,都限期集中到郡,由郡守、郡尉监督烧掉,逾期不交的,处以黥刑并罚作城旦(旦即早晨,城旦是清晨就开始筑城的一种苦役);但医药、卜筮、种树等书还是要发扬和保护的;禁止私人办学,

“以吏为师”；有敢相互谈论《诗》、《书》的，判处“弃市”的死刑，以古非今者灭族，吏见知不举者与同罪。不过，至于秦始皇究竟焚了哪些书，又有哪些文献得以幸免，后世众说纷纭，对于李斯的焚书建议也大多出自推测。李斯的焚书主张，尽管甚合君心，但最终无疑是加速了秦王朝的灭亡。这不能不说是李斯一生难以抹去的污点。

不过这个建议无疑在当时对秦始皇巩固皇权、统治国家是有莫大帮助和好处的，于是秦始皇立即采纳了他的建议。接踵而来的，就是全国各地都轰轰烈烈兴起的焚书运动，大批的古代文献、珍贵典籍都在这次运动中遭受了灭顶之灾，被毁于熊熊大火之中。

不可否认，这次“焚书”运动的确给中国古代文化带来了极大的损失，以致引发了全国民众的抵触情绪，给后来的起义队伍留下了借题发挥的把柄。但是我们也应该看到，秦始皇下令焚书的举动其实是两种思潮反复斗争的结果，是当时的进步思潮和守旧思潮政治斗争的结果。焚书所体现的是中央集权统治者在政治上支持进步派对守旧派进行有力打压的主观意志。

焚书是禁止“是古非今”守旧思想无限蔓延的一种手段，从某种意义上来说，尤其是作为统治者秦始皇来说，它也算是一种与时俱进的先进做法，为了防止守旧思想绊住整个国家前进发展的脚步而焚掉古代文献，为了钳制人民的思想而毁灭文明，手段是太过极端、粗暴了些，但对于当时整个国家的发展却是具有一定的进步意义，对于从精神领域入手逐步实现国家的大一统的确起到了一些作用。只是，这对于历史文明的破坏却是最深重的。焚书的最大受益者无疑是始皇帝本人，而受害者将是整个中华民族甚至是全人类。

二、坑儒与禁学，秦灭亡的前奏

转眼间，“焚书”事件已经过去一年了，但是民众的怨恨并没有随着时间的流逝而淡化、消失，反而在民间愈加炽烈。尤其是那些儒生们，作为诸子百家学说的继任者、学习者，那些学说无异于是他们心目中的最高信仰，如今却被秦始皇用如此暴戾的手段连根拔除，毁于一旦，儒生们无不椎心泣血，不满的言论一时间充斥着街头巷尾。恰在此时，又发生了方士侯生和卢生逃跑的事情，于是一场更大的灾难挟着腥风血雨降临到了儒生们的头上。这就是令秦始皇名副其实顶上“暴君”头衔的“坑儒”事件。

“坑儒”事件发生在焚书的第二年，虽然坑儒与焚书的性质大体相同，但起因却有所不同。“焚书”的最终目的是为了打击守旧思潮，令国家更好地向前发展，而“坑儒”却完全是秦始皇为了维护王权威严而发动的一场大屠杀！事件的起因缘于当时的一些方士和儒生因为“焚书”事件而对秦始皇有所议论、诽谤。正当秦始皇为此而气恼不已的时候，又发生了侯生和卢生这两个方士弃官逃跑的事情。侯生和卢生曾向秦始皇极力诳称自己与神相通，可得奇药妙方。但时间一长，他们的许诺和种种奇谈总是毫无效验，骗局即将被戳穿。秦法规定：“不得兼方，不验，辄死。”因此，侯生、卢生密谋逃亡，在逃亡之前，还推卸责任说是因为秦始皇“刚戾自用”，“专任狱吏”，“贪于权势”，所以“未可为之求仙药”。本来秦始皇没有如期得到传说中的长生不老之药就已经很恼怒了，再一听这两个方士推卸责任的言辞，顿时勃然大怒：“卢生等吾尊赐之甚厚，今乃诽谤我，是重吾不德也。诸生在咸阳者，吾使人廉问，或为妖言以乱黔首。”意思是说，我对这些方士这么好，他们却在背后议论我，又背叛了我。方士都是这个样子，现在咸阳的书生有几百，肯定经常妖言惑众，这次一定要彻底清查一下。为了维护自己的尊严，于是下令拷问咸阳的460多名书生，想把侯生、卢生揪出来。这些书生刚开始都大喊冤枉，等一个个都被打得皮开肉绽时，只好被迫屈打成招了。秦始皇拿到了

“第一手证据”,于是毫不犹豫地命令把这些书生都杀了。监斩官看到秦始皇怒气冲天的样子,生怕普通的斩首无法冲淡这位暴君的怒气,于是就把这些书生全部赶到一个深谷中,用石头把谷填满,把这些书生活活坑埋了。其后,秦始皇余怒未消,思忖着要将全国的儒生全部杀光,不留后患,于是假意下诏寻求各地有名的儒生,令地方官将他们送到咸阳以待录用。这一下果然引来了不少想当官的儒生,陆陆续续被送进咸阳的有七百余人,但是,无论他们是抱着为国效力的目的还是升官发财的目的,都是不可能实现的了。因为在他们进京不久,秦始皇就命人将他们全部诓骗到一个山谷中,用满天飞蝗般的石块将他们坑杀于此了。至此,秦始皇坑杀的儒生和方士达到了1160多人!

如此残酷的手段自然会遭到有良知的人的担忧和反对,这其中就包括秦始皇的长子扶苏。扶苏从小便机智聪颖,生具一副悲天悯人的慈悲心肠,因此在政见上,经常与暴虐的秦始皇背道而驰,可以说是秦朝统治者中具有政治远见的一位人物。他认为天下未定,百姓未安,因此极力反对实行“焚书坑儒”、“重法绳之臣”等政策,但秦始皇却偏执地认为这是扶苏性格软弱的表现,于是下旨让扶苏协助大将军蒙恬去修筑万里长城,抵御北方的匈奴,希望借此培养出一个刚毅果敢的接班人。连太子都被赶出咸阳“发配”边疆了,这一下满朝文武再没有一个人敢多嘴进谏,只能听任秦始皇继续使用强权铁腕的手段处理朝政。

这次“坑儒”事件和之前的“焚书”事件,给了老百姓极大的刺激,也激起了儒生的普遍反抗情绪。从后来陈胜、吴广的起义,以及孔子的后人孔鲋怀抱礼器参加农民起义队伍的事情,就足以说明人民百姓对这位铁血皇帝的极大不满。

从此以后,老百姓都极端痛恨秦始皇。楚地流行着“楚虽三户,亡秦必楚”的歌谣，诅咒秦王朝尽早被其他朝代和明君取代。公元前211年，东郡突然落下一块陨石，于是就有人在石上刻了一行字："始皇帝死而地分。"本来就迷信的秦始皇听到这个消息，顿时又怒又怕，他赶紧派遣御史追查刻字人，由于无人承认，他便下令把陨石附近的居民全部杀死，然后销毁陨石。他天真地以为这样就可以堵住天下人的悠悠之口，但结果却适得其反，百姓对他的怨恨更深了。

综上所述我们可以看出，如果说焚书还有点可取之处的话，那么坑儒绝对是秦政暴虐的反映。本来，焚书坑儒，可能对于巩固国家统一、消除割据意识是起到了一定的作用，但是秦始皇采取这种野蛮残酷的手段来巩固自己的统治政权，维护自己的统治地位，却是十分愚蠢的举动。利用君主强权强制推行思想的统一，只会锢闭思想，摧残学术文化的发展，激起人民的普遍反抗，最终的结果也只能是与自己预期的目的背道而驰。“焚书坑儒”的结果无疑更加速了秦朝走向灭亡的脚步。

在“焚书坑儒”之后，秦始皇又有了新动作，那就是禁办私学，以达到进行舆论控制的目的。秦始皇统一六国之后，设置了博士官职，搁现在那就是有学问的教授。充当博士官的这些人都是当时各个学派的知名人士，虽然没有行政职务，但可以议论政治，有保藏图书、教授诗书等职责，他们可以举办私学，招收弟子，传授学问，有的博士官的弟子多达100多人。因此，在咸阳的孔孟一派的儒生队伍不断扩大，成为当时文教机构中的一股重要力量。于是李斯又不无担忧地建议说：虽然书都烧了，可是儒生人还在，思想还在，如果让他们继续举办私学，那么他们就会继续大造反动舆论。因此，必须把教育大权收回到朝廷手中，严禁私学，任何人不得以任何方式私办学校，教育机构只能由官方举办。

秦始皇听从了李斯的建议，下令禁办私学，规定官办教育，这对于控制舆论、宣传统一思想,无疑起到了重要作用。但这种文化专制,更多的是对中国古代教育的一种破坏。

儒家学派本来就与秦始皇的思想不合,再经过这么一番大变故,就更成了秦始皇眼睛里拔不出的钉子。知识就是力量,这是亘古不变的真理,不过,眼下的秦始皇并不需要这股力量,他需要的是百姓对他的盲目崇拜和臣服,而要想做到这一点,找到神仙药令自己长生不老是当务之急。吃了神仙药那就等于有了仙气,虽不能说是和神仙一样无所不能,与天地同寿,但好歹在智力和思想方面也是高高凌驾于普通老百姓之上的。神仙说的话、办的事不仅有威严而且易于慑服人心,到时候随心所欲地号令天下,还有谁能不服、谁敢不服?

第四节 推崇远古神话,开启宗教信仰之门

尽管秦始皇当年焚书无数,多少历史典籍、宝贵文献都被他扯烂了扔进火中,对于中国古代文化的发展和传承犯下了不可饶恕的罪行,也使他一生蒙上了无法抹杀的污点,可是,他却对《山海经》手下留情。虽然我们直到现在都不清楚,他当时是否组织过全国的专家研究过《山海经》的价值,但从他没有烧毁此书的态度来看,相信他个人对《山海经》还是持肯定态度的。要说《山海经》这部奇书虽然几经变故,多次险遭被毁的命运,可最终还是完好地保存了下来。在秦始皇这儿逃过了一劫,到了汉武帝废黜百家、独尊儒术时,摒弃的书估计也不少,但《山海经》又安然无事,可见,它并不是一部单纯宣扬封建迷信的神话故事书,其价值也远非一般的封建迷信读物所能比拟。

《穆天子传》的存世经历就波折得多,尽管它被秦始皇毫不留情地烧毁了,可是,它作为陪葬品,在秦始皇焚书之前就有了几个备份,

因而当被后世发掘出来后,就成了出土文物,与其他古书相比,光是这文物价值就使它的身价更上了一层楼,也算是劫后余生,因祸得福吧!

一、以《山海经》奠定神仙教信仰的基石

《山海经》的内容广泛,包括古代神话、地理、物产、巫术、宗教、古史、医药、民俗、民族等方面的内容,它的价值在今天已经上升到关于客观认识历史、发掘人类文明、人类进化的高度。当然,秦始皇当时并没有这样的觉悟,他所看到的也许只是迎合自己信仰的神话故事,但也正是他的这一信仰挽救了《山海经》于烈火之中,给了它存世、流传的机会。于是,秦始皇也算歪打正着地做了件有益于历史文化传承的好事。

《山海经》全书 18 卷,其中《山经》5 卷,《海经》8 卷,《大荒经》4 卷,《海内经》1 卷,共约 31000 字,记载了 100 多邦国、550 座山、300 条水道以及邦国山水的地理、风土物产等信息。其中《山经》所载的大部分是历代巫师、方士和祠官的踏勘记录,由于经手编纂的人众多,文化水平参差不齐,个人信仰和认识不统一,因而使得此书多少会有夸张的成分,尤其是对神仙的崇拜,融入了个人的感情色彩,对于自己解释不了、认识不清的事就吹嘘得神乎其神,因而在唯物主义的专家学者眼中,这本书的存世价值实在有限。其实,这真是冤枉了《山海经》。

在《山海经》中,存在着大量的神奇动物的记载,比如鸟、兽、龙、蛇之类,它们往往具有神奇的力量。虽然这些动物很可能是古人的图腾崇拜,但也有一些确实是古人实地考察的记录。比如在《东山经》中明确地记载了这样一种动物,它叫犰狳,书中说这种动物体形像兔子,长着像鸟一样的长喙,圆眼睛,细长的尾巴,看见人就一动不

动。而在今天的美洲确实有这种犰狳,它不但体形像小兔子,而且那对长耳朵更像!犰狳还有个习惯,遇见危险就会像穿山甲一样缩成一团,这和《山海经》中描述的“一动不动”也十分吻合。从某种角度推测,这也许说明我们的祖先早前的确足迹踏上过美洲的土地,所以说不能仅把《山海经》定性为迷信色彩浓重的糟粕,它之中有太多的关于历史地理的宝贵资料。

当年《山海经》的编著者不是先知,他们一定不知道由于自己给此书赋予了浓厚的神话色彩,使得历史的真实性要大打折扣,因而使它遭到了太多的批判,但是,书中毕竟还是留下了历史的影子。例如《大荒北经》中黄帝战蚩尤的记载,剔除其神话色彩,我们可以从中看到一场古代部落之间的残酷战争。这就意味着《山海经》是有一定的历史价值的,并非完全是无稽之谈、荒诞之言。

《山海经》中说,上古时,两个部落氏族的首领因为农业方面的不同观点而开始了帝位之争,一个是黄帝后裔颛顼,另一个是炎帝后裔共工。虽然共工的力气比颛顼大很多,但聪明才智却显然不及对方,所以很快就输掉了这场争斗。共工一怒之下,一头向不周山撞去,结果自然是山崩人亡。对于这个不周山,是确有还是神话,很多研究者都说不清楚。其实翻开《山海经·大荒西经》一卷,就可以读到这样的文字:“西北海之外,大荒之隅,有山不合,名曰不周负子,寿麻正立无景,疾呼无响。爰有大暑,不可以往。”这段文字似乎表明,这不周山就在如今的非洲。“不周负子”的古读就是“莫桑比克”,深达六七千米的东非大裂谷,不正是“有山不合”吗?

紧接着那句之后的记载就更使人生疑,难道这段文字讲的就是海外的非洲?寿麻,索马里,除了字不一样,发音可确实相差不多,那地方地处赤道,阳光直射,当然立起竿子没有影儿;烈日炎炎当头照,热得口干舌燥,嗓子眼冒烟儿,哪还能喊出声儿来,这样的地方当然不适合人去了。

鉴于《山海经》中所记载的奇人奇事、怪境怪地实在令人匪夷所思，所以虽然古往今来研究《山海经》的人不在少数，可是大家谁也不敢说自己有能力读透其十之二三，就连《史记》的作者司马迁，都坦白地说自己不敢妄加评断《山海经》。这倒不是说这些史家们研究得不够透彻，也不是各位史家的谦虚之词，实在是这《山海经》中所记录的内容太过旷古烁今。书中描绘了一个近乎离奇的世界：青丘之山上有九尾狐；长右之山上的怪兽长右，百姓见到它就要遭遇洪水；祈过之山上有长着人脸、生三只脚的瞿如；守护槐江之山的神英招，长着人的脸、马的身体、虎的斑纹及鸟的翅膀……在《山海经》中，诸如此类的怪兽数不胜数，也不知道在远古时期是否真有这些长相另类的生物。这些离奇的描写不仅引起了科学工作者的兴趣，也同样引起了秦始皇的莫大兴趣。作为一代雄才伟略的国家最高统帅，他为什么焚书坑儒却单单留下《山海经》呢，想必，他应该读过《山海经》，其中关于神仙的记载成了他长期求仙不得的心理支柱和安慰。

其实，《山海经》真称得上是古代神仙信仰的理论依据，因为该书记载了我国原始社会时期的神话及宗教信仰，其内容相当丰富和系统。正是它的出现带出了一支队伍，那就是神仙方士，这可以说是中国本土正根的道教仙学的鼻祖。《山海经》中，提出了长生信仰；提出了神仙与羽士的存在；描述了神仙天都……记载了祭祀的祀礼及奇异的方术，记载了远古原始社会时代已有人开始学仙……史载轩辕黄帝“且战且学仙”，“黄帝问道于广成子”，后修道成功，于鼎湖白日乘龙升天……这些描写无不刺激和激励着秦始皇把求仙事业长久地进行下去。

二、释怀于《穆天子传》的“灵魂不灭”神话

《穆天子传》又名《周穆王游行记》,它作为神话信仰的又一重要理论依据,想必在当时也起到了很大的宣传作用。说起这本书的来历很有些传奇色彩。公元281年的西晋年间,有个叫不准的盗墓人,在掘盗汲郡的一座战国时代的魏王冢时,因为墓穴中十分漆黑,于是顺手就抄起墓中的竹片点燃做火把用,一有亮光才发现,这竹片上竟然还有文字。这事也不知怎么被官府知道了,上奏朝廷,于是朝廷派人将竹片运到官府,据说这一些竹片文字还真不少,“约10余万言”。当时的皇帝晋武帝非常重视,专门派了一个叫荀勖的中书监和一大批有名学者进行整理考校工作,共得书75卷,并最终确认这是一批有着很高研究价值的历史文献,《穆天子传》便是其中之一。经考证,这古墓是战国时期魏襄王的墓葬,离当时也有五六百年的时间了。于是,作为出土文物的《穆天子传》就这样被保存下来。但令人遗憾的是,这批书在后世又大部分失传,只有《穆天子传》5卷及《周穆王美人盛姬死事》1卷(后者在后来被作为卷六列于《穆天子传》后)得以比较完整地保存至今。

《穆天子传》中详细记载了周穆王在位55年率师南征北战的盛况。周穆王西游在《春秋左氏传》、《竹书纪年》、《史记》中均有记载,因而此书和《山海经》一样也具有很高的历史价值。周穆王(约公元前9世纪)十三年至十七年进行了一次西征昆仑山的大旅游,行程9万里,见到西王母。为了表示欢迎,西王母还亲自吟曲迎客:

“白云在天,山陵自出;道里悠远,山川间之;将子无死,尚能复来。”

尽管我们不知道这位西王母歌喉如何,可是想必当时的场面还

是很令人振奋的。这首歌充分表达了西王母对穆王一行的热烈欢迎,也代表了西部各族人民对华夏族人民的深厚情感。西王母陪同穆王一行到处游览参观。穆王登上奄山,立石为碑,挥笔亲书“西王母之山”5个大字,同时种下一棵象征双方友谊的槐树。穆王还陆续参观了西王母之邦和相邻许多地方,采集了许多当地珍奇的鸟兽花木,然后辞别西王母,满载着中亚和西北地区的特产胜利返回了王都。

相传周穆王这次西行,往返行程达3万5千里。就今天的地方讲,大致出陕西入河南,往北经山西出雁门关到达内蒙古,再沿黄河经宁夏到甘肃过青海入新疆,跨过昆仑山脉北部,越过葱岭到中亚细亚。然后东返,再回新疆,进入甘肃,再经宁夏、内蒙古入山西雁门关而回到王都。

现代学者对周穆王姬满的这次西游大多持肯定态度,因为这毕竟是我国有文字记载的最早的旅行探险活动。姬满是我国最早的旅行家,《穆天子传》则是我国最早的游记。他的这次出访也加深了各地区人民的友谊。

《穆天子传》的出品年代正是中国处于诸侯争霸不休、周王朝原本大一统的国土出现分裂危机的时代,可想而知,这时的各族人民正生活在水深火热之中,而周穆王西行的故事却代表着一种前进的趋向,代表了各族人民能够统一到一起,过上好日子的美好希望,也寓意着一切妄图分裂国土的行径都是注定得不到人民支持的。正因为如此,《穆天子传》极有可能成了当时秦始皇统一中国的理论支持和精神方向,按理说应该被秦始皇捧在手心里,供在神旨上。可毕竟这本书是魏国史书,不仅有着比较明显的政治倾向,而且书中记录的是周穆王的“光辉事迹”,跟秦始皇半点关系没有,因此秦始皇当年毫不犹豫地把除秦以外的各国史书,自然也包括这本《穆天子传》全部烧毁了。若不是当作魏王的陪葬被封埋在了墓穴中,恐怕这本书同样也难以逃脱在世人眼中绝迹的命运。

因为书中有着大量关于神仙的描写,所以《穆天子传》和《山海经》一样是奠定秦始皇神仙信仰的又一重要阶梯,而且秦始皇焚毁此书时的理由是“此书虽有关于神仙的描写,但它是魏国史书,而且与自己扯不上关系”,但秦始皇并不知道,如果追溯历史,这本书其实与他是有着密切关系的。

《穆天子传》中记载了西方的不死民、不死树、不死药等,确切地指出神仙的老家在西方,也就是今天的甘肃、新疆一带,而这里正是古代羌族的大本营。早在远古时期,西北黄土高原的人民中就有神仙住在昆仑山上的传说,可见在先秦时期,西北地区的神仙学说是有着广泛影响的。

秦国虽然号称自己的根据地在东方,但其实他们长期居住在西北,在羌的包围之中成长和强大起来,因此他们的血液中有着浓厚的羌戎基因。传说中秦的先人造父曾经在周穆王西游时为之驾车,自然,穆王会见西王母的故事也会在秦地广为流传,对秦人产生着巨大的影响。通过秦始皇陵的兵马俑就可以发现,很多方面都反映了羌人灵魂不灭的思想及其他羌戎文化的特点。据《史记》记载,秦国历代君主也都有迷信神灵、祭祀神鬼的传统。在这样的文化氛围中成长起来的秦始皇,自然会在内心深处受到神仙学说的影响。

《穆天子传》中有大量的神话传说,这无疑是在那个科技水平有限的年代向人们传达了一种最高精神的指示,也使得秦始皇越发坚信神仙的存在,对于自己的执著求仙也找到了心安理得的借口。当然,此书所记载的丰富的西北地理知识,并没有引起他太大的重视,秦始皇所殷切期望的只有长生不死和自己一人说了算的无上权力,于是“封禅”就成了这二者的结合统一。

第五节 封禅泰山,傲视天下,何需神仙庇佑

这位始皇帝尽管狂妄暴虐,可是涉及自己权力和生死的大事,也不得不心有戚戚焉,于是效仿上古帝王的“封禅”,就成了获得天神庇护的最佳途径。当然,秦始皇发起这个活动也不单单是为了获得神仙的庇佑,他的另一重要目的是向广大臣民展示自己的丰功伟绩,一举两得之事何乐而不为呢?于是率领大队人马浩浩荡荡开赴泰山。尽管事先一切设想得还算周全,可是,令这位始皇帝始料未及的是,这次“封禅”的结果竟然会如此出乎他的意料之外。

一、封禅炫耀功绩背后的自卑心理

应该说,“封禅泰山”并非是秦始皇首创的,早在炎帝当氏族首领的时候就有了封禅泰山的记载,以后七十二帝王封泰山的事实也均有据可查。在司马迁的《史记·封禅书》的开篇即指出:“自古受命帝王,曷尝不卦禅?盖有无其应而用事者矣,未有睹符瑞见而不臻乎泰山者也。”其具体仪式是“此泰山上筑土为坛以祭天,报于之功,故曰封。此泰山下小山上除地,报地之功,故曰禅”。举行封禅有几个非常重要的条件:一是改朝换代,即“易姓而王”;二是致太平,即出现太平盛世;三是君王有德,“虽受命而功不至,至梁父矣而德不洽”,亦不能成功;四是符瑞见,即出现吉兆。这几个条件缺一不可,要求比较严苛。所以并不是所有君王都可以举行封禅,以至于“厥旷远者千有余载,近者数百载,故其仪阙然湮灭,其详不可得而记闻云”。正因为如此,所以“封禅泰山”可以说已经成为很多民众心目中一统天下的帝王所行的国家大典。这就给百姓造成一种观念,那就是谁要当皇帝那么来泰山举行封禅仪式是一个首要的程序,然后

才算正式走马上任。这种理论呈扩大化趋势,逐渐影响了更多的人,那么这个信息自然秦始皇也收到了。

于是,秦始皇也开始计划自己的封禅之举,可行性还是很高的。他主要从以下几方面进行了权衡:

第一,秦始皇的祖先也是普通老百姓,家庭成分并不高,只是由于护送周平王东迁有功才被封了侯,迈入了上流社会。但由于地处僻远地区,因而各方面也相对比较落后,自然会受到东方诸侯国的歧视。这段不大光彩的历史不仅深深埋藏于历代秦国统治者的心里,而且也给了秦始皇很大的刺激,于是当一朝权在手的美好时光到来之时,他便寻找一切途径以十倍的热情炫耀自己的功绩。诚然,秦始皇吞并了六国,统一了全国,因而自以为有不世之功,旷古绝伦,无人能敌,如此值得骄傲的功勋怎能不让世人皆知。无疑,封禅泰山就是这么一个能展示自己丰功伟绩的大好时机,相当于一个大型业绩发布会,这就是秦始皇统一不久便热衷于封禅典礼的最根本原因。

第二,那时候祭祀天帝的权力逐渐成为帝王的专利和标志。也就是说,谁来封禅,那谁就是名正言顺的一国之君。秦始皇费了半生心力,好容易平定四海,当上了统一中国的始皇帝,他自然要把握好这个机会了。

第三,自然还是他个人信仰的驱使。君权神授不仅让老百姓心服口服,而且秦始皇自己也觉得这是巩固自己统治,让人民臣服的重要途径。于是乎他很可能出于这种心理,最终率众开赴泰山。于是,秦始皇的封禅就这样开始了。

关于秦始皇封禅泰山的过程,在《史记·封禅书》中有较为详细的记载。秦始皇即帝位的第三年,就率文武大臣开始了千里东封泰山的行程。秦始皇一行先到峄山(今山东邹城市境内),在山上立石铭记秦之功业,尤其是向当地的齐鲁士人明确宣传了秦朝的千古功勋,表示自己在功业上已具备封禅资格。之后秦始皇才来到泰山脚下,召集齐鲁儒生、有名学者70多人,商议封禅大典的具体仪式。有的学者就说了,要用蒲草将车轮子包起来,以免损伤山上的一草一木,完全遵照上古时代祭祀山神或祭天仪式的模式,但秦始皇封禅的目的就是要彰显自己的威风神武,这方法明显阻碍了他发光发热的计划。于是秦始皇轰走了这帮建议不断却不合己意的儒生,自己带着文武大臣上泰山封禅。秦始皇自己是痛快了,可是他没想到,正是自己的自作主张,使秦文化与齐鲁文化在融合过程中出现了第一道裂痕。

其实,秦始皇一开始还是很崇尚齐鲁文化的。毕竟这是孔孟之乡,民众的思想文化底蕴非其他地区可比。虽然他对儒家思想一直不感兴趣,但也不得不承认,在许多事情上,儒家的思想比其他学说更加在情在理。可是从他这个封禅的过程中可以看出,他对封禅所代表的齐鲁文化存在着深深的矛盾心理,尤其是深深的自卑心理。尽管最初他的确十分虔诚地邀请齐鲁儒生商议封禅大典的具体仪式,想让自己这封禅大典能风光圆满地完成,但最后又粗暴地把人家轰跑了,自作主张地举行了封禅之礼。当然,秦始皇此次行程的最终目的是封禅,只要达到了自己的目的,形式似乎并不是那么重要的。但另一方面,秦始皇又对所采用的秦国祭祀天帝的礼仪能否得到齐鲁士人的认可,是否合乎封禅大典的要求没有把握,因此为了不露短于人前,他还是采取了一定的保密措施。这说明他在齐鲁文化面前,这位亘古一帝也不得不正视自己的浅薄与无知,往日的自信和自负已经逐渐被自卑心理所取代。最要命的是,这种自卑心理伴随着他的齐鲁之行,不仅没有削减反而愈来愈严重,曾经的英雄之气荡然无存。此时的秦始皇自己早没了帝王原有的霸道与强势,不得不完全听从齐鲁方士们的摆布和愚弄。

二、落人口实,封禅闹剧的无言结局

尽管秦始皇自己对这次封禅很满意,认为是自己干的又一件举国瞩目的大事,但从广大齐鲁士人的反应来看,不得不说,这是个失败的活动。他们不仅认为这次封禅暴露了秦始皇的无知,而且,当时适逢大雨,这也成了他们蔑视、攻击秦始皇的理论依据。你秦始皇不是想让老天爷保佑嘛,可结果却是让老天爷的一场大雨浇了,这不正说明天不佑你吗?!不仅是这样,还连带着把他设立郡县、开凿运河、兴建长城、北击匈奴、在治国上严刑立法等等工作业绩一起否定了,这就使得秦始皇的封禅变成了多此一举,搬起石头砸自己的脚。西汉史官司马迁对此同样持否定态度,他对秦始皇封禅的总结陈词是:“此其所谓无其德而用事者焉。”意思是说,您没这个品德,就别干这不该你干的事。

虽然这些齐鲁士人对秦始皇封禅不停地冷嘲热讽,但毕竟秦始皇还是当时高高在上的统治者,士人们再怎么狂妄也不敢公然和秦始皇对抗,所以这些不满和反抗言论也只是在民间小规模流传。可是到了封禅12年之后,伴随着秦始皇中央政治工作的逐渐滑坡,士人们已然看出,这只纸老虎远非当年南征北战的秦王,于是也就不再惧怕他,渐渐由暗讽转为明嘲。当然,这一阶段的秦始皇的确做得有些过火,什么焚书坑儒、严酷刑罚,这正好为民众长期以来被强行压制的不满找到了宣泄的借口。

当时的士人甚至是全天下的老百姓们都痛恨秦始皇“焚书坑儒”的残暴,痛恨秦代政策的暴虐无道,以至于“百姓怨其法,天下畔之”。于是,他们就尽可能找出一切可以攻击秦始皇的事例,而秦始皇上泰山就是他们集中火力猛烈攻击的一个突破口。对于当年封禅遭遇暴风雨的袭击,大家更是极尽毁谤之能事,不仅说秦始皇那点水平根本就没有实现封禅大典,更重要的是,秦始皇苦心经营的几代帝王为之努力的秦王朝功德也遭到彻底否定。从讥笑到一无是处,白让这位始皇帝操了半辈子的心,最后竟然落得这种地步。自从这些士人把秦始皇由千古一帝否定为千古罪人开始,秦始皇在历史大潮中就迟迟没能翻过身来。所以说,他的这次封禅真可谓是得不偿失,最贴切的形容就是:吃咸鱼蘸酱——多余。

但是,秦始皇却认为封禅泰山完成了秦王朝祭祀天帝、受命于天的历史使命,满足了自己的个人野心和成就感,是一次成功的企划。封禅给秦始皇带来的影响是,如何长久地拥有和享用这人间帝王的至高无上的尊严与威风,成为秦始皇封禅泰山后的追求和愿望,构成了他东巡海上求仙的强大动力。当然,使他受到这一误导的还要说是那些燕齐方士,他们明明知道秦始皇在其他方面还算有理智,唯独在求仙的问题上,神经高度紧张,于是为了投其所好,就编造了不少带有欺骗性的描述,使秦始皇对个人生命的无限延续充满了憧憬与希望,在迷信的驱使下,这位千古一帝最终在求仙的路上走向了死亡。

其实,严格来说,秦始皇的封禅活动对于整个国家的文化发展还是有不少帮助的,尤其是对山东人民。他的这次隆重的封禅给了齐鲁文化一个突破口,帮助他们拉开了进军华夏继而独霸天下的序幕。如果说,秦始皇是从五德终始的理论认识齐鲁文化的,那么秦始皇的泰山封禅活动则起到了帮助齐鲁文化进军全国的作用。而后秦始皇的出游目标多次选在齐鲁这片土地,也说明他本人确实对齐鲁文化的博大精深感兴趣,客观上扩大了齐鲁文化在全国范围内的影响,进一步促进了齐鲁文化向华夏大地的传播和渗透,为齐鲁文化统治汉代思想文化奠定了基础。

但是,这些并不能阻止士人们对于秦始皇封禅失败的嘲笑,因为他们迫切需要将这个事实传播得天下皆知，以此来保证自己在下一任帝王面前还能有利可图。秦王朝的短命和秦始皇封禅后不过数年便死去的事实最终给了士人们否定封禅的依据。这不难理解，他们要想生存，就得掌握充分的理由和证据，好向下一个政权的统治者兜售。可是，要说封禅确实有效，确实能让神仙庇佑，可为什么秦始皇封禅不久即亡呢，这无疑为方士们向新帝王推销封禅成仙的理论设置了无法跨越的障碍。为了扫清这道障碍，方士们必须将秦始皇封禅泰山遭遇大雨的故事极力宣扬夸大，以此来证明秦始皇并没有得到神仙的庇佑，他的亡故和封禅泰山并没有必然的联系，唯有如此，才能继续向下一任帝王鼓吹封禅成仙的思想，以保证自己能够得到帝王的器重和信任，从此锦衣玉食、平步青云。

第六节　“长生”的追寻缘于永久统治的迷梦

无论是封禅还是出海寻仙，都是秦始皇的个人精神追求。有理想、有追求本来是好事，可是，关键在于他的理想不切实际，他的世界观、人生观掉进了唯心主义的陷阱。因而，对于个人的享受、个人的欲望无止境地贪婪，只有乞灵于方士神仙之说，以求长生不死之方了。他听从方士卢生的建议兴筑咸阳宫，以为自己行动隐秘就能让神仙下凡访问。又选派徐福携 500 童男童女入海以求丹药，以为这样就能像神仙一样长生不死。其实，智商比一般人都高的秦始皇至死也不知道，自己一生求仙都是中了方士的圈套，倘若自己能走另一条道路，没准还能多活几年。但即便是有了秦始皇这个前车之鉴，后世的几朝几代统治者也并没长记性，神仙方士等流派，卜筮、方伎、医药等门道，愈发繁荣发展，并逐渐形成了汉代的阴阳术数，成了神仙道士发展的老祖宗。由此看来，为了获得永久统治而追求长生，是包括秦始皇在内的历代君王心中最美好的愿望，只可惜秦始皇的这个愿望却始终像是月里嫦娥一般，只能想象她的美丽，却永远也无法企及。

一、所托非人，千古第一大骗子的东渡寻仙

徐福的名垂千古，并不是他个人的人格魅力和千古功绩，完全是得自秦始皇的功劳。始皇帝统一中国以后，曾三次大规模巡视山东沿海地区，除向全国“以示强威，服海内”，宣扬他统一四海的功德，巩固中央集权的方针政策外，主要是为了寻找三座神山，求取长生不老药，借助药物使自己永年不死，以求能够永远统治中国。

这个长生不老药的信息就是徐福给灌输的。要说徐福在中国历史上，顶多算是一个头脑聪明、胆大心细的头号骗子，他的主要工作业绩就是把这位千古一帝哄骗得屡屡上当而不自知。当然他由于取得了“方士”的头衔，肚子里也的确有点墨水，因而在秦始皇面前的进言，也的确很有些说服力。尤其是他声称《山海经》上面记载的蓬莱、方丈、瀛洲三座仙岛在东方海中，那里就有长生不死的仙药，这《山海经》中的神仙可是秦始皇向往已久的，当然引起了他的高度重视。于是，徐福便趁热打铁表示自己愿意为皇帝陛下去那里求来不死之药，以便能够让他千秋万世地统治人间。这种“忠心”的表现，自然感动了秦始皇，于是认定徐福是位值得信赖与托付重任的良臣，继而给予充分的信任，不惜耗费财力物力大加支持他的一切行动。

万事都已具备，于是就有了徐福的第一次出海求仙之行，此行，秦始皇为神仙准备了许多金银财宝作为见面礼，想以此贿赂神仙，赐给自己仙药。

可是，这一次求仙活动最终以失败告终。徐福向秦始皇汇报说是因为风大浪急阻碍队伍的前进，但也并非毫无收获，起码据他的这

次出海考察已经遇到了海神，并且也“证实”了仙药确实存在，只是海神似乎与贪官无异，他嫌礼薄，所以只准瞻仰不许取药。为了避免秦始皇惩治自己办事不力，坚定他的求仙信念，徐福又号称在蓬莱山见到灵芝生成的基地，宫中住着许多仙人，个个健康长寿，满面红光。当然，徐福还是很有头脑的，他知道自己的一再欺骗迟早会露馅，毕竟什么仙山神药自己见都没见过，要想活命得赶快给自己找条后路，于是，在给秦始皇汇报时强调，海神说了，要想拿到仙药就要以童男童女和各种工匠用具作为献礼。秦始皇被徐福的一番绘声绘色的描述蛊惑得心痒难忍，仿佛已经看到了千百年后自己依然稳稳地坐在龙椅上指点江山的豪情壮景，于是马上又让徐福按照海神的要求，带着不少童男童女、工匠用具再次出海访求仙药。

徐福走了，秦始皇以为自己多年追求的长生终于到来了，于是兴奋之余他又第二次东巡山东，本以为可以接应到徐福，马上把仙药吃到嘴里，可没想到在途中遭到韩国贵族张良派遣的刺客的伏击，尽管刺客最终没能得手，可也着实把秦始皇吓得不轻，于是，更是日夜盼望着徐福早点回来。可是，徐福此时根本没有想过去找什么仙药，而是悠闲地利用始皇帝献给神仙的财宝享受生活，哪里知道秦始皇的心焦。此次，秦始皇仍然没有拿到长生不老药，最后只好先返回咸阳。

没过多久，秦始皇又组织了第三次东巡山东，路经徐福的家乡，此时的徐福早到家了，听说始皇帝来了，心知躲得过初一躲不过十五，急忙从家乡赶来面见秦始皇。徐福从第一次入海求仙到现在已有 10 年时间，不仅耗资巨大，而且始终没有求得仙药。为了逃避惩罚，他只好向秦始皇谎称，长生不老药被水神派大蛟鱼守护，无法近前取药，请皇帝增派一些射箭能手同去。此时的秦始皇求药心切，早就失去了理智和基本的判断力，当即批准了徐福的请求，命他选拔童男女、各种工匠、弓箭手等入海求取仙药。在徐福来说,秦始皇的无条件信任是他生存的根本,当然,这种信任仅限于在求取仙药的事情上,但无论如何,秦始皇的这种信任给了徐福充足的物质支持。于是,徐福第三次带领着童男童女和五谷、百工入海求仙,传说他最后去了日本,并在那里繁衍生存下来,有的学者甚至认为,徐福就是日本建国史上著名的神武天皇,日本人民也把徐福作为他们的先圣崇拜,尊他为“司农神”和“司药神”,在日本至今仍保存有徐福墓、徐福宫、徐福岩、徐福上陆纪念碑等遗址。究竟徐福的结局如何,我们不作考证,唯一能确定的是这位千古第一的大骗子蒙蔽了秦始皇。可怜了这位叱咤一时的秦始皇,在等待的煎熬中一心一意地盼着徐福能为他带回不死灵药。

秦始皇三十七年(公元前210年)十月,他又一次外出巡游。十一月,巡游到云梦,朝九疑山望祭了舜帝。由长江浮舟东下,观览籍柯,渡过江渚,经过丹阳,到达钱塘,登上会稽山,祭祀了大禹。又朝南海立碑刻石,歌颂秦国的功德……下山后,从现在的江苏吴县北上,继续他的求仙之旅。为了见到神仙,秦始皇一直是沿着海边走,由江乘渡过长江,沿海边北上到达琅琊,第二年七月到达平原津。本来,虽然此行并没有如愿见到传说中的神仙,但也应该算是一次完美的巡游,但是在车行沙漠中,旅途劳顿,身体疲惫加上高温,以上诸因素并发,致使秦始皇在途中病倒了。这一次病魔来势汹汹,尽管秦始皇一直强撑着病体想等待徐福归来,可惜天不遂人愿,还没等回到咸阳,他就在今天的河北广宗境内一命呜呼了,至死也没吃上真正的长生不老药。

二、十二铜人还是仙鹤引路,千古大帝难逃宿命

公元前216年,即秦始皇三十一年,秦始皇病逝于巡游途中。

秦始皇死时年仅50岁，他在秦王位共25年，称皇帝12年，总共37年。他扫平四海，统一中国，建立了中国历史上第一个统一的封建王朝；他在经济和文化思想方面推行了一系列巩固统一的中央集权国家的措施，废分封，设郡县，进一步巩固了统一的局势；他筑长城，修驰道，有效地抵御了匈奴的进犯；他统一度量衡、统一文字、统一货币，对中国经济的稳定发展起到了至关重要的作用……可以说是有不少值得肯定的地方，也确实给老百姓做了实事。可是他的信仰却给他套上了沉重的枷锁，给他的一生带来了抹不去的污点。可是无论后人如何评说，这点追求在秦始皇看来，却是最有价值的，这从他建国后铸造的十二铜人以及墓穴里出土的仙鹤就可以看出，秦始皇对于自己执著求仙的信念是有始有终，当然，他是否至死不悔，这就不得而知了。

这十二铜人的来历还要从始皇帝刚刚统一天下说起。这位始皇帝结束了中国历史长期分裂、割据的局面，建立了统一的、专制主义中央集权的秦王朝。虽然全国范围内的大规模的军事行动已经结束，但在边境上，还有很长一段时间不能安宁。另外，国内也有一些不稳定因素存在。因此，秦始皇为了巩固第一个封建王朝的政权，操了不少心，也采取了一大堆措施，其中有一条就是下令收缴天下兵器，铸成十二铜人，立于咸阳。

也许有人会问，收缴天下兵器是为了消除不安定因素，可为什么要将其铸造成铜人呢？其实细说起来，铸造这12个铜人依然与秦始皇的信仰分不开。话说有一天，秦始皇梦中遇到天象大变，昏暗无光，且鬼神作怪，心里十分恐惧，梦里就赶快找来一方士问问是怎么回事，可见他潜意识里对方士神仙就深信不疑。方士就说了，您得制十二金人，方可稳坐天下。秦始皇梦醒后，即下令将全国的兵器收缴集中于咸阳，铸成十二铜人，这一方面消除了民间的不安定因素，另一方面也解决了铸造铜人的材料来源问题。由于秦始皇一生极信方士道人之言，再联系到开国不久他的担忧心情，这种说法很可能就是制造十二铜人的最可靠原因。当然也有一种说法是，秦始皇在统一全国后，始终在忧虑和思考着如何长治久安、使江山传之万世的问题。要坐稳天下，江山永固，首先解决的一个问题就是应该收缴和销毁流散在民间的各种兵器。于是便假托征兆，借助天意，下令收缴民间所有的兵器，集中于咸阳，铸成了12个铜人。应该说，秦始皇收兵器造铜人，完全是出于政治上安定的考虑。至于假传天意，只是使之合法化的一种策略，这是不少统治者所惯用的伎俩。

但令人遗憾的是，这传说中的12个铜人至今也没见踪影，据后世学者分析，它们有可能是被秦始皇的死对头项羽毁掉了，又或是毁于董卓、苻坚之手。还有人分析，这12个铜人是秦始皇生前的喜爱之物，所以在秦始皇陵墓营造好后，这12个铜人就和其他精美的物品一起被当作随葬品而葬于陵墓之中了。

但由于秦始皇陵墓的发掘工作还不能全面展开，因而十二铜人的下落问题至今仍是未解之谜，或许只能到了秦始皇陵墓开掘的那一天，这个谜才能解开。不过，虽然传说中的十二铜人至今没有显于世上，无法从另一个侧面证明秦始皇至死求仙的意愿，但是中国考古学家在世界八大奇迹之一的秦始皇兵马俑附近发现了13只2200年前的青铜鹤，其中两只已证明为仙鹤，这同样可以作为证明秦始皇确有“升天梦想”的确凿证据。

鹤在中国自古就是吉祥鸟，象征着长寿，首次统一中国的秦始皇痴迷长生，曾为寻找不死药，派遣大批方士出海苦觅。我们有理由相信，秦始皇以上的种种行为无不在向世人昭示着，他是迷信的，他的信仰就是成仙，而仙鹤在古代是仙人的坐驾，因而我们更加有理由相信，这位秦始皇有死后升天的宏伟理想，而在他的墓地里发现青铜仙鹤也就在情理之中了。

对秦始皇信仰的总结：

秦始皇的信仰，是他个人野心和私欲膨胀的产物。严格来说秦始皇并不是一个虔诚的教徒，他之所以迷信神仙，还是因为这有助于巩固和把握自己的权力，是从个人实际出发，给自己谋取福利的角度考虑的。无论是他施行的暴政，还是“焚书坑儒”的举措，都没有显示出一点神仙该有的修养和气度。他的执著求仙，除了大兴土木给自己建造宫殿，斥巨资海外求仙外，没有一点儿用在人民身上，以至于引起了人民百姓强烈的不满，这就使得统一后，本来经济、文化、基础设施等各方面就不协调的国家更加不安定。所以说，即使他真的再活十来年，不是那个相信赵高指鹿为马的糊涂儿子继位，相信秦帝国也终将会走上覆灭的道路。这就是求仙给他带来的最大影响。如果说秦始皇的这种“统一”只是形式上的统一，其内在还是四分五裂的话，那么到了汉朝，这种统一才真正形成了。

第二章 汉武帝:独尊儒术和佞信方士的矛盾分立

汉武帝刘彻是汉朝的第五个皇帝。应该说他既是位好命的皇帝,又是位不幸的接班人。说他好命,那是因为他父亲是汉景帝刘启,他爷爷是汉文帝刘恒,这两位皇帝开创了大汉盛世“文景之治”。刘彻的祖爷爷就更不容忽视了,正是那位白手起家、创立大汉基业的汉高祖刘邦。有了这样显赫风光的家世,应该说,对于汉武帝刘彻治理国家是很有利的。可是,正因为前辈们都那么出众,因而刘彻感觉身上的担子更重、压力更大也是人之常情。但史实告诉我们,事情远没有这么简单。

刘彻7岁时被立为太子,16岁登极,70岁驾崩。在他长达54年的统治中,的确将国家治理得井井有条,蒸蒸日上。他不仅推行改革,把儒学发扬光大,还北逐匈奴,西通西域。他的雄才大略、文治武功使汉朝成为当时世界上最发达的国家。在他统治下的西汉帝国甚至比罗马帝国还要强盛,成为世界文明无可争议的中心,而汉武帝的时代,也成为中华民族历史上最值得自豪和展示的伟大时代之一。

不过,这位汉武帝和秦始皇差不多,也是一位长生不老的忠实拥护者。早在即位之初,他就一直在不停地寻找,希望能找到一条升仙之路,摆脱死神的纠缠。别看这位汉武帝内揽大权,外抗四夷,那智商情商绝对超人,可一遇到和鬼神、方士沾边的问题,马上变得和秦始皇一样心神俱乱。汉武帝在方士们的鼓动下,掀起了中国历史上有名的入海求不死药的活动,并且比秦始皇有过之而无不及,其派出的求仙船和求仙人,都比秦始皇多,时间也长,甚至一度要亲自乘船出海从蓬莱渡海寻神山求仙药。可见,这刘彻的迷信程度和执著远远超过了他的前辈们。但迷信的结果是,他不但没能如愿求取仙药、长生不死,相反,却使自己的家人成了最大的受害者,以致这位汉武大帝晚年成了真正的孤家寡人。

第一节　“人君南面之术”成就黄老的兴盛

姓名:刘彻

性别:男

民族:汉

家庭出身:皇族(如无意外,应该是世袭罔替的)

生卒:公元前 156 ~ 前 87 年

执政时间:54 年

社会关系:

父亲:汉景帝(与父亲一起开创了“文景之治”;又为儿子刘彻的“汉武盛世”奠定了基础,完成了从文帝到武帝的过渡。)

祖父:汉文帝刘恒(汉朝的第三位皇帝,他整饬了汉朝建国以来的前期动乱局面,开启了休养生息、发展社会生产力的时期。)

曾祖父:汉高祖刘邦

妻子:第一任:陈阿娇(汉景帝的姐姐馆陶长公主之女,“金屋藏娇”故事中的主人公。)

第二任:卫子夫(巫蛊之乱的最大受害者。)

帝号:汉武帝

性格特点:富于创新、开拓、进取精神。知道反省,偶尔能开展自我批评,但虚荣加疑心重(导致晚年成了“空巢”老人。)

理想:长生不死

一、文景之治,“人君南面之术”的受益者

初看汉武帝,似乎要比秦始皇理智,能力也强劲。单看他治国上的成就便不输于始皇。主要原因当然离不开他个人的努力,但这也离不开他父辈和祖辈的帮助。文帝、景帝两代可算是帝王中的典范,这两位皇帝不仅提倡勤俭节约,而且对人民也相当宽容。他们提倡“清静无为”,与民休养生息,对于社会的各种生产活动及劳苦大众的生活,尽量不加干涉,任其自然发展,这就形成了以黄老道家思想为主的政治学说,世称“人君南面之术”。的确,在这一段时期,国家的经济建设、国防治安都在稳步有序地发展,前景不可限量。于是,史学界称这一时期为“文景之治”,这也就给黄老之学提供了可发展的条件。

不要单从治国之道来判断文景二帝是天生的慈善,或是看重这老好人的虚名,这二位的智商可不比汉武帝差,这套战略战术,完全是对当时形势慎重分析后制定的。众所周知,在西汉初年,国家被秦代的统治者屠戮得满目疮痍,不仅经济萧条,而且战乱后,人民百姓流离失所,对朝廷也失去了信心,一派萧条复消极的景象,这就导致了国家财政连连出现赤字,社会经济亟待恢复和发展。于是,西汉的第一任皇帝刘邦就开始关注这一系列的问题,要想让国家振作起来,就必须颠覆秦始皇时期的政策主张,要“反秦之弊,与民休息”,必须开创一条崭新的、适合西汉社会发展的特色道路。

于是,为恢复封建经济、稳定封建统治而实行的“无为而治”的方针政策就这样应运而生了。当然,这不是刘邦提出来的,虽然这位

皇帝在当政期间确实有不少功绩,可毕竟这是位连私塾也没读过的皇帝,理论基础文化知识都十分薄弱,因此,我们有理由相信他的这一灵感百分之二百是受人启发的。当然,要说到黄老的来源那还得归功于老子,老子是道家创始人,很早以前他就提出了“无欲以静,天下将自定”、“将欲夺之,必固与之”的治国思想。别看老子属于道家一派,讲究无为,可是他的这些思想中含有不少政治、战争的战略、策略思想,这种思想到战国末期发展成为黄老之学。其中,黄,是指黄帝,老,是指老子。后世都传说老子就是天上的太上老君,可见,这老子的地位在普通百姓心目中不比哪位皇帝差。当时所谓黄帝之学,也属于道家的一个流派,它同道家的区别是,黄帝之学在道之中含有法的成分,二者合在一起称为黄老。黄老学说在政治上主张“无为而治”,这恰好符合了汉初统治集团的需要。

既然找到了大方向,那么自刘邦以后,历经孝惠、高后、文景二帝,大家就都把黄老之术、治道贵清静宽舒作为了国家的主导思想。因此,文景二帝坚决执行与民休息的“无为”的统治术,这在中国历史上成为汉初政治的一大特色。当然,皇帝就是皇帝,他这种所谓的“无为”,可不是人民当家做主的意思。无为的原则有两个:一方面无为即是“守而勿失”,也就是说对于刘邦、萧何在汉初所确立的政治法律制度,在一般情况下不作原则上的大变革;另一方面无为并不是放弃阶级统治,而是在不伤害统治阶级根本利益的原则下,在封建统治阶级所能允许的范围内,对人民的生产生活尽可能少些干预,使之休养生息。汉初黄老政治的内容主要有:重农抑商,恢复并发展生产,如提倡以农为本,鼓励从事农业生产;对商人实行抑制政策,禁止他们衣丝乘车,并加倍征收他们的赋税。轻徭薄赋,与民休息。秦始皇时期的严刑大多被取消,尽可能给人民自己当家做主的感觉,当然,实际上该听谁的,老百姓也都明白。汉初到文景之治时期的黄老政治,的确使社会生产很快得到恢复和发展,国家积累了大量的财富,西汉封建统治得到稳定。

到汉武帝即位时,政局表面看来是稳定了不少,可其中所蕴涵的暗潮汹涌也没少让汉武帝操心,这是后话了。总的来说,他还算是“人君南面之术”的受益者。可是,刘彻不知足,这位汉武帝可是个好出风头、虚荣心很强的人,很想做出一番成就,把秦始皇比下去。于是,自他登极后,很是活跃了一段时间,先是改革,又是罢黜百家,独尊儒术。尽管在这个过程中也衍生了不少先进的思想,可是汉武帝的本质和秦始皇一样,别看小小年纪,可是很怕死,一上台就开始大肆搞起了求仙活动。这时,方士们看到汉武帝也是位迷信的帝王,于是便更以黄帝附和神仙学说,开始将神仙学与黄老学相结合,找个机会就给汉武帝灌输神仙思想。虽然刚开始的确没出什么大乱子,可是后来,却把这位汉武帝搞得家破人亡。

按说,这汉武帝这么迷信,应该是与神仙学说离得不远的黄老道的忠实拥护者,那他为什么还一度推行改革,废弃黄老之术呢?这其中的缘由还要从一部奇书说起。

二、从刘安的《淮南子》到董仲舒的“天人三策”

这部书名叫《淮南子》,是刘彻的叔叔淮南王刘安命手下门客集体编著的一部奇书。此书杂采战国以来除儒学以外的百家之言,当然以黄老道家言论为主,包罗万象,从盘古开天辟地到嫦娥偷药奔月,从对宇宙的认识到黄老养生,几乎涵盖了所有领域。表面上看,这是一本研究学术的书,和政治、时局不沾边,充其量只是一部意在求仙访道,记载了黄老言论的道家之书而已。尤其在汉初文景以来,黄老之道是国家政府提倡的官学,有这么一本思想高度概括的书,是市场需要,更是统治政权的需要,本来不足为奇。但其实,这本书乃是建元初年间,以刘彻为首的革新派和以刘安为首的守旧派激烈政治斗争下的产物。

建元元年,年仅16岁的刘彻登上了帝位。他一走马上任就开始考虑一个问题:是维持黄老还是改革创新。对于一个意气风发的少年皇帝来说,推翻旧制、改革创新当然更具有吸引力,不久,他重用主张加强王权的儒士出任将相,准备采纳文景时期大为失意的贾谊、晁错一派的政治主张,对内削弱诸侯、加强中央集权,对外则抗御匈奴。如此一来,自然会触及那些在汉高祖刘邦时期就被分封的刘氏诸王的利益,这其中也包括刘彻的叔叔刘安。刘安是汉高祖刘邦的孙子,袭封为淮南王,除了这个显赫的身份,他还是西汉著名的思想家、文学家。不过,这些虚名在他看来远不如保住自己的富贵权势重要,于是立即召集门客李尚、苏飞、伍被等人共同撰作《淮南子》一书,其所针对的,就是初登帝位的汉武帝刘彻。刘彻虽然年轻,但却颇有政治头脑,他清醒地认识到,自己要想稳稳地坐在这天下第一的位置上,就要推广"尊王攘夷"思想,他一生的事业就围绕着这四个字。所谓尊王,就是建立一整套国家制度,建立以儒学为主的国家主流意识形态。所谓攘夷就是反击匈奴,远征匈奴,誓将威胁大汉江山的危险因子尽早扼杀。刘彻是铁了心,要实施"大有为"之政。当然,我们可以理解为是他性格中好大喜功、爱好虚荣的因子亢奋的结果,但也不能忽视当时的社会背景。再说这刘安,他主张因循旧范,无为而治,说白了,也就是要坚持汉初旧制,这有助于保护他们刘氏诸王集团的利益。《淮南子》中有《主术训》一篇,专讲帝王之术,就是告诉你刘彻,要认真系统地学习历朝历代的帝王是如何做皇帝的,别整天想着搞什么改革创新。

虽然刘安的威胁很隐晦,但聪明的刘彻还是感觉到了那些叔伯们对他的怨愤和不满,这更让他清醒地认识到,刘氏诸王的权力过大,应该及早收回。可是收回权力这样的大事,对于任何一位帝王来说都是心向往之却又顾虑重重的,尤其是像刘彻这样根基未稳的少年皇帝,一旦计划得不够完善周密,就有可能为自己招来灭顶之灾,更何况当时的朝政大权根本就不在他手中,而是被把持在素好黄老之道的太皇太后,也就是他的祖母,史称窦太后的窦氏手里。这窦太后对黄老之学可不是一般的信奉,当年景帝在位时,就因为母亲(即窦太后)对黄老之学的偏爱,而使得他(景帝)和窦姓宗族不得不研读《老子》,并推尊其学说。据《史记·儒林传》记载,窦太后在世时"故诸博士具官待问,未有进者"。景帝时她曾召博士辕固生问他《老子》是怎样的一部书,辕固生不识时务,猝然答道:"这不过是部平常人家读的书,没什么道理。"窦太后大怒道:"难道一定要司空城旦书吗?"话中讥讽儒教苛刻,比诸司空狱官,城旦刑法。辕固生一听转身就走,不料被窦太后喝住,令他到猪圈里去与猪搏斗。当时还是太子的刘彻见辕固生乃一文弱书生,恐怕他不是猪的对手,就扔进一把匕首,辕固生这才把猪刺死。因此汉景帝在位16年,始终未用儒生。刘彻即位后,窦太后听说他喜欢儒学,大大地不以为然,于是常常出面干预朝政。刘彻也不敢违忤祖母,所有朝廷政事,都随时向她请示。当时御史大夫赵绾和郎中令王臧,迎鲁耆儒申公来朝,并建议仿古制,设明堂辟雍,改历易服,行巡狩封禅等礼仪,还建议今后政事"可不必事事请命东宫"。窦太后听罢,怒不可遏,命刘彻下令革去赵绾、王臧的官职。建元二年,窦太后还亲自披挂上阵,把刘彻所任命的儒学将相一一清理干净,这明显是否定了刘彻加强王权、削弱诸侯的政策方向。至此,直到她去世前,刘彻都没有再重用过儒生,足见她在政治上的影响了。

当时的刘彻毕竟还只是个初出茅庐的少年皇帝,对形势估计不足,打击面又太大,以致连自己的亲舅舅、王太后之弟,先拜太尉后任丞相的田蚡暗中也站到了刘安一边，甚至与刘安私下计议安排关于刘彻的后事问题，并保证拥护刘安登极。由此可见，当时刘彻的政治地位确实是十分危险、十分孤立的。

好在刘彻虽然小小年纪，就懂得韬光养晦，终于熬到了建元六年窦太后去世，刘彻这才又将朝政大权握在了手中，获得了大展拳脚的机会。于是，当他遇到从事儒学研究的董仲舒后，就好像遇到了知己。董仲舒向他提出了著名的“天人三策”，其主要内容是：天人感应，君权神授；推明孔氏，抑黜百家；春秋大一统，尊王襄夷；建立太学，改革人才拔擢制度，不强调任子、訾选制。汉武帝大为满意，于是决心由此而推行国家的全面改革，这就是汉武帝正式确立儒家政治思想为国家意识形态的“元光决策”。新政的首要方针是改革国家意识形态，即“罢黜百家，独尊儒术”。在所罢黜的百家言中，重点就是不要搞恐怖阴谋活动，也就是把那些唯恐天下不乱的纵横家们彻底扫地出门了，还有就是文景二帝都推崇的黄老之道。可见，虽然汉武帝比较迷信，但政治头脑还是十分敏锐和清醒的，知道这求仙和政治之间应该有个界限，黄老更是不适合混杂其中的。

第二节　扩张与无为难以调和下的统治

由于此前秦始皇的暴政和奢靡，给汉朝留下了一个烂摊子，因此这个帝国在开创之初就陷入了极端不稳定之中。尽管自高帝、吕后至文景二帝的几十年间，汉朝统治者运用休养生息的策略，使国家逐渐走上了正轨，可是，此间内部变乱不断，外部又有匈奴的威胁，所以说社会并没有人们希望的那样安定，反而隐含着深重的危机。直到汉武帝登极，才为刘氏天下开辟了崭新的局面，难怪史学家班固称他为“雄才大略”的人物。这汉武帝虽然年纪轻轻，但却敏锐地意识到了国家需要新的政策才能更快更强地发展，于是大刀阔斧地施行改革。但毕竟是年轻人，对形势估计不足，于是彻底栽在了自己奶奶的手里，甚至险些丢了自己的小命。

一、"无为之治"挡不住宫廷内乱

说到汉武帝的建元新政，那就不得不从秦始皇说起，毕竟这位暴君把天下祸害得不轻，以致到了刘邦建立汉朝后，很长一段时间国家都呈现一副恹恹欲睡的局面。于是，一些明智的政治家认识到，秦统一天下后，急功近利，严刑峻法，这是他们灭亡的重要原因，所以汉朝绝不能重蹈覆辙。于是皇帝刘邦不得不"因民之性而治天下"，而采取了逆取而顺守之，文武并用的"无为而无所不为"的长久之术。在这样的社会政治大背景之下，黄老之学就应运而生了，可以说，汉初的统治者运用黄老之学来治理天下是秦汉之交历史的必然结果和必由之路，也是汉初政治家为社会和谐稳定做出的正确决策。然而，这里黄老之学的"无为而无所不为"可不是原来的"老庄哲学"了，它已经融注了儒家积极入世的思想和法家强硬的手段。实质上，所谓黄老之学在当时已经成为了以庄子哲学为基础，吸收儒、法学说而形成的汉初统治思想。说得再明白些，这里的黄老已经成为了为统治者服务的工具。

但无论如何，经过70年的与民休养，汉朝经济得到了迅速的恢复和发展，雄厚而不可一世，这是不争的事实。但是，在汉武帝当上最高领袖后，曾有积极意义而很消极的黄老之学已经不再适应汉武帝扩张皇权的多欲政治，为了追求更高更快更强的国家发展之路，汉武帝的统治集团迫切需要一个适应自己生存、繁衍的哲学与文化，也就是说这黄老该摒弃了。

很多人一说起汉武帝刘彻，都认为这是位仰承先人胜利的帝王。

谁让他的父辈开创了文景盛世呢,这不正好为他的统治铺平了道路么。因此说他是太平天子,意思就是他比之前任何一位帝王都要顺利安适,以致这位皇帝整天挥霍无度,是个败家子的典范。对于他对外大规模用兵,后世有人调侃说那纯属于没事闲的,反正国库充盈,他有的是家底,那就不妨大肆挥霍呗。因而说起这位"内穷侈靡,外攘夷狄",致使"天下萧然,财力耗尽"的汉武帝,很多人没有好印象。就连撰写《汉书》的史学家班固,这位一向对汉武帝的功业持肯定态度的权威人士,一说起他的奢侈浪费,那也是只剩下一声叹息,并且认为汉武帝的最大失误,就在于他改变了汉朝前几位皇帝所推广的无为而治的黄老路线。

说刘彻不知道勤俭节约,这批评得一点没错,可要说文景之世是太平时代,那可就未必了。严格地说,汉武帝的改革没错,因为他看出了当时潜伏的巨大危机。

汉文帝时有两位具有宏观战略眼光的杰出政治家。一个是贾谊,一个是晁错。这贾谊家庭出身不高,是个普通百姓,但这并不影响他好学上进成为研究《春秋·左传》的专家。虽然天妒英才,33 岁就去世了,但他生前曾多次向文帝提出富国强兵的改革建议,也算是给了后来的汉武帝不少启发。尽管文帝也觉得贾谊说得在理,可无奈满朝文武不答应,在舆论的压力之下,文帝只好把贾谊束之高阁弃而不用了。晁错则是位研治《尚书》的专家,后来当上了太子家令,和文帝接触的时候多了,他就多次向文帝上书,提出削藩限制诸侯的政议、重农主义的经济政策和击胡备边的对外战略,可文帝还是不敢轻易采用。

晁错与贾谊相比,命运更加不济,他这一肚子的学问没用上不说,还被当作挡箭牌冤杀了。早在文帝时,匈奴就野心勃勃想要从大汉领土上分走一杯羹,当然要能一口把大汉吞下那就更好了,他们隔三岔五地就跑到大汉境内杀掠百姓，强抢畜产，给百姓的生命财产安全构成了很大的威胁。到了文帝六年，匈奴甚至集中火力直逼距长安不远的皇帝行宫甘泉宫。文帝既惊慌又愤怒，可是对当前局势一分析，估计自己还真不是人家的对手，于是赶紧延续汉高祖刘邦开创的和亲政策，把一位公主嫁给了匈奴的单于，总算是暂时解决了危机。后来到了景帝当政，这位子还没坐稳呢，第三年，以吴王、楚王为首的刘姓七国诸侯即联兵造反，也就是历史上有名的“七国之乱”，他们的借口就是“杀晁错，清君侧”。虽然人人都知道晁错冤枉，可没办法，景帝为了保全自己的性命和皇位，只好无奈地杀掉晁错作为安抚。但众诸侯并没有退兵，这场大规模的内乱折腾了一年，最后才被景帝派兵平定。景帝在位仅 16 年，除去这次险象环生的“七国之乱”之外，光是匈奴就有 5 次大规模的进攻，这样的局势能算太平吗？

虽说是文景盛世，可实际上在景帝当政的时代，国政糜烂，法制荒疏，生性平和老实的景帝根本镇不住那些骄横不可一世的权贵大臣们。所以说，景帝交给儿子刘彻的并不是什么太平盛世，说好听了是有待整顿的发展中国家，说不好听了就是一个千疮百孔的烂摊子。

别看刘彻 16 岁就成为皇帝，可刘彻并不是一般的 16 岁花季少年，无论是头脑还是眼光都比景帝清楚多了，也敏锐多了。即位不久，他就看出，如果国家再照此发展下去，势必走上亡国的道路，于是毅然决定实行改革。

改革的主要内容，就是贾谊曾经向汉文帝所提出的建议，即：“改正朔，易服色，建官制，重礼乐，更秦法以立汉制。”这种制度的改革，最终目的是要落实在规范和限制诸侯及权贵无礼无法的行为，加强国家的权力等方面上，以便富民强国，抵制匈奴这类整天野心勃勃、虎视眈眈的外族。这就难免会涉及当时政治制度的核心内容，那就是权力与资源的重新分配。这下就像捅了马蜂窝，从古至今，这权和钱都是动不得的，一旦谁谁动了谁的利益，轻则不顾形象地对骂打压，重则掀起一波不是你死就是我活的争斗。刘彻当朝的既得利益集团自然也不例外，他们集体提出了强烈反对。

当然，刘彻早就看出诸侯在朝廷中的政治影响力不容忽视，因而也以最快速度采取了行动，他先命令当时驻在京城的列侯回到自己的封地，同时命令各地包括各封国、诸侯领地开放城门，不得私设关卡限制往来出入。这可是打破地方割据的重要举措。还下令对贵族子弟横行不法者实施惩戒，削除其贵族属籍。这些措施给了列侯、宗室贵族们严重的打击，于是他们都纷纷集聚到太皇太后窦氏周围告状。窦太后虽是刘彻的奶奶，可她也没向着自己的孙子，毕竟，在那些宗室贵族中有一多半都是她的娘家人，刘彻的举动也严重损伤了窦氏氏族的利益，这窦太后自然要维护自身的利益，于是当即给刘彻下指示：你给我赶紧废弃儒学，重新采行黄老之道，恢复文景时代的"无为之治"。

此时，刘彻犯了一个致命的错误，他以为自己已经是皇帝了，国家的大事小事自己就能说了算，于是不仅拒绝听从，反而授意赵绾上书，建议皇帝对于国事不必报知请示太皇太后。这下彻底触怒了窦太后。此时，严格说起来，朝政大权还把持在窦太后手中，再加上又有一大帮权贵的支持，因而，窦太后就向自己的孙子发动了攻势。她派人栽赃陷害赵绾、王臧，将其逮捕，然后严厉批评刘彻用人不善，最后迫使赵绾、王臧含冤自杀。紧接着，窦氏又罢免了丞相窦婴、太尉田蚡的官职，将申公逐回老家，三下五除二，就将汉武帝身边的尊儒大臣收拾干净了。汉武帝只能在旁边看着，至此方始明白自己的鲁莽冒进，于是轰轰烈烈的建元新政就这样彻底栽在了窦太后手里。

二、窦太后在上，新政改革进程屡受阻

也许有人会说，这窦太后不管怎么说也是汉武帝的嫡亲祖母，好歹是一家人，她至于为了各自信仰、政见的不同就跟自己的孙子结下这么大的仇吗?

其实细说起来，汉武帝的新政之所以遭到窦太后的极力反对，还要从这位窦太后的身世经历说起。

事实上窦太后算是个有福气的女人，在吕后还健在的时候，她就被选入宫，后来吕后将包括窦氏在内的一些宫女赏给各诸侯王，本来窦太后是想通过关系让分配她们的官吏将她送给赵王，因为她是赵国人，这样就能跟着赵王回自己的故乡了，谁不想离自己的娘家近点儿啊！谁知道那个官吏是个马大哈，把赵国记成了代国，结果，窦氏被送给了代王。不过，这代王可就是后来的汉文帝，窦氏这番阴差阳错，使得她最终爬上了皇后的宝座。

这位窦太后可不是一般的只想享受天伦之乐的老太太，而是一位权力欲旺盛的女权人物，她内心对儒学有很深的抵触情绪，由于她是历经三朝的老太后，始终处在权力的中心，因此，汉武帝想让这位大汉政坛上的风云人物交出权力，其难度无异于登天。更何况，这位窦太后当初根本就没想让刘彻坐上帝王的宝座，只是因为形势不允许，所以才心不甘情不愿地拥戴刘彻登极的，她心里本来就对刘彻不满意，如果刘彻对她俯首帖耳还好，如今他又闹什么改革创新，并且威胁到了窦氏一族的根本利益，窦太后自然不会对他手下留情。这话还要从景帝在世说起。这位窦太后和现代的许多老太太一样，虽然生了一女二子，但最偏爱的还是小儿子梁王刘武，因而一度逼着汉景帝将梁王立为储君，来个弟继兄位。如果这事真成了，那这皇帝之位就没刘彻什么事了，历史也将改写。可群臣们却极力反对，那年月

虽然不讲究民主，但窦太后这个女强人却也不敢明着与众大臣为敌，于是弟继兄位之事就此作罢，窦太后没能如愿当上两朝太后，武帝即位后，她被尊为太皇太后。所以，窦太后因为这事一直心里不舒坦，眼下，这汉武帝又不知死活地威胁到了她窦氏家族的利益，这能不逼着她站出来吗？

当然，窦太后虽然溺爱幼子，但也绝不是见识短浅的无知妇人，她对西汉的社会发展的确做出过无法抹杀的贡献。窦太后是中华帝国最后一位拥护"黄老思想"的统治者，在她的影响下，西汉政权能够继续施行在刘邦时期定下的"与民生息"、"无为而治"的精神，使汉王朝逐渐走向强盛，黄老思想在那个时期确实为西汉的国家安定和社会发展做出过贡献。但是到了汉景帝后期，其思想与社会发展不符，被汉武帝以儒家思想取代也是必然的结果。

不过，可能有人就问了，别管窦太后她怎么大权在握，毕竟汉武帝的帝王位置凌驾于她之上，如果硬拿出皇帝的身份来对抗窦太后，也不见得对付不了这位风烛残年的老太太。确实，如果汉武帝真这么做了，最后鹿死谁手还真是个未知数。可问题是，汉武帝根本就不可能这么做，因为这和他所崇尚的信仰是完全相悖的，也是和当时的社会大背景格格不入的。

尽管汉武帝迷信神仙，可他也同样"迷信"儒家思想，否则也不会开展"罢黜百家，独尊儒术"的运动了。可见，他认为在治国强国的路上，儒学是第一的，而由孔老夫子开创的儒家最注重的恰恰就是孝道。

汉代号称"孝治天下"，他们治国的理念就是个"孝"字。提倡孝，为的是教育广大人民百姓在家做孝子，出门做忠臣。于是，皇帝作为整个国家的君父，当然要带头行孝，得给人民做个好榜样，这从汉代皇帝的谥号上就能窥见一斑。谥号就是皇帝死了以后所上的尊号，以突出他的特色，表彰他的功绩，汉朝历代皇帝的谥号前面统统都有一个“孝”字，只有两个人例外，一个是汉高祖高皇帝，还有一个是世祖，就是东汉的开国皇帝光武皇帝，其他的皇帝如孝惠皇帝、孝文皇帝、孝景皇帝、孝武皇帝、孝昭皇帝等等，谥号前都加了这个“孝”字。既然他以孝治天下，当然要尊敬太皇太后，因为她是刘彻的亲奶奶！所以太皇太后想干政，汉武帝还真没脾气。正因为有了窦太后这座靠山，所以外戚的力量在两汉时期一直是很强的，于是就造成了汉武帝刚刚即位的时候由窦太后主持朝政的局面，国家的重大政治问题不由刘彻决策，反而更多倚重窦太后的意见。于是无论是从个人信仰的角度，还是迫于当时社会背景的影响，汉武帝在窦太后面前都不敢轻举妄动。

不过，窦太后尽管在营养搭配、生活条件等各方面都是一流待遇，可毕竟岁数不饶人，没过几年就驾鹤西归了。可走了太皇太后又来了个王太后，这汉武帝的母亲王太后也想学自己的婆婆窦氏那样干预朝政、指点江山，可汉武帝可不像他父亲汉景帝那样好控制。早在窦太后活着的时候，汉武帝就已经深刻地认识到，必须把母族的外戚剪除掉，不能让他们再在自己的头上指手画脚，否则自己永远没有当家做主的那一天。于是在窦太后死了没多久，汉武帝就把铲除外戚的计划提到了工作日程上来。

第三节 “霸王道杂之”，儒术法家一起“炖”

汉王朝的创立者刘邦是一个出身草莽，行迹近乎无赖与黑社会领袖之间的边缘人物。尽管在汉初，黄老思想是治国的最高纲领，可是，刘邦也已经认识到儒学的好处。所以，儒学与黄老的斗争，应该说早在刘邦执政时期就开始了，至武帝初期终于达到了白热化阶段。

赵绾、王臧“议立明堂”以朝诸侯,就是想用儒家的“礼治”来取代黄老的“无为而治”,结果遭到了窦太后的残酷镇压;武帝五年的“置《五经》博士”是儒学的复起;武帝六年窦太后死,田蚡的“绌黄老、刑名、百家之言”是儒家的彻底胜利;武帝七年的“延文学儒者数百人”则是这一胜利的直接硕果。

但是,信仰和权力,汉武帝还是分得很清楚的。即使他信奉儒家,但也不可能完全摒弃其他对于自己统治有利的思想,比如法家,这就形成了汉朝社会所特有的“汉家制度”。

一、独尊儒术开“多欲政治”之先河

尽管秦始皇“焚书坑儒”,给了儒家毁灭性的打击,但有句话说得好,野火烧不尽,春风吹又生。果然,在汉初儒家就呈现出迅猛恢复的态势,而儒家之所以得到了这次起死回生的机会,还要感谢那位西汉的开国皇帝汉高祖刘邦。

这位边缘人物当了皇帝之后,跟随他的那些大臣将军也都是当年一起在沛县穷困度日,而后又一起在起义的路上摸爬滚打的将士,他们文化层次不高,水平有限,刘邦当上皇帝之后,他们依然像在沛县时一样,整天就在刘邦家里大吃大喝,喝醉了不但放声高歌,喧闹不休,而且居然还拔出刀剑砍柱子助兴。司马迁在《史记》中记叙当时的情景时写道:“群臣饮酒争功,醉或妄呼,拔剑击柱,高帝患之。”(《史记·刘敬叔孙通列传》)他们毕竟是头脑简单的粗人,不会想到今时今日大非往昔可比。刘邦家现在是皇宫,刘邦自己现在是最高领袖,要还照以前一样不分尊卑,那非乱套不可,帝王的威严何在,朝廷的脸面又何在?刘邦虽然没读过什么书,文化水平有限,可他也察觉出再这么下去肯定不行,可是该怎么改正,他自己心里也着实没有底。

这就给儒家学派提供了一个重出江湖、东山再起的好机会,因为讲究礼仪正是孔子儒家思想的核心之一。于是当时在朝廷中任博士的大臣叔孙通就向刘邦请求,由他制定朝见皇帝的仪式——简称“朝仪”。叔孙通对刘邦说:“夫儒者,难与进取,可与守成。臣愿征鲁诸生,与臣弟子共起朝仪!五帝异乐,三王不同礼。礼者,因时世人情为之节文者也。故夏、殷、周之礼所因损益可知者,谓不相复也。臣愿颇采古礼,与秦仪杂就之。”意思是说他愿意博采夏、商、周及秦等众家之长,帮刘邦定出一套规矩来。可是,刘邦出身草莽,内心深处对这些知识分子还有些不信任,觉得他们总是将那些明明很简单的事情搞得过于复杂烦琐,但既然叔孙通自动请缨要来替自己解决这个棘手的问题,刘邦当然是乐观其成的,只是还不忘记嘱咐叔孙通说:这朝仪不要太复杂烦琐,一定要尽量简单。那时候的刘邦并没有意识到,越是复杂烦琐的朝仪就越能体现天子的威严。叔孙通领命后,特地到儒家学派的发源地曲阜,请了30余位专家,连同自己的门徒100余人,共同拟订“朝仪”规章,并照章彩排晋见皇帝的各个细节。结果等叔孙通回来交差时,刘邦观看了彩排后从头到尾就一个感受:妙不可言!叔孙通见刘邦对这套朝仪十分满意,于是又趁热打铁地请刘邦下令,让满朝的文武百官也都正式开始接受儒家礼仪的训练。虽然训练这些出身草莽的大臣们确实不是一件简单的事,但叔孙通凭借知识分子所特有的狡黠和聪慧,居然真的将这帮不读书、不习礼的粗莽之人调教得有模有样。

为了使这套朝仪能够更隆重地出场,刘邦还特意兴建了气势磅礴的长乐宫,在长乐宫落成的时候,这套朝仪便开始正式启用了。群臣朝贺时,文武官员由礼仪官引导,顺序进入大殿,分为左右两班,在两厢跪坐,皇宫近卫军站在文武百官之后。然后只听见数名礼仪官一连串从远到近的传报:“皇帝驾到。”这传报一声接一声地传进大殿，声音清悦悠远，刘邦也在众人的拥簇下，坐着特制的用人拉的“辇车”，慢悠悠却威风十足地进入大殿。此时，大殿上的文武百官立即各按各自官职的大小，开始背诵那套早已烂熟于胸的、令人肉麻的贺词。宴会开始后，大殿上依然是沉静肃穆，人人震恐，直到宴会结束，都没有一个人敢再喧哗吵闹。刘邦此时方才享受到当帝王的威严和乐趣，不禁满足地说：“我到今天才知道当皇帝有多威风！”

关于这段历史，司马迁在《史记》中也曾有详细的记载：“汉(王)七年，长乐宫成，诸侯群臣皆朝十月。仪：先平明，谒者治礼，引以次入殿门，廷中陈车骑步卒，卫宫，设兵张旗帜，传言‘趋’。殿下郎中夹陛，陛数百人。功臣列侯诸将军军吏以次陈西方，东乡；文官丞相以下陈东方，西乡。大行设九宾，胪句传。于是皇帝辇出房，百官执职传警，引诸侯王以下至吏六百石以次奉贺。自诸侯王以下莫不振恐肃敬。至礼毕，复置法酒。诸侍殿上者皆伏抑首，以尊卑次起上寿。觞九行，谒者言‘罢酒！’御史执法举不如仪者辄引去。竟朝置酒，无敢喧哗失礼者。于是高帝曰：‘吾乃今日知为皇帝之贵也。’乃拜叔孙通为太常，赐金五百斤。”

既然儒家给刘邦带来了如此大的震撼，如此大的惊喜，如此大的威风，他又怎能不对儒家另眼相看呢？不过，由于他文化水平太低，对于究竟应该如何发扬光大儒家并为己所用，并没有什么深入透彻的想法，于是仅仅是自我陶醉在这种威仪之中。汉武帝就不同了，他是真切感悟到儒家对于自己的统治政权会产生巨大的帮助作用，从实际利益出发，进而相信、信奉、重用儒教。

当然，他一手炮制的这个历史上有名的“罢黜百家，独尊儒术”事件并不是信仰冲昏了头后的盲目决定，同样是经过深思熟虑的。这个决定的最终形成不仅和他的性格有关，也是一种政治转轨变型的需要。

首先,汉武帝刚当上皇帝那会儿,正是西汉国力雄厚之时,这刘彻骨子里本来就好大喜功,虚荣心强,再加上当时国力水平世界领先,因而他决定一试身手,对内即大力巩固和强化中央集权,保住自己的统治地位;对外则加大火力打击报复匈奴,以便排除隐患。同时向秦始皇看齐,尽可能扩大汉朝的领土范围。当然,光兴兵作战不行,刘彻认为自己的智商足可以涉及更多的领域中去,这就需要一个权威的思想作为坚实的理论基础,为其政治任务服务。黄老之术"出世"的性质和"无为"的思想取向,与刘彻当时对于国家大局的考虑根本不在一条道上,道不同不相为谋,因此刘彻对黄老的温度一再降下来。

其次,以孔子、孟子、荀子等为代表的先秦原始儒学在先秦春秋末至战国时期,是社会上具有广泛影响的"显学"之一。到了汉武帝时期,儒学已经发展到名家辈出,掀起了又一个繁荣旺盛的高潮,所以很容易成为领袖社会的思想信息。儒学的发展也进一步吸引了更多的人学儒、从儒。面对这种不可抗拒的学术势力和思想家群体,相信无论是汉武帝还是任何政治家也不能无视它的存在和价值,更何况要是以此来号召人民也很有说服力,省了统治者不少心力,所以汉武帝独尊儒术也是社会的大势所趋。

第三,汉武帝提倡"多欲政治",这和自己父辈奉行的"寡欲政治"截然相反,而儒学恰恰是他多欲政治的理论基础。从儒学积极入世的态度,它所倡导的"主唱臣和"、"主先臣随"的态度就可看出,只有儒学与汉武帝的多欲政治最靠谱,而《春秋》中讲到的"大一统"与汉武帝加强中央集权、巩固国家统一的政治需要就更是心连心,因而受到了汉武帝的大力提倡。更何况出兵征讨匈奴也是来自《春秋》尊王攘夷的提示,这种强有力的理论支持是任何其他理论都无法提供的。

还有很重要的一点,那就是儒学有助于帮助统治者修饰统治行为。一次,汉武帝召集群儒说:"我欲振兴政治,效法尧舜,如何?"在朝中位列九卿的督尉汲黯当即对汉武帝说:"陛下内多欲而外施仁义,怎么能效唐虞呢?"意思是说就您心里这么多欲望,表面还想假装仁义?尽管此话没错,但说得太过直截了当,当时就把汉武帝噎得怒而罢朝。主张独尊儒术的董仲舒也曾公开表示:儒学就是统治者的一种掩饰工具。可见,汉武帝尊儒其实也是其运用的一种统治策略。

但无论如何,汉武帝刘彻"罢黜百家,独尊儒术"的方针政策是适应西汉政治、思想和社会转轨变型需要的重大举措,此举以先后11年之久,历经罢黜刑法、议立明堂、增置博士、绌抑黄老、制策贤良和任用儒吏6个阶段,最终使汉代儒家经学得到重大发展,并从此成为后世历代的正统思想。

二、"霸王道"为"汉家制度"推波助澜

"霸王道杂之"的"汉家制度"是从汉武帝时开始确立的,这项大方针就当时来看确实是一种行之有效的治国方式,而且后世帝王始终认为汉武帝这个决策实在对治国有很大帮助,因而纷纷效仿。

西汉中期以后,随着独尊儒术政策的实施,儒生开始进入朝廷供职,尽管他们不可能控制统治者的最高决策,却也的确带来不少新思路新启发。但是,汉武帝心里比谁都明白,光靠儒家思想感化人民并不见得有成效,且这种类似潜移默化的教育方式实在需要时间,短期内很难见到效果。只有体罚最立竿见影,于是就出现了儒法合流的趋势。当时的儒学早已不再是孔老夫子所提倡的仁义礼智信,此时的儒学早已转化为全面维护君主专制的保护伞,帮助

皇帝抵挡来自各方的明枪暗箭,这也是儒术受到汉武帝追捧的重要条件。

这样一来,被纳入了董仲舒“王道”思想体系中的霸道思想,在社会实践中很快就有了明显效果。于是,汉武帝深刻地认识到,还是刑法最有助于治国安民。此时,德不过是表面文章,刑才是最实用的武器,这一直接后果就是,武帝时期的“独尊儒术”并不意味着“礼治”代替了“法治”,“王道”代替了“霸道”。独尊儒术和儒生参政确实为汉王朝政治带来了新的生机,可是,儒家势力的兴盛也的确需要一个过程。就汉武政治而言,大刑伺候的观念依然是和秦始皇时代不相上下的。

在中国历史上,首先提出以“霸”与“王”作为治国之道的是战国时的孟子。但是孟子所说的霸道是“以力服人”,王道是“以德服人”,提倡王道,反对霸道。结果荀子就出来唱反调说:王、霸虽有差别,但也可以相通,霸道可以补充王道。这就为后来儒家所倡导的“德主刑辅”思想提供了理论依据。其实,历代当政者最关心的都是怎么把老百姓治得唯命是从,最典型的例子就是当初法家商鞅见秦孝公时,针对王道的问题进行游说,没想到这位孝公根本不感兴趣,听得昏昏欲睡。可是当商鞅说到霸道时,孝公顿时精神振奋,继而端正坐姿专心听讲,甚至一连听了好几天也不觉得烦。这孟子和商鞅分别是儒家和法家的代表人物,因此,“王道”和“霸道”就被视为儒、法两家的治国主张。

事实上,刘邦虽是个无赖天子,没什么文化,但他也有高明的地方,那就是从当上皇帝开始就兼用霸、王之道。虽然后来的惠帝、高后、文景二帝皆实行黄老无为之治,但到汉武帝之时,明确推行“罢黜百家,独尊儒术”的政策,这就使儒学终于被汉代统治者确认为其统治思想,同时也为此后两千多年历代封建皇朝奠定了思想统治的模式。

不过,汉武帝在重视德治的同时,也特别重视刑罚的作用。汉武帝时期还制订了《腹诽法》、《沈命法》等,从他制定的这些律令中就可以看出,刘彻的确是位铁石心肠的皇帝。汉武帝一朝是继刘邦之后汉代立法的第二个高峰期,经过这次修订,真正体现了天网恢恢疏而不漏的绝对真理。

虽然汉武帝一再声明自己"独尊儒术",但通过他运用自如的"霸王道杂之"的汉家制度,就可以看出刘彻在现实中并没过分倚重儒家。因为,从他尊儒的政治目的来看,尊儒是为汉武帝"大一统"服务的,而非行教化,以德行、仁义为治国之本的空洞说教。从当时的政治实际情况来看,汉武之尊儒,实则是"以纯儒传经",而以"能者为吏",这样的"独尊儒术",倒不如说是"霸王道杂之"更符合实际。

从这一点来看,我们只能遗憾地表示,汉武帝的个人信仰并不是儒学,儒学只是他的一把枪,是为了维护自己的统治地位而服务的锋利武器。法也不是他的信仰,同理可证,法也是为他服务的工具。其实,汉武帝真正的信仰和秦始皇一样:追逐长生不死。可是,正是他的这一信仰搞得自己家破人亡,后悔莫及。

第四节　追逐长生迷信,酿造"巫蛊之祸"

在中国古代史上,秦皇汉武曾屡屡被相提并论。与秦始皇一样,汉武帝一生大有作为,但却同样是长生不死神仙术的忠实信徒,在他在位时曾上演了一幕幕巫蛊闹剧,最终致使皇后、太子、丞相和无数大臣都成为巫蛊的牺牲品,史称"巫蛊之乱",这不得不说是汉武帝一生难以抹去的污点。

一、信仰锁定长生，掀开巫蛊的背景

秦始皇虽然被历史所吞没了，可是他的信仰没有就此湮没，到了汉武帝时期，求仙的大旗仍然被高举着。尤其是经过一番调整改造，汉武帝时的国力更加强盛，方士人数更多，文化水平也更高了，据不完全统计显示，向汉武帝上书兜售成仙秘方的就有上万人。这期间，汉武帝也没少上当，每回都是被气得怒发冲冠，发誓非把那骗子施以极刑不可，但就是这么一再地受骗，他求仙的热情依然没降温，甚至一直到一家老小都快死光了，其求仙的决心都没动摇过。在某种程度上看，汉武帝求仙访道的热心比秦始皇只高不低，从他到处封山祭庙，寻找方士道人以求长生不老之术，到他穷兵黩武，远征大宛国取得“天马”也就是汗血宝马，却在马厩里养成肉马的愚蠢之举，就可以窥见一斑。

要说汉武帝在治理国家方面也算得上是年轻有为的一代明君了，可是仍然难免迷恋虚无的长生之道，整天养着一帮靠蒙人为生的方士，在宫中为其炼丹。有个叫李少君的方士竟然告诉汉武帝，只要把仙丹练成金子，吃了就能成仙了，汉武帝自以为得了成仙的真经，高兴地把宫里的好东西大多赏给了李少君。结果，这位号称自己是神仙的大骗子“出师未捷身先死”，仙丹没练成，自己先一命呜呼了，可就算这样也没能让汉武帝彻底醒悟，居然还捶胸顿足地怪自己“恨求少君不勤也”。

有这么一位迷信不开窍的皇帝，国家早晚得出大乱子。果然，武帝晚年的巫蛊案，就是由于他一味迷信而导致的惨痛结果。

所谓“巫蛊”，就是利用封建迷信恶毒诅咒他人，望其破财、患病、死亡或不得安宁的一种手段。具体操作过程，就是用桐木制作个小人，上面写上被诅咒者的名字、生辰八字等，然后施以魔法和诅咒，将其埋放到被诅咒者的住处或近旁。迷信的人都相信,经过这样的魔法,被诅咒者的灵魂就可以被控制或摄取。

子不语怪力乱神,孔老夫子早先就表过态,不相信有鬼神这些乱七八糟的玩意儿,但汉朝的儒生们却忘记了孔圣人的教诲,大多相信巫术,可见当时这股不正之风已经荼毒了很多人的思想,就连一向以理性见称的儒家子弟也深受其害。武帝这位本来就迷信的皇帝更是不例外,再加上他有位糊涂的皇后,这也给他罩上了不小的心理阴影。

话说元光年间,皇后陈阿娇和汉武帝的感情出现危机,于是就用巫蛊之术诅咒自己的情敌卫子夫。武帝一看,这还得了,这哪像个国母啊,如何能统率后宫,让百姓信服,于是把第一任皇后打进了冷宫,把女巫楚服及参与这次恐怖活动的宫人300余人统统杀掉。由于事情不复杂,又是皇帝的家务事,不宜扩大影响,因此这次事件打击面较小。

在征和元年十一月发生的巫蛊之祸,则牵连甚广,不仅时间长,在涉及人数和死亡上,也逐渐扩大,牵连诛死者有皇太子、卫皇后、公孙贺及刘屈氂两位丞相,再加上诸邑、阳石两位公主及三位皇孙,还牵涉到许多公卿大臣和重要人物,如江充、韩说、章赣、苏文、石德、赵破奴、任安、暴胜之、田仁、朱安世、商丘成、张富昌、李寿、马通、马何罗、景建等。都城长安在这次政治动乱中致死者人数上万人。其结果,导致了汉帝国统治上层一次严重的政治危机,酿成武帝后期政局空前巨变。

由于武帝中后期疫病的蔓延掀起了一个高潮,就连宫里人也被传染了不少。武帝晚年身体也大不如前,抵抗力一下降,自己也不幸染上了疫病。本来这是很正常的事,就算你是皇帝也不可能得上天庇佑到不生病的地步,但汉武帝却无端地怀疑自己不是真生病,而是中了巫蛊之术。于是,巫蛊之案就在疾疫流行的这样一种背景下发生了。

二、巫蛊迷信导致汉武晚节不保

通常来说,一场大的政治风波在爆发前总会有一根导火索,而这场巫蛊案的导火索就是当朝丞相公孙贺的儿子公孙敬声给点燃的。

公孙贺能坐到丞相的位子实属不易,虽说自身没有深厚的背景,文化水平也有限,但由于他青年时代是卫青的知交好友,自己也有几下功夫,曾多次追随卫青征伐匈奴,立下不少战功。他夫人又是皇后卫子夫的姐姐,因此也算是汉武帝的亲戚,这一家人不说两家话,自然一度深受重用。这公孙贺也是个政坛上的老江湖,在看到汉武帝的前几位丞相都是在位不到 3 年就落得个因罪处死的下场后,他在初拜丞相时竟然不受印绶,并向汉武帝叩头泣告:“臣出身边鄙,以从军参战鞍马骑射而为官,才能实在不能胜任宰相之职。”说完长跪不起,把汉武帝和诸位大臣都感动得一塌糊涂。最后汉武帝只得起身径自离去,公孙贺这才不得不走马上任。后来身边的人问他为何对丞相一职坚辞不受,他说:“主上贤明,臣下不足以适应,所以担心承负重责。”按说,像这样一位知进退、懂深浅的政客,不至于会走其他几位前任的老路,事实也证明,这公孙贺的丞相一职共做了 11 年,远远超过了他的几位前任,只可惜他却养了个不肖之子,最终引发了大汉政坛上的一场大风波,也使得公孙贺一家满门皆被汉武帝处死。

公孙贺的儿子公孙敬声仗着父亲的威望和声势,不但骄奢成性,不守法纪,最后还因为擅自挪用军费 1 千 9 百万钱而被抓入大牢。为了救自己的儿子,公孙贺就跟汉武帝商量,以捉拿当时被全国通缉的阳陵大侠朱安世作为免除公孙敬声的处罚条件。汉武帝大概是看在卫皇后和公孙贺的面子上,于是默许了。

不久，朱安世还真被公孙贺缉拿归案了，当他听说公孙贺如此卖力地抓捕自己只是为了换他儿子的性命时，朱安世便打定了主意报复公孙一家，于是不怒反笑说："丞相大祸临头，快要灭族了。南山的竹子不够书写状子的需要，斜谷的林木都不够制作刑具的！"被捕几天来就在狱中写了封告发信，举报公孙敬声与表妹阳石公主私通，又派人用公孙贺的名义，在去甘泉宫的必经之路上埋入木人，诅咒汉武帝。

这步棋实在够阴毒，明显点中了汉武帝的死穴，于是，汉武帝也没进行调查当即就把公孙贺一家收押了，受公孙贺之案牵连的还有诸邑公主、阳石公主以及卫青的儿子长平侯卫伉。

此时，已经失去了冷静的武帝犯了一个致命的错误，他把公孙贺案的处理权交给了新任丞相刘屈氂和御史章赣，具体查办此案的则是一个政治背景复杂可疑的宠臣江充。

江充是赵国邯郸人，原本就是个地痞流氓，由于把貌美的妹妹嫁给赵太子刘丹才爬到了上流社会。但是，这是个忘恩负义天性凉薄之徒，不但不感激赵太子的提拔，还向汉武帝举报赵太子有祸国殃民的不法举动，从而受到了汉武帝的重用。汉武帝把如此重要的案件交给这么一个到处兴风作浪、唯恐天下不乱的人去查办，天下能不掀起一股腥风血雨吗？

果然，仗着汉武帝给自己撑腰，江充渐渐地连太子也不放在眼里，因此也和太子结下了仇怨。当公孙贺一案结束后，汉武帝正巧被疫病传染了，卧床不起，于是就到远离长安的甘泉宫中疗养度假。江充一看汉武帝上岁数了，身体又不好，万一哪天突然驾崩了，当朝太子继位当了皇帝，估计第一件事就得报复自己，于是就联合丞相刘屈氂，决定借公孙贺一案陷害太子和卫皇后。当他面见汉武帝时，就捏造事实，一口咬定汉武帝生病的原因是由于遭受巫蛊。这汉武帝在别的事上能保持清醒，唯独在关系到自己生命财产安全的问题上可比谁都糊涂，于是他马上授权江充成立专案小组，对“巫蛊”案作进一步的调查取证。

这下就彻底风云变色了，案子愈查愈大，牵连进来的人也越来越多。这个江充别看大本事没有，研究汉武帝的心思倒是很有一套，他深知汉武帝早已不满卫氏一族的权势日盛，于是勾结了一批来自匈奴和西域的“胡巫”。这些“胡巫”与江充狼狈为奸，看谁不顺眼就陷害谁，使成千上万无辜的人遭受了不白之冤，当然，他的最终目的还是要搞垮皇宫中的卫太子刘据和卫皇后。

结果，通过栽赃陷害，江充果真在太子宫中掘出了桐木人和写有咒语的帛书，这下连太子也大出意料，他知道自己的父亲、当朝皇帝最恨最怕的就是巫蛊，于是赶紧找自己的老师石德商量对策。石德当时还算头脑清醒，于是劝刘据：之前公孙贺父子、两位公主及卫伉等人都是受到巫蛊陷害被杀的，可见皇上对这事最为敏感。现在证据在人家手里，我们说不清楚，只有先拿下江充和“胡巫”，才能向皇上解释明白。开始太子还不相信江充有那么大能耐，非要向自己的父皇当面解释，可是试了几次才知道，原来自己晋见汉武帝的途径早已被江充封堵。在生死关头，刘据也只能采信石德的话，下决心除掉江充。于是，太子调动了宫廷卫队，带兵将江充逮捕，这真是仇人见面分外眼红，太子当时太过于冲动，也没想着留下个人证物证，气急之下冲上去就把江充一刀杀了。不过江充的另一个助手、御史章赣在混乱中受伤突围，仓皇逃到甘泉宫向汉武帝报告。

太子是汉武帝的亲儿子，是被委以重任的储君，可见，汉武帝应该给予自己儿子绝对的信任。因此当听到章赣报告说太子谋反，汉武帝坚决不相信，直到丞相刘屈氂也来报告，他才相信自己的儿子被权力冲昏了头脑。在汉武帝心里，对权力的欲望可以改变任何人，哪怕是血浓于水的亲情,因而他相信自己的儿子也可能如此。那么对权力无比看重的武帝自然要先己后人,宁可错杀错判,也不能让自己的安全受到威胁。当即下令丞相刘屈氂率众杀回长安,讨伐太子,并让人把卫皇后的玺绶给收缴了,此时的皇后卫子夫也上了年纪,本来就因色衰而爱弛备感委屈,现在又出了这样的事,眼看着连自己的儿子都保不住了,于是在愤怒和绝望中自杀了。

结果,太子自然不是汉武帝的对手,虽然在当时的混战中侥幸逃到了民间,可最后还是被追捕人毫不留情地杀掉了。这一事变的结果是整个卫皇后家族及其与武帝所生的几乎所有儿女、孙子,除太子之孙刘病已被侥幸隐藏获救外,尽皆死于非命,导致汉武帝陷入了晚年丧子的痛苦中。特别是当他全面了解了事情的真相以后,更加追悔不已,于是建思子台、杀江充余党,但即便如此,依然无法冲淡他对太子的思念之情和悔恨之心。

第五节 “秦以之亡,汉以之兴”,“轮台诏”救政

汉武帝虽然一生好大喜功,欲望比别人多得不是一倍两倍,但就个人功绩而言,他不愧为一代明君,从罢黜百家、表彰六经、重儒术、兴太学,到修郊祀、改正朔、定历数、协音律、作诗乐,给中华文化的延承和发展作出了不小的贡献。即便是征伐四夷,北逐匈奴,连岁用兵,虽说劳民伤财,但也的确扩大了国家的领土,振兴了国威,不管初衷怎样,也算得上是不错的政绩,可此后汉武帝的种种作为,可实在是让人难以苟同。汉武帝无疑是封建迷信的提倡者和信奉者,从大兴土木,到6次封禅,从奢好巡游,到任用酷吏峻法,给人民带来了心灵和肉体的双重打击,最后甚至因为封建迷信而害死了自己的皇后和太子。这一系列的糊涂作为,使汉武帝到了晚年,不仅品尝到了孤

家寡人的寂寞滋味,在人民心中的威信也大幅度下降,幸好他看清了当时的不利形势,及时向全国通告“轮台诏”,彻底认识和反省自己多欲政治的弊端,也终于认识到封建迷信害人不浅,这才挽回了百姓的心,同时也给后世树立了一个自我批评的榜样。

一、晚景凄凉,从平反卫太子到一代帝王信仰的终点

尽管汉武帝在思想意识上受过蒙蔽,在个人信仰上又被方士们带离了正确的方向,可是,他毕竟是英明睿智的一代帝王,更是一位在政坛中身经百战的老政客,所以当他看到太子刘据的尸体后,头脑忽然清醒过来,并很快就发现了太子谋反案中的一些漏洞,于是开始着手调查宫中挖掘木头人的内幕。

结果可想而知,皇后和太子是冤枉的!自然那些受到牵连而冤死的人也无罪,汉武帝这下如梦方醒。此前众多大臣虽然也曾劝谏并为太子鸣冤,可他就是听不进去,还把曾经帮助太子逃走的人杀了个一干二净,因此,到了这会儿,尽管臣民们大都知道太子死得冤枉,可谁都不敢再进谏了。不过,还真有这么一位叫田千秋的忠义之臣,他原是朝中的高寝郎,也就是汉武帝家守墓的人,别看官职卑微,但却有胆有识,在其他大臣都在明哲保身保持沉默的时候,他挺身而出,向汉武帝上书,明确表示太子是冤枉的。别说,这位还真算是抓住了好时机,要是再早几日,像他这样敢为太子辩白洗冤的早就被汉武帝杀了,可现在汉武帝的主观态度已经转变,他自己正懊丧不已,悔恨自己此前的冒失不察,因而无辜断送了子孙数人的性命,此时一看大臣中还有这样心明眼亮、有胆有识的忠义之士,不禁大感欣喜和安慰,于是立刻召见了田千秋。

田千秋说到太子的冤枉时,真是一字一泪,声声泣血。汉武帝有所感悟,更是大感悔恨,当即拜田千秋为负责藩属事务的大鸿胪一

职,几个月后又拜其为丞相。

接下来汉武帝处死了冤枉皇后和太子的罪魁祸首,又牵连了不少人,但尽管如此,汉武帝的懊丧也没有得到缓解。为了表示对太子刘据的怀念,特地斥巨资在太子殉难处建立了一座思子宫,又在其中建有归来望思台。这位已步入晚年的寂寞老人时常到思子宫里住上两天,想念着太子刘据。

尽管汉武帝此刻已经认识到了自己的错误,可是,信仰的力量是巨大的,长生的诱惑更是没人能抵御的,所以他仍然对求仙事业抱定了坚贞的信念,为此矢志不渝。公元前89年,汉武帝已经年近七旬,太子刘据被他逼死了,一家人也被他杀得剩不了几位了,这种日暮途穷的境况自然使得他求仙的心情又日益迫切起来。

时间就是生命,汉武帝对这一点是深有体会的,他想在自己的有生之年再努力一把,组织一次求仙活动,于是就召集方士们,问他们神仙到底在哪里。方士们一看,这次皇上大有志在必得之势,如果应对不当恐怕会触怒天颜,于是回奏说:"神仙都住在仙山上,而仙山在东海里。找神仙可不是件容易的事,前人们也尝试了多次,无奈海上风高浪急,就算是再坚固的大船最后也总是被风刮回来,到目前为止还没人能到达神山上呢。"希望这话能把汉武帝糊弄过去。没想到,此时的汉武帝已经是铁了心,非要找到真正的神仙。看到方士们推三阻四的态度,汉武帝决定自己亲自去海上航行搜索神山,任凭大臣们苦苦哀求、劝谏,仍旧拦不住他。

不久后,汉武帝来到了东莱的海边,这回正碰上大风大浪,排天的浪头向岸上冲来,拍打在岩石上,震耳欲聋。汉武帝只觉得耳朵里嗡嗡直响,头晕眼花,不由得后退了几步,远处又有一个大浪扑来,溅得随行众人身上都水淋淋的。汉武帝虽然心急火燎地想见神仙,但也知道在这样的大风浪面前,"人定胜天"只是句空话,于是只好耐下性子苦等。这一等就是半个月，可是海上的风浪一点减弱的趋势都没有，船根本下不了海。至此，汉武帝终于死了心，他认为这是天意，既然天意难违，他只好结束了有生之年这最后一次大规模的求仙活动，满怀遗憾地回朝去了。

综观汉武帝这50年的求仙道路，我们不得不说，是对个人欲望无止境地追求，才使得他去坚定地相信神仙之说并疯狂地追寻成仙之路，令他原本应该流芳百世的精彩一生蒙上了洗刷不掉的污点和遗憾。

汉武帝为了使自己的穷奢极欲的生活能保持永久，他从年轻开始就追求长生不老之术，这就给了那些骗子们生存的土壤。开始，他听信方士李少君的蛊惑，派人入海寻找蓬莱山上的仙人求药。接着，他又请来了齐人少翁，而且封其为文成将军。后来，他又封方士栾大为乐臣侯、五利将军，方士公孙卿为郎，并听从他们的意见，各处巡行，又建造了许多殿台楼阁以等待神仙的降临，还多次东至海上实地考察，可以说，汉武帝为追求长生，几乎达到了疯狂的地步。不过，在血淋淋的教训和赤裸裸的骗局面前，这位大汉天子终于开始进行反思了。

要说汉武帝对待信仰的态度，那绝对可以用“钻石恒久远”来形容。他这一辈子80%的时间都用来求仙，是既耗精力又费财力。这50年的求仙，派了数以万计的方士接连不断地入海求仙，入山觅药。尽管他满怀诚意地希望迎来真正的仙人，但每次见到的却都是大骗子。年轻时，汉武帝的心理承受能力还顶得住一次次的失望，可是随着年龄的增长，别说心理了，就是这肉体也难以支持了，数次的被骗经历和失望之情，再加上为了求仙而耗费的人力、物力、财力，使得汉武帝不得不认真思考，究竟这世界上有没有神仙和不死之药？为何信仰给自己带来的是家破人亡而不是长生不死呢？

有了渐趋清醒的思想意识,汉武帝开始正视自己的信仰了,在受够了多年的失望之后,他终于认识到自己的时间都浪费在求仙上,方士们实在是一群不足采信的欺诈之徒,而正是自己的迷信壮大了他们的队伍。此时,又是丞相田千秋挺身而出,上书劝谏汉武帝不要再被迷信所左右,这一次汉武帝终于彻底醒悟,不仅撤了方士们的职,一概贬斥不用,而且终于停止了祀神求仙的活动。

二、轮台一诏,秦亡的教训,汉兴的基石

汉武帝晚期的自我批评可以说给他一生的工作业绩和失误画上了一个较为圆满的句号。对于封建君主来说,能认识和反省自己的错误,不但精神可嘉,同时也是巩固政权颇为重要的一步棋,此举为汉武帝挽回了不少人民的支持和信任,使得他晚年的统治工作能够顺利进行,给后世子孙铺平了道路。

众所周知,这位汉武帝是位好出风头的人物,从他连年对匈奴和西域用兵就可以看出,这些战争有的可以避免,有的分不清正义与非正义,完全是他显示自己军事力量的手段,体现个人价值的工具。况且他还多次举行封禅,祀神求仙,挥霍无度,再加上徭役繁重,捐税增高,致使广大百姓生活在水深火热之中,对他的信任度也大幅度下降。水能载舟亦能覆舟,这个道理古今皆然,于是公元前99年,齐、楚、燕、赵和南阳等地均爆发了农民起义。这一下,汉武帝真是生生吓出一身冷汗,他深刻地认识到,自己的长生梦虽然彻底破灭了,但大汉帝国还要万代绵延,如果自己现在不做好百姓的安抚工作,恐怕过不了几年,这大好的江山就要拱手让给他人了,于是立刻颁布了《轮台罪己昭》,向天下人公开检讨自己的过失,以求得到百姓的继续拥戴。

我们有理由相信,汉武帝在轮台颁下《轮台罪己诏》是发自肺腑

的自我批评,毕竟他为了求仙和出风头而给国家人民造成的损失是巨大的,其威信也是在短时期内难以树立的,要想获得百姓更多的支持,那不得不从自己入手,让老百姓发泄一下心中的怨气。

公元前89年,汉武帝通告全国,公开承认错误,开始反省自己。诏书的主要内容是汉武帝针对自己的政策过失开展自我批评,把原来的错误都归罪于自己。当然,仅在口头上做做自我批评是远远不够的,所以汉武帝还积极地将自己的决心落实于实际行动上,从此,汉武帝不再派兵出征,一心一意搞经济建设。《轮台罪己诏》的颁布,标志着汉武帝末年政策有了根本转变,他在改正自己过失、停止连续30多年的大事征伐的同时,将国家的政策重点转变到重视农业生产、减轻百姓负担、恢复民力上来,凡是伤害人民利益或是浪费财物的事不做。这些政治上的改革,使得人民的生活有了改善,财政赤字也得到了缓解,社会矛盾得以缓和。可以说,汉武帝的这份诏书在当时确实有重要意义,对缓和社会矛盾,稳定封建秩序,起到了积极的作用。它不但挽救了汉王朝的统治危机,避免了秦亡的祸乱,而且对西汉乃至对整个中国的历史,都产生了非常重大和深远的影响,同时也为日后的"昭宣中兴"打下了基础。

对汉武帝信仰的总结:

在中国历代的帝王史上,"秦皇汉武"这二位皇帝经常被后人拿来一起评说,不光是因为这二位有着同样出色的工作业绩,更重要的是,这两位皇帝在当政期间的信仰也是出奇的一致。尽管汉武帝和秦始皇一样迷信长生,也因为迷信搞得自己家破人亡,天下不安,但他和至死拒绝认错的秦始皇相比,其觉悟和智慧确实不在一条水平线上。

汉武帝当政期间确实做了不少有利于国家人民的大好事,他所开创的局面,前无古人,其政治方略和治国方式更是令人叹服,单就玩转信仰的手段而言,这位就远比秦始皇高明。因为一度他给人们的感觉是一位儒教的忠实信徒,要不怎么能"废黜百家,独尊儒术",为儒学在中国古代的特殊地位铺平了道路呢。但事实上,这也是汉武帝所显现出的一种高明的政治智慧,他不过是利用儒学统一思想,同时采用法术、刑名以加强统治,即是所谓的"表儒法里",哪里是信仰儒教呢,他所信仰和毕生追求的只有长生而已。当然,在晚年,他被方士欺骗够了,也实在追悔莫及,对这虚幻的信仰终于能正确对待了,《轮台罪己诏》的颁布更显示出他作为帝王的英明睿智,不但重新巩固了统治政权,而且还为后来的"昭宣中兴"打下了基础。

对于这位功劳与过失同样突出的汉武帝,北宋政治家司马光所给予的评价最中肯。他明确指出,虽然汉武帝穷奢极欲,刑罚繁重,横征暴敛,又迷信于神怪之说,巡游无度,致使百姓疲劳凋敝,使很多人走上了犯罪道路,从这些事实来看,汉武帝刘彻实与秦始皇无甚差别。但为什么秦朝因此而灭亡,汉朝却还能兴盛呢?关键在于汉武帝晚年能检讨以往的过失,改变以往的做法,这正是汉武帝之所以同样犯了造成秦朝灭亡的错误,但最终却避免了与秦朝落得同样下场的原因。

第三章　王莽与刘秀:从谶纬到儒教的治国方略

尽管历代儒者都不耻王莽的行径,但我们不能否认,曾成功跻身帝王的王莽确实对儒教作出了贡献,这也就不能怪他以儒者自居,因为,从他一系列身体力行的举动来看,他也确实算是儒家的基本教义派。汉武帝虽然是历代帝王中独尊儒术的第一人,可实际上却是内法外儒,挂儒家的羊头,卖法家的狗肉,而王莽才是中国历史上唯一一个将儒家理论充分运用于政治的儒生,尽管结果却是失败的。我们不管他是不是正统皇室,也不论他是不是篡汉贼臣,但他确有坚贞不移的儒家信仰。当然,要说他的信仰也只是以对自己有利为目的,可结果却是,不但没有帮助他一统天下,反而逼他走上了灭亡的道路。

王莽的儒学治国的失败尝试,反映了儒学独立作为统治思想是行不通的。别看后世帝王有不少都号称信奉儒教治国,可真让他们全盘运用儒学政策,估计列位帝王们也只是走走形式罢了。所以说,王莽勇于实践的精神是十分可贵的,但我们不得不遗憾地表示,他是后人眼中的反面教材。起初,他以儒修身,百般节制自己的言行思想,为的是笼络人心,博得支持,以儒齐家,不惜拿亲人开刀,先杀伯父,再毙亲子;以儒治国平天下,没让百姓安居乐业,却逼得人民纷纷造反。因此,不难看出,王莽新政的失败,为儒学治国的理论画上了一个彻底的句号。

和这位反面人物相比，东汉的开国皇帝刘秀则高大了许多，也难怪，刘秀的光武中兴，不仅有利了人民，而且也打倒了提倡倒退的王莽。与其说刘秀超越了王莽，恢复了汉家河山，倒不如说这是时势需要，不适应历史，自然要被历史淘汰。提起中国历史上的皇帝，人们首先想到的肯定是秦皇、汉武、唐宗、宋祖，再往后明太祖也算是一号人物，康乾盛世也值得推崇和赞许，但对东汉开国皇帝刘秀却提得不多。这位庙号世祖、谥号光武帝的刘秀名气显然不如前面所提的几位皇帝响亮，但其实他在作为方面丝毫不比历代名君逊色。

第一节　儒家治国，王莽昙花一现的大胆尝试

姓名：王莽

性别：男

民族：汉

体貌特征：奇丑无比，《汉书·王莽传》中记载："莽为人侈口蹷颐，露眼赤精，大声而嘶。长七尺五寸，好厚履高冠，以氂装衣，反膺瞰临左右。"翻译过来就是大嘴，短下巴，金鱼眼，红眼珠，大嗓门，声音嘶哑。

家庭出身：与皇族沾亲（姑姑是汉元帝的王皇后。）

生卒：公元前45年～公元23年

理想：儒教治国

一、儒教信仰成就谦谦君子还是篡汉逆臣

尽管汉武帝标榜自己"罢黜百家，独尊儒术"，但据他其后一系列的所作所为来看，此举只是挂着羊头卖狗肉，反而是在王莽执掌国

家大权的汉平帝时代和他后来所建立的新朝时期，儒教的春天才姗姗而至。汉宣帝是“霸王道杂之”的集大成者，自然对儒术不大感兴趣，但为何后世的许多帝王纷纷推崇儒家呢，这就不能不说其中多少有些王莽的功劳了。儒家文化从弱小开始直至成为国家主流思想文化的重要阶段，是在公元前48年到王莽新朝灭亡的公元23年，这60年的时间里先后诞生了汉元帝、汉成帝、汉哀帝、汉平帝共4位帝王，要是再加上王莽摄政和王莽新朝，那就是5个政权时期，而这5个时期中的皇帝和众多丞相，几乎都是儒生身份。尤其是王莽，他可是一位极端虔诚甚至于顽固的儒教信徒。王莽的大胆尝试，尽管精神可嘉，但失败的结局再重新来过一千遍，那也是一样的，而他的失败，恰恰正是他所信仰的儒学思想体系不能单独成为国家统治政策的充分体现，当然，其中更多的原因也来自王莽对于儒学的曲解。

王莽千百年来一直被忠臣良将口诛笔伐，说他是篡汉逆贼，汉朝的大好基业就毁在他的手中。当然，为他喊冤的也大有人在，为什么沛县草民刘邦推翻秦朝暴政自己当皇帝就算是顺应天意，而出身显赫的王莽就不能代汉自立？历史从来都是留给后人评说的，而王莽究竟是篡汉的乱臣贼子，还是儒家培育出的谦谦君子，我们还得先从他的成长历程说起。

王莽生于汉元帝初元四年，降生于西汉最煊赫的王氏家族。王家之所以风头大炽，全仗着这个家族出了一位皇后，也就是王莽的姑姑，当然还有一位权倾朝野的伯父王凤。王家的辉煌伴随着汉成帝河平二年王莽的五位叔伯同日封侯而到来，但这对于王莽来说并没有什么值得庆幸的，因为他父亲还没来得及封侯拜爵就先去世了，因此，尽管王莽那些叔伯都有权有钱，他却只能和寡母相依为命。在那个封建年代，如果一个家庭没了父亲，那么家里的经济支柱就算倒了，经济基础决定上层建筑，这话一点不假，为了生存，必然要抛弃点东西,这其中就包括尊严。在一次次的教训中,王莽懂得了何谓尊卑,也学会了谦卑礼仪,《汉书》记载:“(王莽)受《礼经》,师事沛郡陈参,勤身博学,被服如儒生。”因而我们有理由相信,正是这种位居人下的感受,使年幼的王莽树立了远大的理想。为了早日实现权钱双赢的理想,王莽开始如饥似渴地吸收知识,这之中儒学占了相当大的比重。因为儒家所提倡的“孝悌恭谦礼让仁爱”非常适合他在家族中的生存地位,且儒学在当时的西汉已经得到空前的推崇,社会开始尊重儒家,不少儒家学者甚至进入朝廷任职,因此,王莽深刻地认识到,要想跻身上流社会,获得大家的认可和尊重,那就得博学多才,“知识改变命运”用在王莽这里,恐怕就要改成儒学改变命运了。正因为如此,所以王莽对于儒学的信仰是十分坚定的。

那么,王莽究竟是好是歹,是忠是奸呢?这还得从“儒”说起,因为信仰可以左右一个人的价值取向,同样可以决定他所走的正邪之路。因此我们有理由相信,儒家信仰是王莽性格形成的重要因素。孔老夫子提倡积极入仕,“知其不可为而为之”,也就是说尽一切力量也要实现自己的政治理想。本来这句话有助于激发人的动力,是年轻人前进的信条,可是却被王莽完全扭曲了,因为儒家同时还极力宣扬恭谦礼让,因此他在向着目标勇往直前的同时,又不得不顾及影响,因而极力压制内心的欲望。所以很多人对王莽的评价就是虚伪,篡汉前是位有礼的君子,当上皇帝后真面目再难掩饰。但也正是因为这一独特的性格决定了是王莽而不是其他什么张三李四代汉称帝,也决定了当上皇帝后的他会采取一系列火上浇油的政策,走上自取灭亡的道路。

功夫不负有心人,王莽一路飙升,已经成了朝廷中不可或缺的一位重臣。同时,他还不断将自己的俸禄用来救济贫民,笼络世人,他几乎给了全国上下各阶层实惠。伯父王凤的病,更是给了他表现孝道的机会,不仅亲自尝药,侍奉床前,还一连几个月不洗澡不换衣服,为的就是博取个好口碑。结果,他的目的自然达到了。儒术经过几百年的起起落落,儒家的道德伦理已成为全社会公认的道德标准,而王莽的种种行为与这一标准绝对一致,因此大家都送给他一个"在世周公"的美名。由此可见,他在人们心目中有着非同一般的地位,而这民心所向自然也成为他日后登上帝位的重要条件。

王莽的举动不仅感动了许多人,也感动了自己的伯父王凤,因此,当王凤死后,王莽的政治生命力彻底怒放了。他也的确占据了天时地利,当时汉朝大厦危机四伏,尽管朝廷中人才不少,可真要说谁能掌控大局,还真乏善可陈,这就使这位有政治手段且兼具谦谨孝悌形象的王莽,成了无可厚非的领军人物。由于当时谶纬符命之学上升到了一定的高度,人民都以为汉室支撑不了几天了,于是,奋斗了半辈子的王莽终于离他的目标越来越近了。有自己的姑姑王太后给撑腰,王莽于37岁那年就掌握了朝廷中的所有实权,当汉哀帝于公元前1年驾崩后,9岁的汉平帝战战兢兢地爬上了皇帝的宝座,而王太后则成了太皇太后,她一手安排王莽掌握了朝廷政权,并选王莽的女儿当了平帝的皇后。为了让大家看到一个品德优秀的自己,王莽开始还再三谦让,但最后还是统统接受了。5年后,刚刚14岁的汉平帝也驾崩了。公元6年,王莽立当时年仅两岁的刘婴为帝,由王莽自己摄政,不久又自称假皇帝(代理皇帝)。公元8年,王莽废掉西汉皇帝刘婴,登极称帝,改汉为新,史称新朝,从此真正坐上了皇帝的宝座。

但奇怪的是,从当时的形势来看,王莽当上皇帝是众望所归的,但他称帝才十几年便出现了"人心思汉"的现象,人们对于拥护王莽称帝后悔不迭。究其原因,这无疑是由于他的一系列改革措施所造成的恶果,而正是这些所谓集中反映了儒家政治思想的措施给老百姓造成了难以挽回的损失。

二、儒教治国新政却是主复古

在世人眼中,王莽高超的演技的确蒙蔽了很多人,连大诗人白居易都不得不赞叹说:"周公恐惧流言日,王莽谦恭未篡时。假使当时身便死,一生真伪有谁知。"可见,要不是王莽最后爬上了帝王的宝座,又把百姓迫害得流离失所生计窘困,相信后人要想判断他到底是忠是奸还真说不清楚。因为,照此前的记录来看,无论是道德品质还是政绩,王莽都可圈可点。当然,受了儒教熏陶的王莽也未必真是奸佞之徒,这善恶二字本来也不是那么好定性的。但是,他推行的政策的确没给人民生活带来什么实惠,这也就难怪百姓对他的态度有了一番逆转。

想当初,孔圣人的理想是恢复上古大同之世,也就是建立一个有充分社会福利保障,能够人尽其用、物尽其才的社会。作为貌似忠实追随孔子的人,王莽完全扭曲了圣人的真意,借上古大同之名,行复古倒退之实。当一朝权在手后,他便大刀阔斧地为之奋斗。可惜,他没有看清历史的发展趋势,再加上他对儒家的曲解,从他的本性来看王莽实在也是个贪婪之辈,因此其出台的一系列政策法令,不仅笑话百出,而且完全不符合当时社会的需要。

公元9年,王莽宣布全国土地改称"王田",不许买卖。他仿照古代井田制,规定一家男口不满8口而田过一半(900亩),多余的土地分给九族、邻里、乡党。无田的人,一夫一妇可以受田百亩。同时,还把私家奴婢改称"私属",也不许买卖。但我们不得不遗憾地说,王莽所推行的"井田圣法",不仅没有解决当时社会中所存在的土地问题,相反又把农民禁锢在"王田"里当牛作马,不仅没有解放奴婢,而且把占有奴婢作为制度提上了日程。实质上这哪是尊儒,简直是复古倒退。

由此可见，王莽虽然披的是改革的外衣，但实质上还是在筹划着怎么给自己谋福利。就拿他实行多次币制改革来说，就与现在的炒股、操盘高手无异。他使用了金、银、龟、贝、钱、布五物六类、28种货币，称为“宝货”。不仅币种繁多，而且将早已失去货币性能的原始货币，如龟壳、贝壳等拿来充数，这不仅造成了全国经济的一片混乱，而且使得货币大幅度贬值，每改革一次，就是王莽集团对人民的一次大搜刮，大量的财物流进了王莽的腰包。

王莽改革主要遵循两条原则，第一，自然是横征暴敛，把人民的财产据为己有；第二，是遵循返旧思路，提倡复古倒退之风。比如郡县改名，用的就几乎都是旧称。一旦贫苦农民触犯了“新法”，就要被罚为官奴。因犯禁被捕，押解长安去服劳役的人一次竟达10万之多。在王莽当政期间，还挑起了人民内部矛盾。东北和西南少数民族的战争，使他有理由征发徭役和物资，人民原以为仗打赢了日子也能恢复平静，可没想到，老百姓在前线卖命，王莽却用搜刮来的民财肆意挥霍，大兴土木，修建庙宇，忙着为自己的“幸福生活”添砖加瓦，十足的“前方吃紧，后方紧吃”。这自然会引起人民的强烈不满和反抗情绪。

正因为如此，所以王莽的改制不但没能使西汉末年的社会走向繁荣稳定的道路，反而使各种矛盾进一步激化。在王莽执政的14年中，中国天下大乱，全国人口从西汉末年的5千9百59万4千9百78人一路锐减，到东汉初期全国人口仅仅只剩下了2千1百万7千8百人（当然这是历史的记载，确切的数字在当时还没有条件统计），全国几乎锐减了三分之二的人口。这就是说，王莽执政14年，他的一系列错误政策所引发的战乱和饥荒，竟然让全国无数无辜的生灵惨遭涂炭！

西汉末期的王莽,当他羽翼未丰时,礼贤下士,谦恭待人。可等到他实力充盈后,便公然篡夺汉朝天下,自立为帝,改元新朝。而且不仅不以造福人民为己任,还开历史倒车,大搞复古活动,结果搞得民不聊生,赤眉军起。可笑的是,他还奉行儒教,号称是孔子的忠实信徒,然而他的所作所为却没有半分儒家“仁义”的影子。

第二节　图谶佐助,成就光武汉室中兴

姓名:刘秀

性别:男

民族:汉

血型:?(个人认为属于有魄力、有主张的O型。)

外貌特征:人如其名,俊秀非凡。鼻梁挺拔,额头饱满,皮肤白皙,眉目传神,宛若温柔秀美的女子。

家庭出身:一度隐匿民间的皇族(汉高祖刘邦的九世孙,汉景帝庶子长沙王刘发的后人。)

生卒:公元前6~公元57年

帝号:汉光武帝

理想:少时就曾发出“仕宦当作执金吾”的感慨

一、光武中兴,东汉王朝的新起点

中国有句俗话叫“时势造英雄”,王莽登上帝位后后,一心想扭转汉末流弊,于是实施了一系托古改制的改革措施,但由于准备不足,急功近利,又赶上连年荒旱,致使民生凋敝,盗贼蜂起。这样的局面必然会唤起人们浓烈的怀旧情结,于是无论是布衣百姓还是枭雄豪杰,当时都生出了对大汉往昔的荣耀与光彩的深深缅怀之情。激

愤之下的老百姓纷纷将矛头指向了王莽这位倒霉的新皇帝，此时，东汉的创始人刘秀出场了。

刘秀就是后来的汉光武帝，别看他生活在湖北，但其实是汉景帝庶子长沙王刘发的后人，身上同样流淌着皇族的血液，这恰好迎合了“人心思汉”的心理，从气势上压倒了名不正言不顺的王莽。

当王莽篡汉后，刘氏宗亲后裔失去了所有的特权和财富，在这种改朝换代的困境中，刘秀家很快就成了普通的百姓，过着与从前截然不同的窘迫生活。这样的生活令刘秀的大哥刘縯非常不满，经常在家中大发牢骚，声言定要重振大汉王朝不可。刘秀在哥哥的影响下，也开始由一个醉心于田园牧歌、与世无争的少年慢慢地转变了，他深刻地感受到，国家要照王莽如此治理下去，那百姓很难生活下去。于是在家乡组织春陵军，借着“人心思汉”这个好时机打出了恢复刘氏统治的旗号。不过，还是稍晚了一步，因为此时已然有个叫刘玄的人率先扯起了起义大旗，自称更始皇帝。刘秀兄弟分析当前局势，认为刘玄的实力远远超过自己，要想打倒王莽政权，务必强强联合，于是加入了更始政权。

这刘秀真可谓文武全才。论文，他是儒学大师，当时的大学士许子威的得意弟子。论武，他有着在昆阳以少胜多打败王莽40余万大军的辉煌战绩。他哥哥刘縯也是一员骁勇善战的猛将，不过，刘縯因为功高震主，最终被更始帝找了个借口杀掉了。刘秀听闻大哥的死讯，不敢戴孝，并立刻面见更始帝刘玄，向他亲自赔罪。在当天的酒席宴上，刘秀不居功，不激愤，在谈笑风生间，将丧兄之痛深深掩藏。这反倒让刘玄觉得有点过意不去，歉疚之下，拜刘秀为破虏大将军、武信侯。虽然这次危机暂时化解了，但刘秀却由此而深刻地认识到，刘玄绝对不是一位值得跟随的统帅，于是在消灭王莽后，更始帝定都洛阳不久，刘秀便自请到河北镇抚州郡，借机脱离了更始帝，以有名无实的特使虚衔，带领数百人马渡过黄河，一路废除苛政，释放囚犯，夺取民心。在消灭了一些割据势力、收编河北地区的农民起义军之后，刘秀赢得了河北诸郡的爱戴与拥护，这一区域内的豪强地主率宗族、宾客、子弟先后归附刘秀。羽翼渐丰的刘秀开始拒绝听从更始政权的调遣，在击破和收编了河北地区的铜马、高湖、重连等部农民起义军后，刘秀的实力与一年前已是天壤之别，关西称刘秀为“铜马帝”。

公元25年6月，在今河北柏乡县南的一个土坛上，刘秀在部众的拥戴下称帝，重建汉政权，与更始政权彻底决裂。不久定都洛阳，史称东汉。虽然刘秀正式拉开了东汉的序幕，可在当时，除了刘秀的少数谋臣和大将外，大概很少有人会相信这位年纪轻轻的汉室后人会在十几年后一统天下，恢复大汉河山，并使之延续了近200年。

称帝前，刘秀虽然已灭王郎和河北各部，但实际控制的地区还不过今河北大部和一些相邻地区，兵力不是最强的，占地也不是最多的。刘秀的优势只有一点，那就是西汉宗室的血统，汉高祖刘邦九世孙的头衔。不过，刘玄、刘盆子、刘永等也都是汉家宗室，而且刘秀与皇室的关系其实一代代下来已经稀释了不少，尽管大家的祖宗同为刘邦，但从6世祖长沙定王刘发以下就一代不如一代，刘秀的父亲刘钦只不过是个小县长，而且在他9岁时就去世了。在西汉末年，宗室人口已超过10万，像刘秀那样关系的宗室还真是数不胜数。

虽然如此，但刘秀称帝时还是有理论根据的，这也正是刘秀信仰的形成因素。

据说图谶称“刘秀发兵捕不道，四夷云集龙斗野，四七之际火为王”，表示他继承了西汉的火德，是“上当天地之心，下为元元所归”的真命天子。这条谶语目的在于确立刘秀的正统皇帝身份，并把之归结为天意。谶纬神学流行于两汉，先后对王莽和刘秀走上帝王之路都起到了巨大的帮助作用，因此也被这两位大力提倡和发扬。于是，谶纬成为两汉之际宗教神学的主导思想。东汉末年，王莽为了篡夺皇位，多次利用所谓丹书著石、金匮策书等图谶，发布诸如“王莽才是天命所归的帝王”之类的宣传，为自己当皇帝制造根据。刘秀在反莽复汉时，为了证明自己是西汉统治者的合法继承人，也编造了“刘秀发兵捕不道，卯金修德为天子”（卯、金、刀合起来即为繁体的“刘”字）等谶语。这在当时那个科技发展落后的年代，还真使刘秀得到了人民的信任和拥护。

基础打好了，理论依据也有了，刘秀的起义进程也因而大幅度加快。在河北地方势力的支持下，在建武元年，刘秀于30岁时称帝，采用先关东后陇蜀的策略，用13年的时间，统一了中国，成为东汉的第一位领导人。建国后，他又轻徭薄赋，释放奴婢，恢复经济，发展生产，同时，加强中央集权，改革官制，终于使人民逐渐得以休养生息，历史上称他统治的时期为“光武中兴”。

二、图谶信仰登峰造极

古往今来，历朝历代的百姓之所以会频频揭竿而起，原因就在于历代的帝王中大多是暴君、变态，要么就是迂腐、无能，就算有几位能力出众卓尔不群的，身上的毛病也肯定不少。汉高心黑，魏武残忍，唐宗好色，宋祖贪杯，明祖嗜杀，算来算去似乎光武帝刘秀身上没有这些让人鄙视的劣迹。史载刘秀，不仅身材高大，一表人才，而且他为人讲究诚信，处事谨慎，性情温和善良。据说刘秀成为皇帝后，曾返回家乡宴请邻里，那些从小看着他长大的邻居老人们喊着他的小名指点说：你从小就厚道，温柔体贴，现在当了皇帝，还是没有什么改变，这可不行，要拿出点皇帝的威严架子来才行。刘秀却笑着说：“吾治天下，欲以柔道行之。温柔有什么不好呢？”最关键的是，刘秀能力出众,是一位凭着个人努力走上统治道路的杰出领袖。但是,人无完人,刘秀毕竟生长在封建时代,自己也是位封建帝王,只不过与历代帝王相比,其境界确实要高出不少。

刘秀是借着谶纬之学奠定统治基础的,因而当他做了东汉皇帝后,更加大力提倡河图、洛书谶纬之学,毕竟这能给自己带来实惠,而且,人们说过:谎话如果说了一千遍,那就能成真的。刘秀也一样,谎话说多了,最后连自己也信了,对谶纬保持着坚信不疑的态度。公元56年,他颁布诏书,宣布图谶于天下,把图谶定为全国法令,大加宣传。从此,图谶成为主宰东汉王朝的政策精神,迷信思想成了笼罩社会的乌云,成为东汉无孔不入的最高指示。严格说来,刘秀的谶纬信仰并没像汉武帝时期闹出那么大的乱子。不过,由于对谶纬的态度和掌握谶纬之学的水平高下,已完全成了考察人才是否忠诚朝廷、拥护国策的政治标准,成了衡量其思维能力、学术水平的主要尺度,成了能否加官晋爵的重要考察项目,因此,不能不说这谶纬之学对社会生活、对人才培养也是为害不浅的。

虽然,谶纬不是刘秀发明创造的,也不是他挑头兴起的,可是在两汉尤其是东汉时期,谶纬对社会的影响达到了全方位的地步,这就不能不说是出自刘秀的手笔了。首先在政治上,谶纬之学常常被一些人用来制造夺取政权或巩固统治的舆论,以论证君权神授天赋的天然合理性,刘秀本人就是这其中的代表。其次,谶纬之学在学术上经常被儒生经师所大量征引于自己的著述之中,以进一步抬高儒家经典的地位,给当时的统治思想添加了不少神秘和神圣的光环。在东汉要想当大官,并非难事,只要熟悉谶纬就有升迁的机会。因此,满朝文武百官大都能力平平,都是些研究或附和谶纬之辈。在汉光武帝一朝,要是谁敢反对谶纬,无论你是博学多才、功绩卓著还是位列公卿,都会遭到罢黜的命运。不能不说光武帝给以后的东汉统治者做了一个反面榜样，使得他们都迫切希望依靠谶纬之学的帮助，企图用这剂灵药来麻痹人民，也麻痹自己，从而缓和社会矛盾，延长自己的政治青春。毫无疑问，这步棋并非明智之举，同时也给东汉的灭亡埋下了不幸的种子。

当然，光武帝刘秀的智慧远非常人可比，他知道既然自己运用谶纬得心应手，并带来了巨大的效益，那么其他人再用谶纬之学煽动单纯的人民，同样会有成效。于是，他宣布“图谶于天下”，把图谶作为定本正式公开，这可是步好棋，既用政治和法律的手段维护了谶纬的尊严，又大大宣传和提高了谶纬之学在社会政治生活中的地位。当然，最重要的一点是为了防止他人再造其他的谶纬，挑战自己的王权，以至于威胁到自己的统治地位。此后，凡再发现有人借谶纬之名造谣生事的，就要在第一时间以“大逆不道”之罪斩首，下手决不留情。

不过，无论刘秀多么信奉谶纬之学，这都只是他的个人信仰，从他日后的柔术治国及其功绩来看，这个信仰并没有妨碍他成为一位好皇帝。

第三节 “柔术”治国，玩转“捭阖”，纵横天下

都说创业容易守业难，可在刘秀身上这条定义似乎并不适用。没有哪个皇帝不希望自己的统治能延续千千万万年的，刘秀也一样，更何况，这江山得来不易，实在是自己辛辛苦苦打出来的。因此在建国以后，刘秀就把全部身心扑在了发展国家建设、增强国力的事业上。那么，究竟什么样的政策才能使国家长治久安呢？汉光武帝刘秀陷入了深深的思考中，左思右想之后，他决定走一条适合自己发展的特色道路。于是，由汉光武帝开创的“柔术治国”政策隆重登场。

一、柔术来源谶纬融会的儒家信仰

"柔术治国"的政治理论实际上和儒学的教义思想有着紧密的联系,因为刘秀本身就是一位儒学专家,可以说除谶纬外,刘秀最忠实的信仰非儒学莫属。更何况,这二者在当时也并不矛盾,因为那时的儒学早已不是孔子所创立的儒教,此时的儒学已被谶纬神学宗教化了,并且飞速转变成支持封建统治者治国安民的强大后盾。篡汉的王莽就是神学派儒家的忠实拥护者,当然,他所大力汲取养分的儒学经典也同样是被纬书注解过的。否则,他也很难如此顺利地登上帝位。既有貌似正统的儒教堵住了悠悠之口,又有谶纬的神仙代言书,因此,他的成功经验绝对给了刘秀启示和信心。所以,东汉也同样借助了儒家的谶纬之说,刘秀也大大发挥了一下拿来主义,靠谶纬顺利登极,此后治国,儒学更是发挥到了极致。

虽然王莽和刘秀同样以儒家思想治国,不过,刘秀是位真君子,儒学研究也比王莽透彻深入,因而治国上还真发挥了很大的效力。别看刘秀走的也是农民起义的路子,可他与老祖宗刘邦那位混迹市井、跻身庙堂的平民皇帝大不一样。年轻时刘秀就曾到长安向大儒许子威系统学习过儒家经典,无论是《诗》、《书》、《春秋》,还是《尚书》、《礼记》等等,刘秀都曾深入研读。得到天下后,刘秀深刻地认识到,要想让国家和平稳定地发展,要想自己这皇位坐得持久,那就要借助儒学,因而大力提倡重儒风气。刘秀是位身体力行的好皇帝,他每到一个地方去巡视,就会打听当地有没有熟读四书五经的人,要是有,他就会放下皇帝的架子,亲自登门拜访,无论如何也要把这些有能力、懂儒学的人请进朝廷任职不可。这样平易近人、求才若渴、礼贤下士的帝王风范果然感动了一大批饱读之士,当时一些精通儒家学术的人,听说当朝天子尊崇儒术,并且不惜礼贤下士亲自访求儒生，纷纷从四面八方背着书籍赶到京城来。刘秀从而网罗了不少儒学人才，为了更好地发挥他们所长，于是在京城里修了一所太学，设立了五经博士，让那些熟读经书的人在里面讲学。这样一来，京城里的学术空气空前浓厚起来，儒家的忠孝节义等学说，为维护专制统治起了很大的作用，这成了刘秀柔术治国的来源和理论依据。所以说，刘秀的信仰是从实际需要出发，不仅对自己统治国家起到了巨大的帮助作用，而且使得当时的社会呈良性发展态势。当然，这只限于儒学，谶纬迷信则又另当别论了。

作为皇帝，最大的优势就是唯我独尊，这优势叫权力。没有一位皇帝不想将自己的权力永久牢固地掌握在手中，作为刚尝到胜利果实的刘秀来说更是如此。据史料记载，东汉王朝建立后，刘秀首先要面对的就是加强中央集权的问题。但是，此时皇帝的权力还分散在那些和刘秀打拼天下的功臣武将手里，要想把权力收归中央，必须妥善处理他们。早在刘秀的祖上刘邦当政时期，也曾面临这样的问题，刘邦的做法很极端，无论亲疏远近，只要他认为对自己构成威胁的，一律诛杀，决不容情。可刘秀既然标榜“柔术”，就决不能效仿先祖，所以一方面，他教育那些功臣们要严格要求自己，另一方面，采取“明升暗降”的策略，既保全了功臣，又收回了权力。在罢免了那帮功臣之后，刘秀转而重视和任用文官，再一次发挥了他知人善用的优点，也给后世治国之君作出了榜样。

不过，这不杀有功之臣，还只是刘秀秉承“柔术治国”政策治理朝政的一个方面，事实上，他的“柔术治国”具体落实在很多方面。

二、“捭阖”之术，长治久安的英明决策

刘秀治国之“柔术”也可算是一种“捭阖”之术。对掌握了军政大权的功臣武将，便回收权力，让他们回家养老；对文官名士，便择优

录取,让他们为国出力;对于贤良人才,便奖励;对失职、犯法的官员,便惩罚。正是这种"捭阖"策略的运用,使得刘秀成就了"中兴"盛世。

对于接受过严格的儒学教育的刘秀来说,儒家思想带给他的最大影响就是"修身"。《礼记·大学》中说:"古之欲明明德于天下者,先治其国;欲治其国者,先齐其家;欲齐其家者,先修其身;欲修其身者,先正其心……心正而后身修,身修而后家齐,家齐而后国治,国治而后天下平。"意思是说:古代那些要使美德彰明于天下的人,要先治理好他的国家;要治理好国家的人,要先整顿好自己的家;要整顿好家的人,要先进行自我修养;要进行自我修养的人,要先端正他的思想……思想端正了,然后自我修养完善;自我修养完善了,然后家庭整顿有序;家庭整顿好了,然后国家安定繁荣;国家安定繁荣了,然后天下平定。这是儒家思想传统中知识分子尊崇的信条。以自我完善为基础,通过治理家庭,直到平定天下,是几千年来无数知识者的最高理想。作为儒学的忠实信徒,刘秀更是最大限度地严格要求自己,保持自己艰苦朴素的优良作风。他不饮酒、不听曲、不好色,对于金银财宝更是没多大兴趣。他曾令太官不要接受郡中奉献的珍馐美味,还把远方异国进贡的名马宝剑赐给骑士。最可贵的是,在个人情感问题上,刘秀一生始终深爱自己的结发妻子阴丽华,后宫人数甚少,不像汉武帝,年逾古稀后宫还有3000佳丽。此外,刘秀还曾特意叮嘱负责修建自己陵墓的官员,注意规模,不要起高坟,不随葬金宝珠玉,可以说这些表现在历朝历代帝王中都是少有的。

儒家信仰对于刘秀的帮助无疑是巨大的,也正因为这一点,因而刘秀在柔术治国与"捭阖"之术中集中体现了儒家精神。比如他宽宏大度、平易谦和的性格,就是深受儒学熏陶的结果,这对于拉拢吸收人才是很有帮助的。就拿公元28年来说,割据陇右的隗嚣正徘徊于公孙述和刘秀之间，到底该归服哪方，他始终无法做出决定，于是就派他的将军马援先后去成都和洛阳观察情况。当刘秀接见马援这位关系重大的使者时，不仅没有升堂坐殿，反而身穿家常便服，与马援聊天时也摆出了平易近人的姿态，这使马援很是感动，刘秀这位明君的形象立刻在军民心目中树立起来。尽管后来马援并未能成功劝降隗嚣，但他已然忠心拜服刘秀，因而成了汉光武帝手下一名得力干将。

不但如此，刘秀对于臣下那些歌功颂德的阿谀奉承之词，也常能保持清醒的头脑，这和很多只能听好话不能听直谏的帝王相比，实在是明智得多。并且他还经常在诏书中说自己“德薄”，要上书者不要称他圣明。但是，刘秀的这种“柔”并不是软弱可欺，对于臣下，他始终是一位严格的领袖，有时甚至不惜以粗暴的方式对待，对贪赃枉法的行为他更是下手决不留情，因而往往轻罪重罚。他在执政初期，大小官员，多由他自己选拔任命，如有谁完不成他交办的任务，尚书一类的近臣常被当庭执刑。

刘秀的柔术治国在思想上主要体现为取百家之长，特别是对庄子的“无为而治”表现出了浓厚的兴趣，“以柔道行之”成为光武时期的主要政治特色。表面上的“无为”实际上是最大的“有为”，表面上的“柔”实际上是“刚柔相济”，这种政策的具体表现为：

在经济上，减轻人民百姓纳税的压力，释放奴婢。在政治上，加强中央集权，精简地方机构，废除地方兵权，把大权紧紧地掌握在中枢机构之中，真正做到军令政令的统一。在军事上，精简军队，尽量减少武力征伐，维护国家和平统一。在吏治方面，合理安排功臣，限制特权阶层。

在教育方面，推行儒学，提倡教化为先。在社会习俗方面，提倡节俭，反对奢侈，这一点，他本身就起到了榜样的作用。同时，他还屡次拒绝群臣"封禅泰山"的进谏,直到死前一年,才带领百官,登封泰山。

在刘秀63年的生命时光中,做皇帝近40年,在开国帝王中属于工作时间较长者,他在位期间政绩斐然,"光武中兴"的大好局面正是他带领人民过上安定生活的最好见证,这与他所奉行的务实政策、柔术治国有很大的关系。尽管他属于一个比较低调的开国统治者,但他在治国方面的成功作为却为后世执政者树立了正面典型。

对王莽与刘秀信仰的总结:

尽管王莽标榜自己是儒家的忠实拥护者,自汉元帝登极到王莽新朝的60年中,儒家文化也的确从弱小迅速衍变成为国家主流思想文化,可以说王莽继承了董仲舒的遗志,真正把儒学变成了国家思想文化的"主旋律"。但是,我们也要看到,正是王莽不切实际的改革,使刘邦辛辛苦苦打下的西汉王朝从盛大走向衰败。王莽的失败教训告诉后人:儒家文化可以部分运用,可以选择运用,但如像王莽一样曲解倒退,并使之真正成为主导国家思想文化的"主旋律",国家就离毁灭不远了。

与王莽相比,刘秀无疑是一个儒学治国的成功例子。当然,他可不会像王莽那样,全部是"拿来主义",他只是有选择地合理运用,因而在推翻了王莽的统治政权之后,以"柔道"治国,创中兴之世,成为东汉的创始人。可见,同样的信仰不同的结果,关键在于统治者如何吸收和运用。

第四章 梁武帝:"弃帝从佛"的涅槃师

佛教是基督教、伊斯兰教并列的世界三大宗教之一,公元前6世纪至前5世纪,由释迦牟尼创建于古印度,后来广泛传播于亚洲很多国家和地区,这其中也包括中国。印度佛教自两汉之际传入我国,经魏晋至隋唐始臻极盛,它之所以能够在中国的土地上如此茁壮地成长,与当时的封建统治者的支持是分不开的,而在中国的历朝君主中,梁武帝萧衍无疑对佛教起到了保驾护航、发扬光大的作用。萧衍在信仰这个问题上始终坚持从我做起,因此他在佛教事业中荣获了众多头衔,比如最虔诚的佛教信徒、最积极的佛教实践家、最专注的佛教理论家以及地位最高的涅槃师。

不过,从认识上升到理论高度总要有个过程,南朝的梁武帝萧衍也不是一落地就坚贞不渝地沿着佛教道路走下去的。少年时代的他曾专心习儒,20岁以后又投身修道事业,一直到即位为帝后第二年,即公元504年,萧衍才颁布了《舍事道法诏》,正式宣布自己舍道归佛,从此在佛祖的感召下义无反顾地前进。

平心而论,梁武帝萧衍对佛教真算得上始终不渝,对于佛教中的戒条,他都从我做起,除了亲身修正外,还亲自护持佛法,从而使佛教在他的带领下发扬光大。萧衍皈依佛门之后,不仅思想上有了新的认识,而且在行动上也有积极的体现。他颁布《断酒肉文》,禁止僧众吃肉，自己也坚持食素，从此，在生活上与真正的佛教徒保持一致。到了晚年，他坚持每天就吃一顿饭，而且吃的也都是豆羹粗饭。他不仅在生活上严格要求自己，依照戒律行事，而且如果谁让他看见在大口喝酒大块吃肉，那一律施以重罚。

这还不算，作为一位虔诚的佛弟子，梁武帝还曾先后3次舍身同泰寺，与真正的僧人无二，同吃同住，同止同息。但萧衍毕竟是一国之君，当僧人实在有失国体，每次都是朝廷花大量的钱财才把他"赎"出来。在最后一次也就是公元547年3月，梁武帝舍身入寺历时一个月，朝廷所花赎钱为"一亿万"，最终才把这位皇帝又送回了皇宫。可见，萧衍的向佛之心有多坚定了。

由于梁武帝萧衍的虔诚信佛，使他获得了"皇帝菩萨"这一荣誉称号，也因为他的佛化治国，得享南朝唯一贤君的殊荣。在他的大力提倡和支持下，在历史上梁代佛教达到了南朝佛教的最盛期。但不幸的是，他的仁慈最终导致了"侯景之乱"，这位面慈心软的皇帝因饥病交加，不久就在台城一命呜呼了。

当然，信仰是个人的自由，这位梁武帝萧衍即便是如此的身体力行，但也并没能把所有人都带入佛教的崇高境界，不但如此，那位北朝的周武帝宇文邕还发起了一场声势浩大的灭佛运动，这场无妄之灾也给了佛教以几乎致命的打击。

第一节　钻研治国之道，儒、道向佛教的过渡

姓名：萧衍

性别：男

民族：汉

出生地：江苏

家庭出身:政府高官之后

生卒:公元464年~公元549年

帝号:梁武帝

理想:把佛教事业发扬光大

一、学儒习道,佛中大悟

梁武帝萧衍可是位传奇皇帝,说他传奇并非因为他属于荒淫残暴的桀纣之流,亦不是穷兵黩武的汉武帝,更没有因怠忽政事而亡国丧身。在历代帝王中,梁武帝也算得上是位勤勉治国的好皇帝。他不仅在治理国家上兢兢业业,而且知道选用人才,勇于接受批评意见。由于佛教信仰的感召,他性格宽厚、仁义,但就是这么一位善良的皇帝,到晚年却落得被围饿死,年轻时靠自主创业打下的天下,没等到传给儿子呢,却先在自己手里终结了,一位"菩萨皇帝"最终却成了亡国之君。可以说,萧衍一生的经历在历史上、在各朝各代的帝王中都可算是绝无仅有的。

在南北朝时期的南朝,梁的开国皇帝不仅是个马上皇帝,还是个以做和尚为理想的皇帝。这就是有名的"皇帝菩萨"梁武帝萧衍。

萧衍的出生地在江苏,他年轻时就有才子之称,不仅博学能文,而且音乐、诗赋、书法,无不精通,尤其是在文学方面很有天赋。当时他和另外7个好友被称为"竟陵八友",其中包括历史上有名的沈约、谢朓、范云等。沈约后来写了《宋书》、《齐纪》等书,而谢朓则是这个时期有名的诗人。虽然8位里头,各自都有自己的看家本事,可要论胆识,其他7个人却无论如何也无法与萧衍相比。据史载,萧衍自幼胸怀大志,一心想着成就一番事业,并且他的出身也对其举业起到了很大的帮助。萧衍的父亲萧顺之是齐高帝的族弟,曾经做过侍中、卫尉等高官,正是这显赫的家族背景,成为萧衍建立功勋,并最终建立梁朝、成功登极的基础。萧衍从南齐的官员做起,找准时机逼南齐皇帝退位,终于使自己登极称帝,建立了梁。萧衍做皇帝时间长达48年之久,这在历史上都是极为罕见的,而在南朝的皇帝中,萧衍更是当仁不让的位列第一。

前文提过,梁武帝少年习儒,青年修道,当上皇帝后的第二年才正式向佛,也就是说,梁武帝从接触佛教到信奉佛教还是有一个认识过程的。南朝自宋明帝开始奉佛,当时的君主大都是佛门弟子,至齐、梁、陈三代,佛教的思想教义更是被这几位帝王深入挖掘了不少,从而也使佛教逐代兴隆,这就给梁武帝搭建了一个信佛的大背景。

梁武帝早年其实是信奉儒教的,由于他天资聪颖,学什么都手到擒来,这使他可以博读经书,对儒学更是研究透彻。称帝之后,梁武帝利用业余时间发展儒教事业,开讲经史儒学。除了精神上的追求,在物质上,梁武帝萧衍给历代帝王都做出了榜样。史书上记载了他在生活中是如何的艰苦朴素:饮食只吃豆类的汤和糙米饭,身穿朴素的布衣,宫廷中也没有成群的乐师和舞伎,从而树立了他在百姓中简朴、清廉的形象。无疑,这与儒家的教育有着不可分割的联系,因为儒家历来都主张"克勤于邦,克俭于家",也就是提倡勤劳治国,勤俭持家。不久后萧衍对道教也产生了浓厚的兴趣,继而开始下大力气研究,在他年近40时,佛教高妙的教理又慑服了他的心,再加上前几代帝王的影响,从此走上了佛教信仰的道路。由于武帝笃信佛教,并把佛教融入了治国之中,使得他为政宽厚,因此,史书称赞梁武帝是南朝中唯一的贤君。

萧衍可是位地道的佛教信仰身体力行者,在决定信奉佛教后,他不仅和道教划清了界限,在其颁布的《舍道事佛文》中说:"唯佛一道,是于正道,其余九十五种,名为邪道,朕舍邪道,加以如来。"这95种邪道中,当然也包括道教在内,命令"公卿百官侯王宗族"必须放弃别种信仰,“反伪就真,舍邪入正”。而且自己带头不吃荤,后又勒令全国所有僧尼一律不可以吃荤。为配合这一主张的推行,他一连写了4篇《断酒肉文》,举出种种禁食酒肉的道理,还废除了宰杀牲畜以行祭祀的惯例,甚至为了帮佛教事业铺平发展道路,他还下令废除天下道观,让广大道士还俗。

此外,梁武帝还屡次开设佛教大会,宣扬佛教事业,由于他对佛教事业的杰出贡献,因而被称为“皇帝菩萨”的称号。

对于僧尼,梁武帝给予了极大的信任和便利,为培养佛学人才贡献了不少力量。他极力奖励佛教义学,创建爱敬、光宅、开善、同泰等寺,盛造佛像,热心佛教教理的研究,还亲注《涅槃经》、《大品经》、《净名经》、《三慧经》等义疏数百卷,不仅请高僧讲学,还时常亲自献身说法,号召太子及文武百官约万余人旁听。

梁武帝在位近48年间,从齐代佛教至梁代佛教,寺院增加了800多所,僧尼增加了5万多人。由于他调和儒道佛三教,尽可能保持这三家的安定团结,因而没给社会造成太大的冲突。当然,他最推崇的还是佛教,他深刻地认识到佛法对于他的统治有利无害,因而在以儒术治国的同时,掺入了佛教,形成二合一的政体。虽然有一段时期他曾明确表示舍道从佛,但却未弃儒。萧衍的信仰经历了一个由儒而道而佛,终舍道教,儒佛兼用的过程,而这也影响到他的治国方针与政策。

二、坚贞不渝,“皇帝菩萨”成就佛教兴盛

梁武帝对佛教的信奉简直达到了坚贞不渝的地步,一度险些把佛教定为国教。他不仅自己信仰佛教,还希望更多的人和他一样沐浴在佛学的光辉中,就连治国也用上了佛教,由此,佛教开始走上了兴旺发达之路。

其实,早在两汉之际,中国就已经引入了佛教,但是,直至东晋以前,佛教并没引起统治者的关注,人民百姓对它的期望值也不高,毕竟此时的本土宗教道教已经初具规模,与其支持外来教派何不先发展本土的宗教的力量呢?!因此社会上从达官显贵到普通百姓都不看好佛教。到了东晋南北朝时期,随着印度大乘佛教进入成熟期,更多佛教留学生纷纷来华,大批的中土佛教信徒也往印度求学,这股求法热一再升温,这就在客观条件上促成了译经的日渐繁荣,使佛教呈良性稳步发展,这股逐渐形成的强大的社会力量终于引起了统治阶级的重视,梁武帝萧衍就是其中的代表。由于他对佛教的保护,为外国僧侣来华大开方便之门,因而吸收了不少海内外佛教人才,这就为萧衍的佛化治国奠定了基础。

不过,梁武帝的求佛之路也不是一帆风顺的,他曾经遭遇过两位大师级人物的沉重打击。第一位是中国佛教禅宗的创始人达摩祖师,达摩,据说是南印度人,在历史上一直被传说得神乎其神,他不仅佛法无边,而且智慧超群,最难得的是他没有国籍的偏见,不远万里来到中国传教。作为佛教信徒的梁武帝怎能轻易放过这千载难逢的好机会,他恭恭敬敬地把这位达摩大师请到自己宫中,希望能学到真经,同时也不忘炫耀自己这么多年为佛教事业作出的贡献。于是,在带领达摩参观了若干金碧辉煌的寺院之后,梁武帝就对达摩讨说了:“朕一生以来,造寺、布施、供养,有功德否?”没想到达摩的回答竟是:“并无功德。”这盆冷水给梁武帝浇得真是从头凉到脚,但这并没动摇他求佛的决心,达摩走后,萧衍仍旧坚持自己的佛教事业和佛学治国的主张。

第二位打击他的重量级人物是“梁代三大法师”之一的智藏。梁武帝为了证明自己无愧于“皇帝菩萨”的称号,多次召开佛学大会,亲自登台说法,又准备任命自己为白衣僧正,由他依戒律立法,整治僧人们的纪律。为了显示这次任命是公平的、民主的，他让众高僧就他担任白衣僧正一事签名表态，大家迫于他的身份地位，只好赞成。可是智藏大师却大笔一挥，上书三字：不同意。梁武帝虽然遭到了反对，可是他还不死心，决定召集众高僧当面施加压力，没想到智藏大师竟然当众抗议，死不从命，坚决反对梁武帝插手佛教内部事务的管理，终于迫使梁武帝让步，打消了自任白衣僧正的念头。

尽管是一而再地遭受打击，可是梁武帝依然坚定自己的信念，该修寺时修寺，该念经时念经，该治国兴邦也同样做得井井有条。

第二节　千古首屈一指的帝王布教者

虽然在中国佛教史上，谈到护持佛法的帝王时，有10位当政的一把手都干得不错，但其中真正信仰佛教、通达佛教教理、断绝酒肉、重视戒律、亲疏经义、实行舍身，并且以菩萨之心实行“佛化治国”的帝王，还就得首推梁武帝。

一、“佛化治国”也是一种政治手腕

梁武帝的治国方针与众不同，他这种政治与佛教结合的政策被注解为“佛化治国”。当然，这一政策并不是梁武帝的英明睿智超过历代帝王，而是由当时的社会背景和实际情况决定的，从而可以更进一步地显示出梁武帝不仅是位慈眉善目的佛家信徒，更是一位有着政治智慧的统治者。

梁武帝为了弘佛、护法，翻译、编纂、批注大量佛教典籍，推进政教结合工作，专门组建了一个班子，这就是“建康教团”。经过18年的努力，这个班子在以梁武帝为核心的佛教组织中做出了不少成绩。当梁武帝亲受菩萨戒之时，“建康教团”为政教结合政策提出了“皇

帝菩萨”的核心理念。“皇帝菩萨”的称号并不完全是阿谀奉承之语,这一理念的形成,具有深远的象征性与实质的政策性意义。当然,不能否认“皇帝菩萨”这一称号的诞生有梁武帝个人的因素,也有“建康教团”成员的因素,但最主要的是包含了魏晋南北朝长期政教关系的深远背景。这一理念的提出无疑稳定了社会秩序,稳固了梁武帝的统治政权,为社会安定奠定了基础。

熟悉历史的人都知道,魏晋南北朝是一个长期分裂、政局动荡不安的时期,人民生活得不到保障,此时的佛教发展迅速,很大程度上成为百姓的心理寄托。此时,王室、贵族、寺院沙门成为南北朝政治社会的三大势力。这三大势力之间,冲突不断升级,尽管也存在合作关系,但很难和谐发展,共同进步。南北朝的政治与佛教之间,需要适当的政策来配合应用,否则只会卷进政教冲突,使人民百姓的生命财产遭受更大的损失,显然这是不利于社会安定的。这一阶段,南北两个政权,有着各自的社会和不同的政教关系传统。北朝盛行“皇帝即如来观”,严格说来,这一政策对于统治者而言是比较直接有利的。南朝则受到“沙门不敬王者”传统的影响,沙门的声势与权力几乎比皇帝还大。作为南朝梁代的创业帝王,梁武帝是一位具有非凡政治眼光的帝王,他要想自己的统治地位长久不动摇,似乎更应该借鉴北朝的“皇帝即如来观”,也就是将自己这位政权主导者视为神圣的“佛如来”,如此一来便能让人民充分认识到自己的统治者地位是神圣不可侵犯的。但是,萧衍却独出心裁提出了“皇帝菩萨”的理念,这究竟是他的一时糊涂,还是他作为杰出政治家所下的一步好棋呢?

梁武帝建国初期,贵族与沙门两大势力无时无刻不在威胁着他的地位,他上台最先要解决的问题就是强化君权,实行改革,以解决南朝在政治、社会、文化等方面长期积压下来的问题。作为智商、理解力、政治经验都出类拔萃的梁武帝来说，推出一套治国新理念不成问题。客观环境方面，南朝的政教冲突一向以义理辩难方式来解决，而梁武帝主持所建立的学术班子“建康教团”结合了至少30人以上的高僧与佛教学者队伍，经过十余年的充分准备，不仅构建了一个良好的学术环境，而且也逐渐摸索、创造出合适国家发展的政教结合政策，并为此政策寻求更理性、涵盖性深广的核心理念，这就是“皇帝菩萨”理念。当然，这并不等于梁武帝否定了东晋南朝的“沙门不敬王者”传统，毕竟这支势力他暂时还无法撼动，因此严格来说，“皇帝菩萨”理念的诞生是在这一基础上的进一步发展。

梁武帝之所以对佛教感情深厚，这与“皇帝如来”的政教结合政策，似乎有一定联系。毕竟这一政策与梁武帝处于同一时代，因而我们有理由相信，这一庞大而严密的国家佛教体系影响了萧衍。因此，当他尝到越来越多的甜头后，便开始致力于推行国家佛教的政教结合政策，“皇帝菩萨”的灵感也应该来源于“皇帝如来”的理念。在梁武帝的主观意识里，想必也不愿套用敌国的政策名号。当然更重要的是，梁武帝此举的真正目的是为了更进一步获得南朝僧团的支持票，相比之下，具有大乘菩萨思想、戒行体系为基础新理念的“皇帝菩萨”显然比“皇帝如来”有着更深远更丰富的内涵。

此外还有一个原因，那就是梁武帝执政时期，实际上是处于一个充满信仰危机的时代。毕竟当时的信息交通不发达，中国佛教徒不可能人人都像玄奘那样走上十万八千里去印度取经求法，再加上谁也没见过释迦佛与弥勒佛，因而对那些为生活而奔忙的人来说，很容易把衣食住行看做第一需要，对信仰则无暇顾及。因此，为了让人民对佛教信仰产生兴趣，首先就要把救苦救难的菩萨搬出来。菩萨可是位刻苦钻研佛法的模范典型，同时，他还心怀慈悲，乐于助人，普度众生，再加上菩萨法力无边，本领高强，人世间就没有什么难题可以难倒他,因此在百姓心中具有很高的威信,几乎成了救苦救难的化身。梁武帝正是认识到菩萨在人民心中的地位,因而产生了推行“皇帝菩萨”理念的想法,毕竟,借用菩萨的公信力,这对于巩固自己的统治政权是有很大帮助的。

“皇帝菩萨”这一理念的推出,标志着梁朝走上了政教结合的道路,意味着皇帝就是菩萨,菩萨就是皇帝,表明了梁武帝同时拥有王法与佛法所赋予的双重权力,也就是说他既享有君权也享有神权,可以同时管理世俗臣民,包括那些原本出了家就不归帝王管的僧侣,甚至就连神鬼也在他的管理范畴之内。“皇帝菩萨”使以萧衍为核心的“国家佛教体制”更坚固,佛化治国顺利推行,这对于梁武帝的成功登极、长久统治都是有积极意义的。

二、虔诚布教,“十帝”中的领军人物

在萧衍的带领下,佛教在梁一代受到了大力的推行和保护。以至于在梁朝的半壁江山内,佛寺迅猛发展壮大,多达2846座,僧尼更是有82万余人之巨。身为天子的梁武帝身体力行推广佛教事业。据说,梁武帝到了晚年,一天只吃一顿饭,一点肉食不沾,只吃豆类的汤菜和糙米饭。50岁时,他连正常的夫妻生活也断绝了。平时,他穿的是极朴素的便服,不饮酒、不听曲。除非是祭祀宗庙,否则任何交际应酬都是能免则免,不举行任何大会、餐宴。从梁武帝的所作所为可以看出,这位绝对是一个守持佛教戒律的忠实信徒。

在中国的佛教史上,也不光只有萧衍一位诚心信仰佛教,谈到护持佛法的帝王,还有9位当政的君主也没少出钱出力,但要说虔诚布教、亲历亲为的,那还得首推梁武帝。

单从佛学造诣的角度来看,历史上没有哪个帝王能和梁武帝争长短、论高下。萧衍虽然是皇帝,但他的大部分时间都用来广交当时

的著名有道高僧,仅凭这一条就能将其他帝王远远甩在身后。此外,他还主持并亲手编辑、注释佛经,多次亲自登堂讲授佛经,举行法会等等。在他的支持下,佛教传入日本、朝鲜,为亚洲地区的佛教传播事业做出了不小的贡献。由于梁武帝本身就是位多才多艺、擅长诗词歌赋的才子,属于典型的文人皇帝,因此我们有理由相信他这种文人性格也是他如此笃信佛教的一个主要原因。

除了亲身修习和投身于理论研究外,梁武帝还大力扶持佛教,他为僧侣提供了优越的学习生活环境,《南史·郭祖深传》中曾载:"都下佛寺五百余,穷极宏丽。僧尼十余万,资产丰沃。所在郡县,不可胜言。"寺院俨然已经成为当时的"法外之地"、"世外桃源"。一些著名的学僧如宝亮、智藏、僧旻、法云等都是他这一优待僧人政策的受益者。对于佛教义学的发展,他更是投入了极大的热情。在梁武帝时代,涅槃学、成实学等学派非常流行。但梁武帝也还嫌自己做得不够,又命僧人编撰佛教著作共12部。他还广造佛寺,大建佛像,敕建了智度寺、光宅寺、同泰寺等11座著名寺院,各寺均造佛像。

梁武帝在佛学上最突出的工作在于将中国传统的心性论、灵魂不灭论与涅槃佛性说结合起来,从而使佛教融会了中国的色彩,开创了一条适应中国的佛教道路。就说这涅槃学,它讲的是众生都有佛性,都有成佛的机会。这个佛性是众生成佛的内在根据。《涅槃经》中对佛性有多种解释,但都跳不出佛学的圈子,而梁武帝则结合中国传统思想,以不灭的精神实体"神明"作为成佛的内在根据,推出神明即是佛性的思路,由此而成为南方涅槃学重要的一家。应该说,梁武帝对于佛学有很多自己独到的见解,如果不是他的身份所限,估计在佛教研究方面的成就还会更大。

由于对佛的关注,对佛学的学习,梁武帝还组织了一场大型辩论会,围绕神灭或神不灭展开了一场旷日持久的大争论。主张神灭论的是当时南朝著名的无神论思想家、时任尚书殿中郎的范缜,他断言死后精神消灭,不可能成佛,人的富贵贫贱并非天生命定,因果报应纯系无稽之谈。他在传世名篇《神灭论》的开头即写道:“神即形也,形即神也。是以形存神存,形谢则神灭也。”这就是他的著名论点“形神相即”说。“形”是形体,“神”是精神,“即”则是不能分离的意思。范缜的《神灭论》一出,“朝野喧哗”,而萧衍则大大反对这一论点,于是下了一道《答臣下神灭论》的敕书,不但用权势来压迫范缜,还多次组织众僧名士,软硬兼施,轮番围攻范缜,对他的论点加以反驳。梁武帝认为,既然儒教、道教、佛教三教都讲神不灭,那范缜就没有充足的凭据完全否定这一命题。神明的特征是永恒性,这也正是历代帝王为何求仙的根本原因,这种永恒的精神实体才是成佛的主体。如果神也和老百姓似的有生老病死,那何以取信民众呢?!梁武帝以神明为佛性,他所讨论的是有情佛性,论理论据充分,且层层深入,越讨论越入情入理,足见他佛理知识知道得不少。这次大辩论不仅使普通民众陷入了深深的思考,同时也成功地宣传了佛法,从而起到了发扬佛教的作用。

当然,梁武帝也不是只认佛教,他对于儒教和道教还是基本认可的,毕竟这二者对于他的统治也不是毫无帮助,因此,他提出了三教会通的思想,也就是佛儒道三教并用。但是,准确地讲,他的三教会通中心思想是三教同源,他认为儒、道同样都源自于佛教,因此把老子、周公、孔子都看做是如来的弟子,既然都是一家人,那三教的作用也应该是相同的,都是教化人为善的。因此,梁武帝在推崇佛教的同时,并未冷落儒、道二教,特别是在儒学上,更是提升到了一定的高度。

在推进佛教中国化的过程中,梁武帝可以说是历代帝王中的头号功臣,他对涅槃学的贡献,在于他自觉地意识到涅槃学与中国传统的心性思想具有许多相通之处,进而将两者成功地结合。他对佛教戒律的众多改革,一直影响至今,包括提倡食素也是出自他的思想。

第三节 虔诚皈依,开食素之先河与三度舍身

梁武帝活了86岁,与历代帝王相比,长寿是他的一大特点,他在位48年,大多数时间以佛法治国,这算是他的又一大特点。最为独特之处,恐怕要属他曾三次舍身同泰寺,心甘情愿地出家为僧。此举震撼了朝野,急坏了满朝文武官员。因为梁武帝此举实在是前所未有的奇事。不仅有失国体,而且于理不合。何况国不可一日无君,于是,为了把他赎回来,朝廷众臣前后共用了3亿万赎身钱。不仅如此,他还顶着压力号令全国的佛教徒们茹素吃斋,从而为佛教开辟了吃素的风尚,也成为佛家的一大特色。

一、亲自撰写《断酒肉文》,给自己禁荤

梁武帝对佛教的认识高度已然不是一般人能够望其项背的,就拿吃素这项举措来说,恐怕不是普通人能做到的。因此梁武帝在开创中国佛教素食文化之初,遭受了不少阻力。

原来的汉地佛教僧人虽然可以吃肉,但一般吃的都是“三净肉”,即:不为杀——不是为了你杀的;不闻杀——你没有听见或看见;不所杀——不是你杀的。但是梁武帝的佛学修为显然是更上一层楼,为了显示自己的尊佛、敬佛、信佛之心,他亲自撰写了《断酒肉文》,明令禁吃肉食,就连祭祀用的三牲也一律改为面粉做的猪头猪肉。天监十六年五月,梁武帝举行了第二次《断酒肉文》法会,再次重申,作为佛教信徒应该不喝酒不吃肉,全面施行三餐素食,这才是真正的尊佛敬佛。不但如此,就连普通百姓如果想依靠佛祖的保佑

安居乐业,也都应该在饮食方面少荤多素,甚至只素不荤。可是,食肉动荤自古有之,是人类演化至今保持的饮食习惯,可想而知结果有不少人都不愿意遵照梁武帝的指令。因而这二次法会,因为没有断肉律典的理论支持,食素的倡议自然没有推广成功。梁武帝不甘心,又埋头研究了一年,发表了一篇名为《出家人受菩萨戒法》的文章,他吸取了人家说他无法可依的教训,开始积极地推广《梵网经》菩萨戒。这次虽然他不再提戒酒戒肉之事,但是《梵网经》中其实已经讲明了断酒肉的规定。梁武帝的意思就是让臣民认识到,此篇文章是有理论依据做支持的,于是这次的推广活动开展得很成功,《梵网经》菩萨戒基本上深入民间。也因此,断酒肉的规定从此成为中国佛教的特色。

不过,是否恰逢其时真有《梵网经》这一理论及时出来支持梁武帝的食素倡议呢?其实,这个《梵网经》很可能是梁武帝自己编著的。从天监十六年梁武帝推出的《断酒肉文》可以看出,这字里行间说得明白,当时还没有食素的理论支持和依据,也就是说含有断肉律的《梵网经》当时应该尚未出现。而且,当时遭到反驳的梁武帝无言以对,直到一年以后,才开始推广《梵网经》。由此可见,《梵网经》的出现应该和梁武帝有关。其次,梁武帝为了达到食素戒酒的目的,也有撰述断肉律典的动机。因此,我们有理由相信《梵网经》的编著者很可能就是梁武帝本人。

当然,梁武帝是不可能凭空戒荤吃素的,尤其以他的地位和生活环境来看,一代帝王应该更易于提倡饕餮圣宴而非简食素餐。梁武帝食素的灵感,应该是受到中国与印度两方面的素食传统的影响。从印度方面分析,在佛教之前就提倡发扬爱心、不食肉的传统。佛教兴起后也承袭了这种思想,大乘佛教中的如来藏学派,则更进一步强调佛教徒要严禁肉食。梁武帝熟悉佛学,他的食素很大程度上就是受如来藏断肉食思想的影响，所以在他的《断酒肉文》中，把如来藏系经典作为理论依据来倡导制断酒肉。从中国方面分析，食素原本是有人家办丧事时才施行的一种礼仪，表示对逝者的尊重与追思。同时，孔老夫子一贯提倡安贫乐道，不要追求物质享受，因此，食素也符合儒家的精神。道教方面，有些法术的修炼也必须建立在食素的基础上。这些对于儒道佛都有研究的梁武帝来说，无疑是重要的理论支持。在《孝思赋》中他就提到，奉行素食的理由，是为了表达对父母的孝思。此外，在《断杀绝宗庙牺牲诏》中也提到，梁武帝是基于儒家的仁恕精神而下诏食素的。由此可见，梁武帝推动食素之风的思想，不光受到了印度大乘佛法的影响，同时也受到了中国固有素食思想本土宗教的影响。

如果说食素只是梁武帝对佛法思想认识高度的体现，那么他三度舍身庙宇则可以说是又从理论上升到了实践的高度，虽然作为皇帝，他舍身寺庙显得有些不伦不类，但如果抛开皇帝的身份不谈，只从一个佛教徒的角度去看梁武帝舍身寺庙的举动，其所作所为还是十分令人钦佩的。

二、为皈依佛门三度舍身

梁武帝之所以皈依佛门，并非心存像秦皇汉武一样为自己谋福利的意图，从他三次舍身佛寺的实际行动来看，梁武帝对佛教的信仰确实是出于真诚，的确为了兴盛佛教而不遗余力地贡献自己的力量。

史载公元527年，梁武帝下令在皇宫旁边建一座寺庙，取名同泰寺。本来梁武帝兴建寺庙何止一处，这次建寺并没有让朝臣感到纳罕。但令众人始料未及的是，当同泰寺建成后，梁武帝又有了出人意料的决定。在皇宫跟同泰寺对着的地方开了一个门，取名大通门，这样一来，他出宫门入庙门，出庙门进宫门，简直方便自如。即便如此，满朝官员认为这是当朝皇帝崇佛之举仅此而已,可是在这一年三月却出事了,梁武帝竟然对文武大臣说,自己看破了红尘,要到同泰寺去当和尚。大臣们自然不答应,苦苦劝阻,可是奈何这位皇帝去意已决,眼看着梁武帝脱了身上的龙袍,剃了头发,真跑到同泰寺出家去了。

文武百官原以为当今天子毕竟是享受了多年的荣华富贵,自然不习惯庙里的清苦日子,可没想到,自从进了同泰寺,梁武帝就与和尚们同吃同住同止同息,住的是普通房子,睡的是木板床,用的茶具和碗都是土瓦器,每天不但要在晨钟暮鼓中念经文,还要和寺内僧众一样打扫佛殿,这哪里是统领国家的一代帝王啊,简直就是再普通不过的和尚,也真亏梁武帝能忍受得了。

这可把满朝文武大臣急坏了,国不能一日无君啊,于是文武百官都来到同泰寺,恳请和尚皇帝回宫。开始,梁武帝并未同意,直到群臣答应用1亿万钱向同泰寺赎他,梁武帝才勉强答应,结束了他为期4天的僧侣生活,回到了皇宫。

可是,没过两年,梁武帝又兴起了出家的念头,他在同泰寺里举行了一次佛教的大典,叫做“四部无遮大会”。“四部”指的是和尚、尼姑、善男、信女;“无遮”就是没有阻隔的意思。不管身份地位如何,钱财多少,学问博寡,梁武帝提倡佛教不分领域,谁都可以参加这次大会。开会的这一天,伴随着寺庙里钟鼓齐鸣,宫乐奏响,热闹非凡。拜佛的人连绵不绝,梁武帝万分激动,自己也身穿袈裟,口念佛号,带着一批大臣前来拜佛。可是,他拜完佛,又企图出家同泰寺当和尚,不愿回宫去了。

君臣劝说不得,只好暂且妥协。于是当晚,梁武帝便住在同泰寺里,依然和普通僧众一样。大臣们不得不一次又一次来请他回宫,可这次梁武帝是铁了心,说什么也不答应,最后不知出于什么样的考虑,梁武帝总算提出自己已经是同泰寺的人了,要想让他离开同泰寺,非得积大德、做善事不可。那怎么才能积德行善呢?大臣们思来想去,最终统一了意见,还得捐银子。于是,由公卿以下群臣出钱又凑了1亿万钱赎皇上,这才在十月把梁武帝迎回了皇宫。

但这一切并没有结束,15年后,梁武帝第三次出家同泰寺。

这一次,大臣们有了经验,知道要迎回皇帝还要用钱赎。可就在梁武帝最后一次从同泰寺赎身的当天晚上,同泰寺突然发生火灾,连佛塔都被大火烧毁了。于是梁武帝就说此次事件是魔鬼的兴风作浪,应该做更大的法事来镇压魔鬼。他当即下诏说:道高一尺,魔高一丈,所以我的善行遇到了阻碍,应当再建一座更高的佛塔。随即招来大批和尚尼姑做法事,给他们吃上等的素斋,念了好几天经。又叫大臣们跟他一起烧香磕头,还派出大批工匠上山采石砍树,花了无数的钱财,企图建造一座12层的高塔。但是,新塔还没有完工,这位笃信佛教的梁武帝就被叛臣侯景拘禁在台城,最后活活饿死了。

第四节　佛倡慈悲终酿"侯景之乱"

佛曰:要成佛,须普度众生。梁武帝是一位无比虔诚的佛教徒,自然也会将佛度众生的精神发扬光大。只不过,令他没想到的是,他的一心向佛非但并没给人民百姓带来持续的实惠,反而纵容了那些披着袈裟的僧侣们和南朝皇室、大族、官僚们一起对人民进行残酷的剥削和压迫。于是在忍无可忍之下,人民百姓团结起来,先后爆发了几次反抗斗争,这使得梁武帝的统治开始走上了下坡路。不仅如此,统治阶级内部也矛盾重重。到了梁武帝末年时,爆发了一次破坏性极大的"侯景之乱"。侯景本是北朝的大将,因和东魏统治者有矛盾才投降了梁朝。梁武帝给予了他充分的信任,派他当南豫州刺史,镇守今安徽寿县。这侯景天生反骨,他既然能叛变东魏,自然也能背弃梁武帝。后来侯景在梁武帝的侄儿萧正德的接应下过了长江,又顺利地渡过了秦淮河,与萧正德率领的叛军一道围攻台城,最后把一代帝王梁武帝萧衍活活饿死。

一、对内慈悲,皇族有罪不罚的严重后果

佛家提倡慈悲为怀,劝人向善,这本有助于使百姓安居乐业,社会和谐稳固,可是梁武帝却没有很好地利用这一优势。

梁武帝萧衍是一个朝代的建立者,这位马上得天下的皇帝,这位南朝唯一贤君,本应该很懂得帝王之术,很会驾驭群臣,可他却无论是在治理国事上还是处理家庭问题上,都坚持佛家的慈悲、宽容精神,这无疑注定了他最终成为失败者的命运。对于皇族成员的失败教育,起码说明他对于子侄后辈的教育并不擅长。作为一个皇室家族的统领者,他对皇室成员可谓是发自内心的关爱。梁武帝是建立和谐皇族关系的提倡者和身体力行者,在他的理念中,皇族只会沿着更高更快更强的轨道发展。本来他希望建立一个和谐的皇族,这美好的愿望并没错,可是关键是要因材施教,看清楚自家的后辈们值不值得充满期望,不能搞无原则的纵容。可梁武帝萧衍愣是对家族成员施行“三不讲”原则,即不讲亲疏、不讲理由、不讲原则,这种理念的直接后果就是皇族后辈的日益嚣张。

萧宏就是一个成事不足败事有余的人。临川王萧宏是梁武帝萧衍的六弟,自小便是顽劣愚笨之辈,欺软怕硬之徒,靠皇帝哥哥的提携得封王爵。如果他稍有理智,也该知道藏拙守愚,索性做个闲散宗室安享荣华富贵。可这萧宏偏偏好大喜功,自动请命要求在梁王朝的统一大业中贡献力量。看到自己兄弟如此上进,梁武帝自然鼎力

支持，于是在公元506年，萧衍集中全国的精锐部队数十万人，全交给萧宏指挥，命他出征北魏。萧宏的北伐大军很快就攻占了北魏的边境城池梁城，北方的百姓见到南梁大军，纷纷惊呼：这样雄壮精良的军队，数十年甚至数百年都未见过。北魏皇朝见梁军势大，立即调动大军向梁城杀来。萧宏得到消息，竟吓得浑身发抖，当时就想撤兵，无奈众将领纷纷反对，他也只好壮着胆子留了下来，但没过多久，他还是在一个暴雨之夜带着几个亲兵匆匆逃离了梁城。主帅都临阵脱逃了，其余的官兵自然更无心恋战，也赶紧撤离前线，但即便如此，还是被北魏军队抓住了机会，杀死了近5万梁军。这种未经一战便只身逃离并造成军队巨大损失的统帅，无论放在哪朝哪代都得依军法论斩，可没想到萧宏回朝后，梁武帝不但没有处罚他，还拉着他的手哭着说：只要六弟安全回来就好。为了给萧宏压惊，梁武帝居然还在第二年又一次给他加官晋爵，任命他为司徒。最令人费解的是，以后萧宏多次想谋害梁武帝，结果梁武帝都宽恕了他，甚至还推心置腹地哭劝他：我的才能超过你百倍，做这个皇帝仍然感觉无法胜任，你难道还想坐这个位置吗？怎么竟干出这样的事？在中国历史上，估计像这样“大度”的皇帝兼兄长也算得上是前无古人、后无来者了。

比萧宏还不学上进的是他的儿子萧正德。萧正德曾经过继给早年无子的萧衍，萧衍称帝后，萧正德本以为自己就是当仁不让的太子人选，没想到梁武帝却封了自己的长子萧统为昭明太子，这使得萧正德大为不满，一赌气投降了北魏。可事实上萧正德除了吃喝玩乐，根本没有其他的本事，北魏上至王公下至官兵无人赏识他，于是萧正德又厚着脸皮逃回了南朝。按说犯了这一叛国的大罪，理当问斩，就算顾念亲情免了死罪，也当充军发配，可这位梁武帝自己哭得肝肠寸断，竟是重罪不罚，只说了几句不该如此的话，又让他回朝廷任职，并且照样信任，甚至在"侯景之乱"爆发时，还命他防守都城建康，最终使得这两个乱臣贼子相互勾结，攻陷了建康。

还有一位豫章王萧综，他是梁武帝的次子，也是个无耻之徒。话说公元525年（普通六年），萧综在北魏来攻时竟然叛国投降，做了梁奸，结果，南梁重镇徐州失陷，兵士死伤惨重，但梁武帝照旧封萧综的儿子萧直为侯。虽然萧综最终身离故土死于魏国异乡，但照梁武帝此前的行径分析，假使他愿意回归南梁，梁武帝照样会轻易宽宥他。

作为父兄，我们有理由相信梁武帝这一系列轻饶自己家人的举措是想维持皇族安定和谐局面，是佛家信仰引领的结果。但梁武帝没有想到的是，并不是自己单方面做到骨肉恩爱，单方面理佛信佛，就能避免自相残杀。无疑，梁武帝的这些做法已经为自己埋下了毁灭的种子。显然，这群被惯坏了的皇族子弟并不了解梁武帝的苦心。梁武帝无原则的宽容和庇护最终导致了令人扼腕叹息的结果，在"侯景之乱"时，萧正德身为守城主帅，却和侯景互相勾结，甚至为叛军提供船只，让叛军长驱直入，最后把86岁高龄的梁武帝活活饿死在建康台城文德殿。

梁武帝萧衍一生学佛习儒，在历代帝王中都称得上是天资卓越、品性端良、勤俭自爱的好皇帝，可是作为国家的统治者，善待皇族虽是理所当然，却不能毫无原则，一贯地只赏不罚，这种后果肯定会使皇族们气焰日益嚣张，目无法纪，人的思想觉悟有高有低，皇族们的思想觉悟自然也无法比肩梁武帝。因此，统治者的威严就成了制约皇族的力量，而一旦失去了这种力量，他们就会像脱缰的野马再难控制。梁武帝聪明一世，晚年却可谓是搬起石头砸了自己的脚，他衷心期盼、努力营造的和谐皇族没有到来，反而是他的溺爱纵容，毫无原则，把自己送上了西天。

二、小人侯景送萧梁上末路

公元548年,一场威胁梁武帝统治政权的叛乱爆发了。导致梁武帝苦心建立和经营的大梁政权走向末路的关键人物是侯景。这位原来是被鲜卑族同化的羯族人,和东魏执政大臣高欢关系很好。由于高欢很看重侯景的能力,因而在侯景先后投靠了不少部落后,终于被高欢笼络到麾下。

可是,侯景只是把高欢这里作为自己平稳过渡的据点,他一生所想的都是自己,哪怕手段再卑鄙,只要对自己有利,那就不惜付出一切代价。高欢的儿子高澄一直看不惯侯景,因此在高欢死后,就想夺他的兵权。侯景察觉出风声不对,于是率兵投降了西魏。但西魏统治者也看出他是个反复无常的小人,于是侯景又请求梁武帝萧衍收留自己。梁武帝也算是身经百战,阅人无数了,可对于侯景却显然认识不清。他竟然高高兴兴地派军队接回了侯景,并封他为河南王、大将军。其实除了梁武帝,朝中大臣们都认为侯景此人不可信,于是朝中就流传说:侯景一来,天下就不太平了。

果然,在公元548年,侯景以诛杀朝中弄权的朱异等人为借口,发动叛乱,围困都城建康,进而围台城(皇宫所在地)。侯景连番攻占,虽然有萧正德做内应,但自己这边的人马还是死伤了不少,本来这支元气大伤的部队很难攻破台城的城门,可是当时守城的将领也没了斗志,于是开城把侯景放了进来。侯景虽然大出意料之外,但当探知并没有埋伏时,便率领500甲士去见梁武帝萧衍。

两人一见面,还没等侯景耀武扬威呢,梁武帝先不慌不忙地开口了:“你在军中那么久,一定很辛苦吧?”这时的侯景吓得汗流满面,甚至不敢抬头去看梁武帝。梁武帝又问起侯景的家人如今都在何处,侯景犹豫了半天也没说出话来。梁武帝接着问:“你们这支队伍过江前有多少兵马?”侯景答道:“千人左右。”“那攻台城的有多少?”“十万之众。”“现在呢?”侯景这时终于想起了自己叛乱的目的,于是挺直了身形大声说:“率土之内,莫非己有!”梁武帝顿时低头不语。最后,他竟然慈祥地对侯景说:“你要忠心于朝廷,应该管束好部下,不要骚扰人民百姓。”侯景竟然战战兢兢地答应了。

出了文德殿,侯景对身边的亲信王僧贵说:“我这么多年在疆场上拼搏厮杀,什么没见过,根本没有惧怕过谁。可这次见了萧衍我是真的害怕他了,莫非真是天子威严不容侵犯吗?”其实,这并不是侯景翻然悔悟了,而是他作乱心虚,再加上梁武帝虽然岁数大了,但毕竟曾是战场上的勇将,侯景肯定早就有敬畏之心,况且当时迷信思想严重,梁武帝又曾大肆宣传自己是“皇帝菩萨”,因而这也使得侯景认为天子都是神灵下凡,神圣不可侵犯。当然,萧衍在信佛之后,对于权势也不再像以往那样看重了,因而他在面对叛乱时所表现出的镇静,无疑更让侯景心虚。

但是,侯景可不会轻易放过这个篡位的大好时机,毕竟登极为帝是自己做梦都想的,因而,他的军队一旦掌握了都城的主动权,就不可能撤退。梁武帝当时已经是位86岁高龄的老人了,被侯景软禁于台城净居殿,不给生活用品,并且限制他的饮食,限制他的一切供应。结果梁武帝很快就病得不省人事了,却连一口水都讨不来,连气带饿,在挣扎着大叫了几声后,仍不见神佛相助,便一命归西了。他的谥号是武帝,庙号是高祖。

虽说侯景打败了梁武帝,但这位小人最终也没得到什么好下场,他先后立了几个皇帝,后来找借口都先后杀掉了,京城内其他皇亲几乎都被杀尽。最后他自己爬上了帝王的宝座,可是在位仅一百余天,就被湘东王萧绎赶下了台,最后在出逃途中被部下杀死在船上。因为他发动的“侯景之乱”,使得建康这个南北各40里,拥有28万人口的繁华都市，变成了一片废墟。同时，侯景还分兵攻掠吴郡、会稽、广陵等地，一路烧杀破坏，把号称“最富庶”的三吴地区，搞得残破不堪，据《南史·侯景传》记载，长江中下游地区，甚至变成了“千里绝烟，人迹罕见，白骨成聚如丘垅焉”的凄惨景象。所以江南人民对侯景无不恨之入骨，以致侯景的尸体被运到江陵时，百姓竟然纷纷割其肉争食，又焚尸取灰，和酒而饮，以解心头之恨。

回顾梁武帝的一生，这位信佛的皇帝为人很守孝道，生活上严格要求自己，长期吃素，而且每天只吃一顿饭。他身穿布衣，帽子戴3年不换，被子盖两年才换。对待国家事务他坚持勤勉的原则，冬天四更刚过，他就起来处理政务。对待宫中太监小臣，他像对待宾客一样。但是到了晚年，他过分宽容家人、手下，又爱亲近任用奸诈小人，他所修建数量惊人的佛塔和庙宇，也给国家和人民造成了经济上的巨大损失，这不能不说是这位皇帝一生中的遗憾。但无论如何，梁武帝对佛教的贡献是不可磨灭的，而到了北周武帝时期，这位皇帝正好和梁武帝相反，佛教在他手里遭受了一次大劫难。

第五节　另一面镜子：北朝的毁佛

信仰是人们对某种理论、学说、主义的信服和尊崇，并把它奉为自己的行为准则和活动指南，它是一个人做什么和不做什么的根本准则和态度。虽说中国历代帝王中信仰佛教的不在少数，但也并不是每位帝王都像梁武帝似的忠贞不渝地信仰佛教，尽管皇帝们的信仰不一，有的尊黄老，有的崇道教，可不管怎么说，这些帝王在大力宣传发扬自己信仰的教派时，并没有对其他教派赶尽杀绝。但历史是多样复杂的，既然有像梁武帝这样诚心尊佛敬佛的帝王，就不乏毁佛灭佛的皇帝。他们自己不信佛教，还誓将佛教置于死地不可，这就是历史上有名的“三武一宗”。这“三武”是指北魏太武帝、北周武帝、唐武宗,一宗则是指后周世宗,这四位帝王发起的佛教教难给佛教带来了难以想象的破坏和损失。当时,无数的寺院、经书、佛像、法器等被焚毁、破坏,数以千万的僧侣被杀掉,或被迫还俗。灭佛运动始自北魏太武帝,起因不过是因为谗言,可这位糊涂的帝王不分是非黑白就盲目地下令灭佛。其后的北周武帝对佛教的迫害只能用心狠手辣来形容。其实,在周武帝之前的几位皇帝对佛教还都是很崇敬的,到了他这代,开始也并没觉得佛教有什么异议,关键是一句谶语,使这位迷信皇帝最终走上了与梁武帝相反的道路。在这二位皇帝的打击之下,佛教的发展遭到严重的扼杀。

一、灭佛前奏,北魏太武帝因大臣进言灭佛

在梁武帝之前有一位北魏太武帝,对于佛教,他和梁武帝的态度截然相反。虽然太武帝即位之初也信奉佛法,礼敬沙门。但后来因为两个关键人物的进言,使得太武帝对佛教的态度有了翻天覆地的改变。这二位就是道士寇谦之及宰相崔浩。

北魏是鲜卑族拓跋氏建立的,这支队伍入主中原后,道武帝、明元帝也都信奉佛教,并兴建了不少寺院,应该说为佛教的发展还是做出了一定贡献的。就是这太武帝即位之初也信奉佛法,对沙门也抱着支持的态度。不过北魏太武帝为了统一北方,巩固在中原的地位,开始大规模征集兵役,以全民为兵。可由于沙门历来可以免除租税、徭役,这就使太武帝的政策不能普及,这使得太武帝对佛教有了最初的不满,于是就在公元438年下诏,凡是50岁以下的沙门一律还俗服兵役。本来事情发展至此应该可以圆满解决,可是这时宰相崔浩站出来,大肆攻击佛教,北魏太武帝听信了,不仅改信了寇谦之的天师道,而且和佛教划清了界限,该事件逐渐升级,最后竟然发展为一

场空前的灭佛行动。

崔浩的进言之所以能对北魏太武帝起到如此大的作用,因为崔浩此人非同一般,他不仅出身于著名世族,博览经史,而且还善于阴阳五行及术数之学,如果不做宰相,很有可能成为古代著名的数学家。他历仕道武帝、明元帝、太武帝三帝,官至司徒,经常参与军政机要,因此深受太武帝的信任。在一次结识老道寇谦之后,就信了道教,并且自称已经掌握了高端的道家法术。

寇谦之早年就对仙道持积极态度,自学汉末张陵、张衡、张鲁创立传承的五斗米道,也曾随方士入华山、嵩山学道修炼,自诩曾有太上老君授他天师之位及《云中音诵新科之诫》20卷。在明元帝末年,寇谦之企图跻身仕途,后得到太武帝的重用和信任。为了让太武帝赏识自己,他首先把儒家学说和佛教经律论及斋戒祭祀仪式吸收到道教中来,重新改造五斗米道,这样才能使一度信奉佛教,又研究过儒教的北魏统治者接纳自己。当然,朝里有人好做官,只靠自己一个人努力恐怕收效不大,于是他就找到了宰相崔浩。太武帝始光初年,寇谦之开始了自己的计划,他先是献上道书,希望能引起太武帝的重视。但当时朝野信奉道教的人很少,太武帝自己也还没有完成从佛到道的过渡,崔浩连忙上书劝谏太武帝信道。太武帝认为,既然连深受自己器重和信任的宰相都对道教如此看重,那么道教肯定比佛教有过之而无不及,于是就改信了道教。为了表示自己的虔诚,他当即就派人搬着玉帛、带着牲畜去祭嵩山。接下来,太武帝积极向道教队伍靠拢,在北魏都城平城东南建立天师道场,自称太平真君,又兴建静轮天宫,奉祀太平真君,还把年号也给改成了太平真君,这说明此时的太武帝已然成了真正的道教徒。

虽说北魏太武帝在寇谦之和崔浩的双重进言下弃佛从道,但一开始,太武帝并没有动废佛的念头,毕竟是自己曾经喜爱和信奉过的宗教,即便是改信了其他教派也没理由毁灭佛教。真正导致“灭佛”这一恶性事件发生的原因是这位国家最高统帅居然无意中发现在一所寺院里竟然藏有不少兵器。

公元444年,他下令上自王公,下至庶人,一概禁止私养沙门,并限期交出私匿的沙门,若有隐瞒,诛灭全门。北魏太武帝做出的这项决定过于偏激,无疑他的这条命令是在向早就扎根于民间沃土的广大佛门弟子挑衅,这当然就引来了很多人的不满,结果第二年,卢水的胡人盖吴就在今天的陕西黄陵登高一呼,宣布颠覆当朝政府,参与人众达十余万人。于是,太武帝一怒之下亲自率兵前去镇压。可到达长安时,在一所寺院竟然发现了大量兵器,太武帝顿时暴跳如雷,他怀疑沙门与盖吴相互勾结,盛怒之际下令诛杀全寺僧众。崔浩认为时机到来,于是趁机劝太武帝灭佛。太武帝认为此举势在必行,便进一步推行废佛政策,不仅诛戮长安的沙门,而且焚毁天下一切经像。一时之间,举国上下,掀起了震惊当世的废佛运动。

当时的太子拓跋晃监国秉政,且一向信奉佛法,不忍心看到无辜的百姓僧众遭殃,更不想看到父皇的这次莽撞举动破坏苦心治理的国家安定祥和的局面,于是再三上表劝说太武帝冷静处事。太武帝虽屡次驳回太子的上奏,表面上也呵斥了太子,但也由于如此,废佛的诏书得以缓宣,这就给远近的沙门逃匿,以及佛像、经论的密藏,赢得了宝贵时间。然而,此时魏国境内的寺院塔庙却已经无一幸免于难。这次大规模的废佛运动史称“太武法难”。废佛后6年,太武帝驾崩,文成帝拓跋浚即位,要不是这位继位的皇帝下诏复兴佛教,估计佛教要想在短期内恢复生气难于登天。

虽然这次震惊全国的灭佛运动是北魏太武帝独家首创的,但与在他之后北周武帝的灭佛运动相比,太武帝发起的这次灭佛运动无论是从规模上还是惨烈程度上都显逊色。

二、灭佛没商量，铲除权力威胁才是第一要务

中国历史上的第二次废佛事件发生在北周武帝时期，距北魏太武帝的废佛运动约有110余年。周武帝姓宇文名邕，在明帝驾崩之后继承了王位。北魏太武帝的领土主要是关陇地区，这一带从晋代以来就一直流行佛教，全国的僧尼一度有两百多万人，佛寺也有3万多所。应该说北朝的历代帝王，不少都是佛教的忠实信徒。本来这北周武帝也依照先辈留下的传统，礼敬沙门，对佛教持肯定态度。但由于周武帝励精图治，一心想用儒术平治天下，因此最重儒术。为了使国富民强，他推行儒术治国的方针政策。还曾多次召集臣僚、沙门、道士讨论释、道、儒三教的问题。可以看出，当时他对佛教并没有特别憎恶排斥的想法，也就是从主观上他并不是非要灭佛不可，他的废佛政策，主要是受到卫元嵩和道士张宾的影响。

卫元嵩是四川成都人，对阴阳历算很有研究，青年时期也一度跟随益州野安寺亡名禅师修习佛法，可他天生是个享乐主义者，寺院的艰苦生活过不惯，凭着自己的一点小聪明，佯装狂放，以吟诗咏赋来博取声名，并四处向人预卜未来。没多久就还了俗，后来从四川到长安，结交北周权贵，一步步向北周武帝靠近，也逐渐受到了武帝的重视。公元567年，他向武帝上书，详尽阐述了改造佛教，以儒家学说为中心融会三教的政治蓝图。他首先按照儒家的政治历史观，分析了事佛于治国安民有害无益。他说：唐虞之世，尚无佛教，而社会很安定；齐梁两国，寺塔繁兴，而丢了政权。这说明佞佛不符合治国安民的需要。佛祖立教的本意，以大慈为本，旨在安乐一切有生命的物体，绝对不是要苦役黎民百姓。如今为了事佛，大兴土木，劳民费财，损伤生物，也是违反佛教的根本精神的。就以时事而言，大周效法唐虞，不事佛道，而国家强大；齐、梁两国想借兴寺塔来加强统治，却招致

民不聊生、国家虚弱的后果。他的论点，刚好与武帝的心意暗合，因此武帝很高兴，当即重用他。

当时在民间普遍流传着一句谶语："黑衣当得天下"。谶语向来是帝王们又敬又怕的神旨，况且武帝对于谶纬之学一向迷信，一听到这句预言，立时又惊又惧，卫元嵩和道士张宾就乘机攻击佛教，说只有沙门才身穿黑衣，这句谶语无疑是对僧人而言的；而道士穿黄衣，肯定能保佑国家。武帝一听有道理，渐渐地心里的天平又倾向了道教一边。

公元569年，武帝先后4次召集佛、道、儒三教学者，召开扩大会议，比较各教义的高低。本来武帝的意思是，想以儒教为先，佛教最后，道教最上，但因几次聚众议论，三教各执一词，互不相让，一时间难分高下。武帝对于这一局面也是踌躇不定。后来甄鸾上《笑道论》，道安上《二教论》等书，极力为佛教辩护，批评道教。武帝对于佛道二教互相攻击，心里很不痛快，不得不搁置关于二教优劣的议论。可是没过多久，公元573年12月，武帝又召集群臣、道士、沙门等，辩论三教先后，最后终于出了结果，以儒教为先，道教次之，佛教最后。这下虽然武帝满意了，可是广大佛教界的僧众很难认同，先后有静蔼、智炫、僧猛、道积等人不惜抗旨也要和武帝再辩高下。武帝深感不满，同时也觉照此争执下去定无好结果，于是决心毁佛，可是总觉得这政策的颁布似乎有些名不正言不顺，于是召集僧道两派在太极殿辩论，想让道教堂而皇之地取得压倒性胜利。开始，张宾极力斥佛扬道，没想到却遇到了高僧智炫法师，在佛理上并没有辩过对方。史载武帝乃亲自升座，试图加以论难，不料智炫法师应对安详，陈义甚高，武帝在盛怒之下离开太极殿。第二天就通告天下开展废佛、道二教运动，破毁大批寺塔，焚烧经像，勒令沙门、道士还俗。当时，被迫还俗的沙门有两万多人，关陇一带的佛法遭受了毁灭性的打击。

公元577年(建德六年),北周灭了北齐,周武帝显然灭佛的兴致还没有削减,又对北齐实行排佛政策,焚毁一切经像,废4万所寺庙,被迫还俗的僧尼达300余万。北方佛教一时之间几乎被连根拔起,史称“周武法难”。直到第二年,这位周武帝罹患剧疮一命呜呼了,宣帝、静帝相继即位后,佛教才又渐渐恢复了一些生气。

对梁武帝信仰的总结:

不可否认,梁武帝萧衍是一个多才多艺学识广博的学者,他在政治、军事上所表现出的才能,在治国方面所运用的手段都堪称南朝诸帝中的领军人物,作为一位开国皇帝,他的功绩不在另三位南朝开国皇帝之下。萧衍的宗教信仰更是独具特点,从向儒而道再尊佛,融会了三家的思想之大成,虽然在这个过程中,道教最终被他三震出局,但是在治国之术上始终还是紧密围绕在儒佛周围。

萧衍属于文武兼备的帝王,最可贵的是他以仁心仁术坚持行仁政,这大概与他的佛教信仰有着不可分割的关系。不过,也正是这份仁心蒙蔽了他的双眼,对自家皇族的错误判断和疏于管束,再加上错信错用了侯景,终于引发了“侯景之乱”,最后饿死在台城。尽管梁武帝苦心维护和经营着佛教事业,可是,先后两次毁佛运动却使佛教濒临生死存亡的边缘。幸好后世的隋朝二帝敬佛崇佛,否则,元气大伤的佛教是否能够如此迅速地再次兴盛恐怕还是个未知数。

第五章 隋朝二帝:奏响佛教的复兴圣歌

隋文帝杨坚及隋炀帝杨广是继梁武帝以后的两个著名的崇佛皇帝,他们不仅都对佛教保持着坚贞不渝的态度,而且都坚定拥护佛教事业,弘护佛教。但凡事都要透过现象看本质,这父子二人开创一个新的政权实属不易,所以其弘扬佛教的目的也主要是为了巩固和发展自己的统治政权。

杨坚是个佛教积极分子,他对佛教的贡献是很突出的。他从北周小皇帝手中夺下政权,成功登极后便开始着手兴复佛教。在杨坚的亲自参与下,从公元601年到604年,全国各地大批建造佛寺,剃度僧尼,建大小佛像。杨坚本人则从法经律师受菩萨戒,严格要求自己,因而被授予"护法国主"的称号。

杨广则早在为晋王时就对佛教表现出矢志不渝的态度。公元600年,杨广被立为皇太子,不久后他组织了一次有40名大德高僧"对扬玄理"的大法会,史载这次活动举办得很成功,甚至轰动一时。杨广即位后,又于公元605年到618年将三论宗的创始人吉藏请入日严寺,使他完成了"三论注疏",创立了三论学派。

总之,在杨坚、杨广父子俩的大力扶持下,佛教已经摆脱了几度被毁的阴影,寺院也拥有了相当规模的经济实力,僧侣成了大地主,甚至拥有庄园、当铺、奴婢,放高利贷,并拥有免役、免税特权。由于寺院经济的发展,佛教僧侣采取了世俗地主宗法制度的传法方式,师父在传授佛法的同时,把寺产传给嫡亲弟子。在这种社会文化背景下,隋唐时期终于形成了在佛教理论、寺院经济方面都相对独立的佛教宗派,走上了不同于印度佛教的具有中国特色的中国佛教发展道路。

第一节　隋文帝:"护法国主"复兴佛教在所不辞

姓名:杨坚

性别:男

民族:汉

出生地:陕西般若寺

家庭背景:东汉太尉杨震的第十四代孙。

帝号:隋文帝

理想:振兴佛教事业

一、一代护法国主,佛教的拯救者

由于北周武帝毁佛,迫使上百万的僧尼还俗,无数的经像寺院遭受毁灭性清剿,这是继北魏太武帝的法难之后,佛教再次遭受的空前灾难,如果不是隋文帝与隋炀帝的积极奉佛,恐怕佛教将有可能遭受彻底毁灭的命运。

杨坚在14岁就开始了政治生涯。15岁时,杨坚被授予散骑常侍、车骑大将军、仪同三司的荣誉职衔,封成纪县公。当时西魏权臣宇文泰非常赏识杨坚。西魏被北周替代,杨坚接而代周而立,成为又一个开国皇帝。经过多年的努力,他终于完成了统一南北的霸业。

隋文帝在位20年中,功绩卓著,而在佛教史上,隋文帝也做出了极大的贡献,正是因为他的大力护法,才使得佛教得以中兴。

隋文帝之所以对佛教有如此深厚的感情,既出于个人信仰,又有社会历史原因。这还要从他的成长历程说起。

杨坚出生于具有浓厚佛教信仰的佛化家庭中,他的父亲杨忠就曾营造过栖严寺。公元541年,他出生在陕西大荔的般若寺,由一位叫做智仙的神尼养育长大。本来7岁前,杨坚和普通人家的孩子一样过着无忧无虑的生活,可是就在他7岁那年,神尼忽然告诉他:"儿当大贵,从东国来,佛法当灭,由儿兴之。"当时,对于一个7岁的孩子来说,这句话可能起不了什么作用,可是这却在杨坚心里扎下了根,成为他信仰佛教的精神指向。家庭的熏陶和幼时的佛化教育无疑对杨坚的影响是相当大的,因此,杨坚即位后,经常会想到神尼的话,并且不止一次地对别人讲过:我兴由佛法,而好食麻豆,前身似从道人中来(那时称出家人为道人),由小时住寺至今,乐闻钟声!开始着手大力复兴佛教。这其中固然有个人信仰、弘护佛法的因素,当然也有借势造势,借此证明隋王朝的建立乃合乎天意的因素。

杨坚从北周小皇帝周静帝手中刚一夺过政权,即宣布废除毁佛法令,"听民立寺出家,搜求经像遗贤,广置塔寺,立译馆,设僧官……",正式走上了兴盛佛教的道路。公元582年,杨坚在今西安建立了国家级寺院——大兴善寺,集中居住僧官和当时的著名高僧。公元592年,又设置五众及二十五众的传教系统。所谓五众,是指把长安城内各学派著名的高僧分为大论、禅门、讲律、涅槃、地企五众,并各任命众主上人,主要负责教授本众的经、律、论。这种做法,无疑为中国化的佛教隋唐佛教各宗派的出现提供了必要而充分的准备。"二十五众"由25名高僧组成,他们都是大兴善寺的住僧;一切开支由官府提供,专门筹划佛教的传教工作。

在杨坚的大力推广下,公元601年到604年,全国各地建佛寺达3792所,剃度僧尼23万人,建佛舍利塔111座,建造金、铜、檀香、石等大小佛像16580尊,修治旧佛像1508940余尊,写经46藏132086卷,修理旧经典3853部。杨坚本人也受了菩萨戒,每天坚持按佛教规矩理佛诵经,而且极为认真专注。他的这一系列举措无疑给了当时已经遍体鳞伤的佛教以喘息休养的机会,在元气逐渐恢复以后,终于掀开了兴盛的序幕。杨坚也由于为佛教的重新兴盛做出了不小的贡献,因而得享了"护法国主"的殊荣。

二、三大贡献,成就佛教兴盛

当然,隋文帝的救佛大业是按计划逐步开展的,这更有助于佛教从落魄走向兴盛的平稳过渡。在此期间,隋文帝为佛教做出了三大贡献,奠定了佛教在隋朝的基础地位。

首先,就是度僧、修经、建塔。隋文帝虽有复兴佛教的心,可毕竟自己是皇帝,做出任何决定都要深思熟虑,要顾及影响。正当他在为如何迈出这兴佛的第一步而发愁的时候,公元581年(开皇元年),沙门昙延入宫求见文帝,劝文帝要开始复兴佛教。文帝一听正中下怀,于是马上接受劝谏,下诏修复北周毁废的寺院,允许人民自由选择出家,并开始对僧团实施整顿。

其次,他又花大力气,广招各地高僧入京。公元583年(开皇三年),文帝下诏在每年一月、五月、九月的八日到十五日,京城及诸州官方寺院的行道日,一律严禁杀生。公元585年(开皇五年),文帝带头从法经律师受菩萨戒,并延请高僧大德到宫中讲经说法。

早在开皇初年,文帝就在长安东南方兴建大兴善寺,尽可能把寺院造得够大够气派,这是隋唐以来长安附近最大的佛寺,也是隋代唯一的国策寺院,当时负责教团统制寺务的昭玄寺僧官,多数由大兴善寺的住僧担任。据说,在隋文帝时,高薪聘请入住大兴善寺的高僧多达50多位。

最后,就是设立五众、二十五众。可以说当时的长安已成为隋代佛教的中心,因而天下名僧就都在此处落脚,这样不仅有助于僧众及时沟通,而且打破了昔日南北朝时期佛教分裂的局面,逐渐使佛教内部归于统一。文帝又以长安为中心,建立佛教的组织系统,先后在公元592年(开皇十二年)及公元597年(开皇十七年),敕令遴选行解专精的高僧,分别司掌教化,设立"二十五众"及"五众"。

"众"是隋代佛教特创的教化机构,它的设立也是文帝以佛教作为国策的重要一环。从隋文帝为佛教所做出的这些贡献不难看出,文帝对弘法事业的积极与热忱,但同时也会令人纳罕,他的所作所为,究竟有何利益可图呢?

第二节　"佛、道、儒"为封建王权各展其能

隋文帝杨坚灭周建隋,击败了北边的突厥,消灭了南方的陈朝,完成了全国的统一。他无论是在政治还是经济等领域都进行了一系列成功的改革,是一个很有作为的皇帝,尤其是对兴复佛教不遗余力。当然,他的重佛也有为自己考虑,毕竟国家刚刚统一,社会上的不安定因素还很活跃,支持佛教,宣传佛教,有助于拉拢和感召国民。隋文帝虽然学识有限,但他清楚地知道自己的所作所为影响着国家的气运。他虽然公开表示对于佛道儒三教都给予同样的重视,但事实上却是重佛轻道尤轻儒。于是,佛教的春天在隋文帝统治时期到来了。

一、治国有道,佛教与政治双赢

在中国历代的统治者当中,隋文帝杨坚绝对是一位有能力有眼

光的好皇帝。说他有能力,那是因为他政绩出众,又一次统一了全国。为了更好地治理国家,他废除九品中正制,注意选拔人才,奠定了中国科举制度的基础。在中央行政机构中,他大斧一挥,不惜减少大批政府闲职机构和人员,进行了有效的改革,创造出一套适合时代要求、有利于加强中央集权的政治制度。当然,作为毫无皇家血统的普通官僚过渡到国家统治者的他,要想让人民心服口服,首先就要以身作则,严格要求满朝官员,杜绝贪污腐败之风。同时,他还深刻地认识到,农业是国家的基础,于是他实行均田制,从而大大提高了农民的生产积极性,农副食品产量呈直线上升趋势。说他有眼光,那是因为他继承和发扬了汉代以来儒法兼用的统治手法,开创了佛家的历史新高,从而争取到了广大佛教信徒的支持,为他的统治铺平了道路。

隋文帝之所以提倡佛教,绝对是有目的有计划地进行的。他分析了当前局势,得出一条结论:佛教的复兴乃是社会现实的需要。因为自南北朝以来,佛教发展势头迅猛,北朝齐、周之世,所辖寺院不下三四万所,僧尼数百万人,南朝佛教在梁武帝时期更是得到大力扶植,从而达到鼎盛状态,有寺院2800余所,僧尼8万多人,加上为数众多虔诚拥护者,佛教的强大势力不可忽视。但是,尽管梁武帝生前一心一意地振兴佛教,可是“侯景之乱”后,不仅梁武帝自己性命不保,而且因为失去了统治政权的保护,僧徒受到打击,寺塔也被毁得面目全非,因而,南朝佛教也遭受到了破坏性的打击。后来又发生了北周武帝灭佛事件,这位皇帝不但将佛像全部毁掉,将寺庙收为国有,勒令寺僧还俗,还在进兵北齐,攻占邺都之后,又掀起了对齐境内佛教的大规模破坏活动。就是隋文帝自己,也间接对佛教起到了破坏作用。公元589年,正是隋文帝对陈用兵的关键时期,战乱之际杨坚哪会想到先保护佛教文物呢,因而战乱致使许多寺院被毁,被破坏的佛家经典也不在少数，因而盛极一时的南朝佛教也走了下坡路。

显然，这几位皇帝无论是有心还是无意都对佛教进行了不同程度的破坏，同时也招致了广大信徒的强烈不满。于是这一系列的灾难引发了信教者更为强烈的宗教感情。隋文帝正是看清了这一形势，因而以复兴佛教为己任，制定实施了大规模的复教政策，全面支持和复兴佛教。无疑，隋文帝此举对于缓和社会矛盾、巩固统治政权是非常有利的。他还注意尊重和弘扬南北两个地域不同的佛教传统，这就有利于消除南北分裂的隔阂。可见，隋文帝一生致力于佛教的传播，不仅是个人感情与经历的关系，而且也是出于缓和南北对立，重建统一国家的政治考虑。

二、让佛唱主角，儒、道唱配角

虽然，隋文帝曾坚决表示要佛、道、儒三教并重，同样给予大力支持，但事实上，这位偏心的皇帝还是把佛教摆在了第一位，道教则往后站，儒教更是毫无地位可言。所以，在隋代，曾经风光一时的儒家，地位大幅度下降，以致人们都认为学儒无法入仕，因而儒家子弟要想在国中有立足之地，只能另择他途。公元600年，隋文帝又颁布了一条法令，严禁毁坏偷盗佛、道两教的神像，否则大刑不饶。公元601年，隋文帝又借口说儒家学院多而不精，于是颁发诏书把京师和郡县的大小学校都取缔了，只保有京师国子学一处，学生名额也只限70人。显然，隋文帝这番做法是想抑制儒学而兴复佛教。但此举的目的实在太过明显，况且这位隋文帝又急于求成，在取缔学校的同时，就把舍利发往各州，下达营建寺塔5千余所，并限期完成。这自然引起了儒生的强烈不满，但儒家此时已经是势单力薄，再有不满也无可奈何，因而学儒的人大都寒了心，以至于隋朝时期有名的儒学家寥寥无几。

公元581年，隋文帝刚刚建立隋朝时，迫切需要选拔一批优秀人才为己所用，于是，他令国子学保荐学生四五百人，参加国家统一考试，准备从中挑选一批栋梁之材。但由于当时参加考试的人有南有北，监考和判卷的人无法评定他们水平的高低，因此好久都解决不了究竟取中谁的问题。这就给隋文帝形成一个错误观念，那就是儒生大都没真本事，既然这么一次考核结果差强人意，那干脆以后这种考试就取缔了吧。这一取消不要紧，儒生的出路几乎被切断了。因为没有了前景，因而学儒和准备学儒的人都感到儒家前途渺茫，所以隋朝的儒学基本上处于停滞阶段。

隋朝最著名的儒生只有刘焯、刘炫二人，但这两位并不是什么洁身自好之士，不仅没给儒教争光，反而做了不少令人不齿的事。比如刘炫，他曾乘隋文帝购求书籍的机会，伪造书百余卷，题名为《连山易》、《鲁史记》等，借此骗取隋文帝的奖励。刘焯不仅是个葛朗台型的吝啬鬼，而且还欺善怕恶。这二位一个是投机分子，一个是道德败坏之徒，身上毫无儒家的优秀品德。这也就难怪隋文帝对儒家采取不信任不重视的态度了。

佛道儒三教中儒教地位最低，到了隋文帝晚年，儒教的地位和佛、道差得就更远了。尽管到隋炀帝时期恢复了儒学学校，但也并没改善儒生的地位。隋末，刘炫门下生徒很多对朝廷寒了心，纷纷参加农民起义军，这足以说明儒生与朝廷的关系已经高度恶化。隋文帝晚年的助佛教反儒学政策，比起南北朝君主助一个宗教打压另一个宗教来，得到的结果更恶劣。虽然隋文帝、隋炀帝这父子俩没能及时反省，但他们这做法却给唐朝统治者提供了经验，知道佛道儒三教都可以成为为封建统治阶级服务的工具，三者同时并存，各有它的用处，与其打击它，倒不如都为统治政权服务。如果隋朝这两位皇帝能有唐朝统治者的政治眼光，相信隋朝也不会这么早就灭亡了。

第三节　隋炀帝:一个笃信佛教的暴虐者

姓名:杨广

性别:男

民族:汉族加鲜卑的混血

出生地:江苏

性格特点:心狠手辣、六亲不认

生卒:公元569年~公元618年

死因:被勒死

社会关系:

父亲:隋文帝杨坚

母亲:独孤皇后(杨广登极的重要支持者)

帝号:隋炀帝

一、一边做佛事,一边违佛道

中国古代历史上有两个出名的短命王朝,一个是秦始皇开创的秦朝,一个就是隋炀帝父亲隋文帝开创的隋朝。如果说秦朝的灭亡是秦始皇自己一手酿成的恶果,那么隋朝的短命则完全可以说是由隋炀帝亲身演绎的。虽然世人大都认为秦始皇心狠手辣,但起码他为后世作出的贡献是不可磨灭的。说起隋炀帝,恐怕就只剩让人摇首叹息了。也难怪,隋炀帝杨广为了登极称帝不惜谋杀父兄,这份心狠手辣恐怕连秦始皇也是自叹不如。自从公元604年,36岁的隋炀帝坐上了国家统治者的位子,隋朝亡国的命运就已经注定了。虽然杨广长得身材魁梧,两眼炯炯有神,一副胡须更增男子气概,《隋书·炀帝纪》中也曾记载他“美姿仪,少敏慧”,的确像是一位有德有才的帝王,但其实,这一切只是表象,他是历代帝王中少有的暴君,他的虚荣心和狂妄也是少见的。他是一位大肆兴建前所未有的土木工程,毫无顾忌地狂度奢侈人生的皇帝。

当然,客观来说,隋炀帝也并不完全是一无是处的人,起码在文才方面他就是位颇为自负的才子级人物。据说他自幼就聪明好学。《隋书·炀帝纪》中说杨广“好学,善属文,沉深严重,朝野属望”,意思是说杨广是一个爱学习的人,特别会写文章,成绩很好,做事又稳健踏实,得到了朝中大臣的好评。他一生之中写不少水准较高的诗赋、歌词,而且最后还整理、收集了一部分编成文集《隋炀帝集》以传后世。后来唐太宗李世民看了之后评价说:朕观《隋炀帝集》,文辞奥博,亦知是尧、舜而非桀、纣,然行事何其反也!为此,后人还专门写过一首诗来感慨隋炀帝的文才和他的命运:“隋炀不幸为天子,安石可怜作相公。若使二人穷到老,一为名士一文雄。”由此可见,这杨广的文采的确不凡。隋宫中当时流行很多乐曲,都采用了杨广所作的歌词,颇有杨广自身所赋予的南朝华丽的风格。虽然隋炀帝的文采不能和南唐后主、北宋徽宗这些才子皇帝相提并论,但也算是很难得的了。

杨广不光是文才出众,还有一定的军事才能,13岁的时候就被封为武卫大将军,20岁的时候率领50万大军讨伐南方的陈国,最后统一中国。后来他又领兵平定江南叛乱,征讨入侵边疆的突厥,为国家统一立下了汗马功劳,就连隋文帝也说杨广为他的帝业立了很大功劳。

但是,杨广是个名副其实的野心家、阴谋家,大隋建立以后,他就开始进行一系列夺嫡篡位的活动,史说杨坚病重的时候,已经被立为皇太子的杨广终于撕开画皮,露出了狰狞的面目。他迫不及待地几乎就在父亲身边强暴了父亲的妃子,也就是自己的后母,然后又挥刀杀死了父亲,关押了自己的弟弟,宣布自己即位。尽管他"谋兄"、"淫母"、"弑父"这一系列举动着实令人不齿,也早已违背了佛祖的教诲,不配再做一个佛教徒,但他这一生对佛教的贡献,却依然是不可被忽略的。

隋炀帝杨广和他的父亲隋文帝一样,都是忠实的佛教拥护者,早在杨广即位前,他就对佛教表现出了浓厚的兴趣。他曾创建两所道观及慧日、法云两座佛寺,其中,慧日道场会集了当时江南佛教界高僧,并且聘请嘉祥寺的三论宗创始人吉藏大师入寺,这成为当时江南的一大盛事。另外,他还在京师长安建日严寺,高僧彦琮、智脱、法澄、法论、智炬等,都曾旅居这里,开设佛家讲堂,在当时掀起了一浪高过一浪的讲学热潮。

公元607年,在日本也出了一位以佛法治国的圣德太子,他知道华夏大地佛法兴旺发达,于是就派遣学者、僧侣来华留学,隋炀帝十分高兴,于是特别把洛阳鸿胪寺临时改为留学生接待处兼宿舍,聘请高僧负责留学僧的教育工作,并先后多次举办讲座、法会,从事经典的校勘活动。

隋初来自印度的高僧如那连提耶舍、阇那崛多、达摩笈多等,在隋文帝时就被请入京师长安,从事翻译经书的工作。到了隋炀帝时期,为了保证他们的翻译质量,更在东都洛阳设立翻经馆,一方面给他们提供好的物质条件,一方面也通过宣传,大力网罗译经人才,由此可以看出,隋炀帝对佛教的文化、教育事业是相当重视的。

二、若不屈服于本王权,要"佛"干什么

众所周知,隋炀帝先谋兄,后弑父,这才如愿以偿地当上了皇帝,而且登极之后,更以残暴和奢侈浪费而著称,这一切的一切都可以说

是与佛教的思想教义相悖的，这也从一个侧面表明，隋炀帝杨广并不是一个真正虔诚的佛教徒，既然如此，他又何以偏偏对佛教采取积极扶持的态度呢？不可否认，这其中肯定离不开他父亲隋文帝从小耳提面命的教育，但杨广性格中有太多的叛逆因素，有太多变异基因，连“弑父”这样大逆不道的事他都有胆为之，世间还有什么事是他不敢干的呢？既然连自己的父亲都敢杀了，还有必要遵从父亲的教导去信奉佛教吗？可隋炀帝偏偏就对清规戒律甚多的佛教大力扶持，对佛门弟子礼遇有加，所以我们有理由认为，佛教一方面的确是他所坚持的信仰，另一方面也是为了掩盖他凶残暴逆的真实面目，为统治目的服务的。

隋炀帝利用佛教来达到掩藏自己真实想法的目的，从他篡位后不久就显露了出来。其实，在正式坐上皇位之前，杨广就极力表现出温良恭俭让的优秀品质，极力迎合隋文帝的喜恶，巴结皇后，致使隋文帝的独孤皇后对杨广好感倍增，因而一再鼓动隋文帝废了太子杨勇，改立这个貌似品德高尚、孝顺的儿子当太子。隋文帝虽然英明神武，但当时也同样被杨广高超的演技迷惑了，尤其是发现这个儿子和自己一样信仰佛教后，对他的好感和宠爱更是与日俱增。还在平陈时，身为晋王的杨广就自称“菩萨戒弟子”，表示对佛教要加大保护力度。平陈之后，杨广于扬州命人整理旧经，并出版最新版本，合六百一十二藏，二万九千一百七十三部，九十万三千五百八十卷；修治旧佛像十万一千躯，铸造新佛像三千八百五十躯；度僧尼六千二百人。这一系列举动终于感动了隋文帝杨坚，为日后杨广的顺利登极铺平了道路。怎奈，杨广急于求成，明知道自己皇位继承人的身份已成为不争的事实，可他就是等不及了，于是靠篡位提前当上了隋朝的第二位皇帝。既然目的已经达到了，当然就没必要再掩藏自己的真实思想，于是当上皇帝没多久的他终于撕下了假面具，开始对佛教严加控制，要求其必须绝对服从皇权的需要。公元590年，杨广把江南宗教界有影响的和尚、道士集中到扬州，分配到自己手下，篡位后的第三年，他更下令沙门向王者致敬。此举无疑更加明确显示出，隋炀帝杨广大力扶持佛教的最终目的，还是想将其收为己用，让佛教为自己的统治政权服务。

隋炀帝想让佛教为己所用的目的，在他与高僧智顗的特殊关系中更能清楚地体现出来。公元591年，杨广听说智顗是位有道高僧，于是就把他请来扬州，赐"智者"大师的称号，智顗为杨广的行为所感，认为当朝统治者尊崇佛教、礼贤下士，于是回授杨广"总持菩萨"（意谓功德圆满的菩萨）的法号。杨广心满意足之余，又一再邀请智顗前往扬州，为他主持授戒法会，撰写《净名经疏》等。但智顗从内心深处并不乐意为隋王朝服务，所以开始先是尽可能地推辞，后来实在看不惯杨广的所作所为，于是干脆公然与之对抗，这让杨广始料不及。公元595年，杨广下达明确指示，要求智顗"率先名教，永泛法流，兼用治国"，即把名教置于佛法之上，借口称为了维护国家的秩序，警告他务必放弃与新王朝的对立态度。此时的智顗已经清醒地意识到，"王兼国法，兼匡佛教"，"今王途既一，佛法再兴，谬课庸虚，沐此恩化，内竭朽力，仰酬外护"，佛教最终还是要屈服于王权，受王权的支配，所以他也只能无奈地选择了通过外护王权来达到确保佛教兴盛发展的大方向。

综上所述我们可以看出，隋炀帝对于佛教的扶持态度，其实并非缘于多么虔诚不贰的信仰，大半都来自他对自己治国需要的考虑。否则，他就不会在日后的统治过程中采取佛道并举的政策。不过，他的这一政策虽然与隋文帝"重佛轻道尤轻儒"的政策不同，但对于国家的发展来说还是起到了一定的作用。

第四节 动机不纯，佛道并举为哪般

隋炀帝既信佛教，又对道教大力扶持，其实，无论是对佛还是对道的态度，杨广都有自己的如意算盘。早在他还在做晋王时，即开始注意和利用道教。当然，对于道教的求仙、求长生的特点，杨广也是极有兴趣的，但也不能否认，隋炀帝对道教多半抱着功利主义目的。他兴复佛教，动机不纯，关注道教，同样是想借助于道教为其政权服务。于是，他除了拉拢道教，给予有影响的人物一定的政治地位外，又积极调解缓和道佛之间的关系，使道教能感受到自己的政治地位，从而死心塌地地为杨广政权服务。但，我们看到，他对道教的利用最终仍是以失败而告终。

一、振兴佛教，奢靡之风送隋走上末路

隋炀帝在中国历史上可以说是位少有的昏君，虚荣心极强，因而就给人们留下一个糊涂、昏庸、贪图享乐、腐化堕落的统治者形象。其实，从他对于佛教与道教表示支持和理解的态度可以看出，隋炀帝还是有点政治头脑的。虽然，他采取佛道并用的政策，表面看是为宗教信仰服务，但其根本目的还是为自己的统治政权保驾护航。

公元590年，担任并州总管的晋王杨广奉命镇守扬州。从此以后，江都就变成了晋王杨广弘扬佛教的基地，而江都的慧日道场更成为江南佛教的中心。佛教经典是佛教文化的重要传承途径，为了兴复和保护佛教，杨广又设置了收藏佛教经典的经藏。

杨广即位后，在洛阳设置慧日内道场，并正式下诏，让全国的僧众都到这儿来集合，希望把这里建设成为讲学的中心。此外又不惜消耗国力广建寺院、佛塔。当然，他使国家财政持续赤字并不完全是

因为修建寺庙、兴复佛教，这也和他奢侈的本性有着直接的关系，在这一点上，他可完全没有吸收佛教提倡节俭、慈悲为怀的教化。

公元605年，隋炀帝派当时著名的建筑家宇文恺负责营造东都洛阳，为此花费了巨额。宇文恺曾在公元582年为隋炀帝营建长安大兴城（今陕西西安），深知隋炀帝讲排场、好奢华的特点，他知道只要把工程规模搞得越宏大，隋炀帝就会越高兴。于是，为了造东都，朝廷每月征用200多万民工，日夜不停地施工。建造宫殿需要的高级木材石料，都是从大江以南、五岭以北地区运来的，光一根柱子就得用上千人拉。为了获得隋炀帝的认可和支持，他们还在洛阳西面专门造了供隋炀帝玩赏的大花园，叫做“西苑”，方圆共200里，苑内分16院，聚石成山，凿池做海，汇集了天下珍异的鸟兽草木。在建造东都的同一年，隋炀帝为了供自己出行旅游方便，下令征发河南、淮北各地百姓100多万人，从洛阳西苑到今江苏淮安，开通一条“通济渠”。又征发淮南百姓十多万人，把春秋时期吴王夫差开的邗沟疏通。这样，虽然从客观上讲，洛阳到江南的水路交通在隋炀帝的主持兴建下便利了很多，可是，这也给人民带来了深重的灾难。

以后5年里，隋炀帝又两次征发民工，开通了两条运河，最后，把4条运河连接起来，就成了一条贯通南北，全长4千里的大运河。不能否认，这条大运河对我国经济、文化的发展和祖国的统一，起到了积极的作用。但，正是隋炀帝的这一为自己享乐提供方便的创意使成千上万劳动人民付出了无数的血汗甚至生命。由于隋炀帝强征几百万民工修筑运河，严重地破坏了生产，使成千上万的民工惨死在运河工地上。晚唐文人韩偓写的《开河记》，以传奇的形式描写了修河民工的悲惨生活。文中写道，隋炀帝派遣了酷吏麻叔谋主管修河，强制天下15岁以上的男丁都要服役，共征发了360万人。同时又从5家抽一人，或老，或少，或女子，担负供应民工的伙食炊事。隋炀帝还派出了5万名彪形大汉，各执刑杖，作为督促民工劳动的监工。因为劳动负担很重，监工迫责太急，动不动就用棍棒毒打，所以不到一年，360万民工死者竟达250万人。因而可以说，隋炀帝的佛教信仰是他人格极端自私的体现，他的信仰只会为自己服务，与其说他是一个虔诚的佛教信徒，不如说他是为自己谋福利的暴君。

但是，这位时刻总想着享受奢华生活的隋炀帝，大概万万没想到，他如此穷奢极侈的帝王生活已经快走到尽头了。征讨高句丽的连番失败，以及开凿大运河的大规模土木工程，不仅大量消耗了人力物力财力，也使隋炀帝统治的隋王朝走向了衰亡。

二、扶植道教，炼丹也止不住隋早亡

前文提过，隋炀帝杨广治理国家采用的是佛道并举的政策方针，因此不但大力扶持佛教，对道教也同样给予了关注和重视，“其在两都及巡游，常以僧、尼、道士、女官自随，谓之四道场”，每日的盛陈酒宴，也以“僧、尼、道士、女官为一席”。表面上看起来，隋炀帝杨广是既笃好佛教，也信奉道教的，其实，他对道教之所以采取扶植和重视的态度，一方面是像秦皇、汉武一样对成仙长生充满渴望，另一方面，也是为了自己的统治政权能得到更多人的支持，说到底还是利用道教为自己谋利。但无论他的出发点是什么，他对于道教文化事业的建设特别是道经的搜集整理，还是做了一些有益工作的。

在还未正式上台之前，他就对佛教投入了极大的热情，同时也尊崇道教，在藩国曾置四道场，其活动经费一律由朝廷批准下发。那时的他想必就已经认识到，今后要想让国家长治久安，这些宗教人士是能够被派上用场的。

杨广即位后，一方面过着奢侈的生活，另一方面又积极拉拢道教，在东都洛阳特置道术坊，先后建了有上百家之多，全部让具有道术的人居住。他还在宫内置“玄靖殿”,专供经像,设有惠日、法云二道场,通真、至真二玄坛,又在自己的大花园西苑特设蓬莱、方丈、瀛洲三神仙的神仙境仙山琼阁。

隋炀帝幻想长生不死,迷信金丹神药。随着年龄的增长,他也开始产生了恐惧,怕自己的统治和奢侈生活不能继续下去,因而就把对长生的渴望寄托于道教。当时,嵩山道士潘诞自称有300岁,自告奋勇愿为隋炀帝炼金丹,可是一晃6年过去了,金丹连影子都没有。隋炀帝有点不耐烦了,亲自责问潘诞。这潘诞事实上并无多少真才实学,不过是借金丹神药骗取皇帝的信任。见隋炀帝逼得紧,他便谎称是炼药的材料不齐,竟提出要童男女胆汁、骨髓3斛6斗。隋炀帝虽然残暴,但好歹也是一国之君,岂能被这样的鬼话骗住,于是立即派人捕捉潘诞,即刻处死。

可见,这隋炀帝对于道教的支持,无论是政治上还是个人生活问题上,完全是出自自身的考虑,哪有半点虔诚信徒的影子。在他统治中期,也正是他崇重道术的高峰期,他借助于道教方术填补荒唐无耻的私生活,把道士作为宫廷的点缀品,任用道士为自己祈福。如此赤裸裸利用使得道教中人逐渐看透了他的用心,于是不仅没被他收买利用,还积极参加了隋末改朝换代的政治运动,隋末农民起义军中的一支队伍,就曾利用道教“李弘为天子”的预言进行反隋斗争。隋炀帝大概无论如何也没想到,自己费心费力所笼络的道教人士,最终不但没有为自己的统治政权服务到底,反而因为看清了自己的真面目而成为颠覆隋王朝的重要力量。

对隋文帝与隋炀帝信仰的总结:

隋文帝是历史上少有的有节俭品质的皇帝,正因为他的节俭,相对减轻了对人民的剥削,因而使得人民得以安居乐业,保证了生产生活水平有序稳定地呈上升趋势。在他的统治下,百姓的人口数量和私人财产都有了增长。但也正因为隋文帝当政时积累了雄厚的物质基础,这才为隋炀帝日后的奢侈生活提供了条件。隋文帝深信自己得佛保佑,对全国人民宣称"我兴由佛法",因而一生大力提倡佛教,晚年甚至排斥儒学,把佛教提升到了国教的高度。因此,从隋朝起,佛教开始了极盛阶段。

与父亲隋文帝相反,隋炀帝是历史上少有的奢侈皇帝。他的贪婪和奢侈把人民剥削到了无法生存的地步,这也就是隋末起义一浪高过一浪的重要原因。他与其父唯一相同的一点恐怕就是他对佛教的扶植态度,当然,迷信的隋炀帝同样对长生着迷,为了巩固统治,他也同时重用道教。

从这两位皇帝身上可以看出,统治阶级提倡宗教保护,其本意只是为了麻醉民众,其目的也只是为自己的统治政权保驾护航。

第六章　武则天:踩着佛教之名上台的女皇帝

入唐以后,大多数君主都是信奉道教的,因而道教一度曾在唐朝风光无限。可是统治者对宗教的态度从来就不会只是单纯地信仰,大多数都是利用其为自己的统治政权服务的,所以在唐代也有不少崇佛的皇帝,比如唐中宗、唐肃宗、唐代宗、唐宪宗、唐宣宗、唐僖宗,但最著名的就要算是那位中国唯一的女皇帝武则天了。只不过,武则天也并没有因为自己是个女人,而在政治建树方面逊色于其他男性帝王,她对佛教的信仰和扶持,既有和李唐统治者对抗的心理,也同样有出于对自身目的的考虑。当时,佛教徒四处宣扬她是弥勒转世,这当然立即引起了臣民的热切关注,为武则天正式上台称帝提供了舆论基础。当然,这也不过是武则天与佛徒们串演的一场类似于王莽、刘秀借谶语登极,以及后来宋太祖赵匡胤陈桥兵变、皇袍加身的舞台政治剧。既然佛教为武则天做出了如此巨大的贡献,那么她必定要给以回报。于是,武则天上台后便下诏令佛教在道法之上,僧尼在道士女冠之前,不仅开办大型佛教盛会,还写经、度僧、建寺、造像。平心而论,这些举措虽然大大推进了佛教发展,但也正因为接连不断地建造佛寺、佛像,因此严重影响了国家经济的发展,就连武则天自己的储备金也不得不拿出来。在今洛阳龙门石窟奉先寺的卢舍那佛,就是武则天用自己的两万贯脂粉钱建造的。这佛像丰腴雍容,据说是按照她的相貌雕凿的。显然,武则天将自己的帝王之相化作佛祖之相,是想借用神权来维护皇权,这一点是她从历代君主特别是李唐君主身上汲取的经验。她的过度崇佛,曾经引起了道教徒的不满,不过,步入晚年后的武则天最终也像其他封建统治者一样迷上了道教的长生之术,因而重新给道教定位,上升到了佛道并重的高度。

第一节 “弥勒转世”改“李唐”为武姓天下

姓名:武曌

性别:女

民族:汉

出生地:山西

外貌特征:无史料记载,史书上记载其女太平公主额头很方,下巴很宽,又说母女俩长得很像,所以有人推测这位女皇帝的长相也应该是“方额广颐”。

家庭出身:政府高官的千金

生卒:公元624年~公元705年

社会关系:

父亲:唐朝开国功勋武士彟

母亲:隋朝宗室宰相杨达之女

第一任丈夫:唐太宗李世民

第二任丈夫:唐高宗李治

帝号:则天大圣皇帝

一、要登极,就得从信佛做起

众所周知,武则天是借佛教的力量登极的,她一辈子也都信仰佛教,但令人奇怪的是,在道教盛行的唐代,她的信仰怎么没被大多数人所同化呢?这其中的原因,一来大概是因为武则天的信仰根底很深厚,二来大概是因为她受母亲以及唐太宗、唐高宗的影响太深,以至于在大家都笃信道教的时候,她却一直对佛教念念不忘。

武则天的出生地是山西文水县,小时候家庭环境不错,父亲武士彟是唐朝的开国功臣,母亲是隋朝显贵、宰相杨达之女。隋朝的两位皇帝是佛教的坚决拥护者,佛教在隋朝的地位自然非同一般,因而可以推测出武则天的母亲杨氏想必也是佛教的忠实信徒。小小年纪就在母亲构建起的佛教氛围中熏陶渲染,武则天的信仰取向必然会受到很大的影响,再加上她日后的生活经历,就更使这份信仰深深扎根在她内心深处。

众所周知,武则天的第一任丈夫是大名鼎鼎的唐太宗李世民,他虽然是道教信徒,可是对佛教也表现出了极大的热情。

早在公元606年,李世民只有9岁的时候,患了目疾,由于当时医疗技术有限,大夫们都束手无策,眼看着李世民将失去再见光明的机会,李渊尽管着急但也无可奈何,为了保佑儿子平安,便亲自到长安草堂寺拜佛。不久后,李世民的眼疾竟然痊愈了,李渊心里非常高兴,命人打造了一尊石佛,送入寺内供奉。这件事在李世民幼小的心灵里留下了深刻的烙印,以至于在他当上皇帝后也始终念念不忘儿时的这段经历,曾亲自赋诗赞颂草堂寺祖师鸠摩罗什,对前代高僧以及佛祖的保佑表示感谢。

除此以外,在李世民与父亲李渊并肩作战建立唐朝的过程中,同样得到了佛教的支持。在围攻王世充这一关键战役中,嵩山少林寺僧志操、普惠、昙宗等人不但将不幸被俘的李世民成功救出,而且在其后的战斗中主动协助李世民破城。这种在战斗中培养出来的友情,加深了他对佛教的感情。

虽然唐太宗在治国方略上始终把道教摆在显著位置，但他也曾多次表白自己对佛教的尊崇，自称“皇帝菩萨戒弟子”。他即位后，立即宣布废止限制佛教发展的诏令，开始“度僧立寺，广事弘持”，还陆续修建了不少佛寺，为佛教振兴颇费心血。

最能说明唐太宗对佛教感情的还有他对于佛教大德高僧玄奘大师的态度。玄奘大师最早开始向唐太宗提议西方取经的时候，这位皇帝并未同意，玄奘为了毕生追求的事业，只好私自越境，单人匹马前往西方。直到他由印度求法归来，唐太宗才被他的坚贞不屈勇往直前所感动，赶紧召见玄奘，“谈叙时俗。从卯到酉（早上5点到晚上7点），不觉时延”。通过这番长谈，使得李世民不仅对佛教又加深了认识，而且对玄奘这种为佛教事业甘愿奉献一切的精神更是敬佩有加，于是立即在玄奘所住的弘福寺内建立了一个规模宏大的国立译场，为玄奘开展讲经、译经工作提供了一切有利条件。他还以玄奘德业渊博、仪表绝伦为理由，想请玄奘还俗来当宰相，被婉拒。因此他对学佛出家更为景仰，赞叹道：“出家者乃大丈夫事，非将相所能为！”

不仅如此，就连唐太宗开创的“贞观”盛世，也同样离不开佛教信仰。贞观年间，由于唐太宗对佛教的信仰和扶持政策，全国寺数已达3716所，“天下僧尼，数盈十万”，佛经翻译规模宏大，佛教宗派相继创立。武则天受到唐太宗崇佛的影响，当然也会对佛教越来越感兴趣。到唐太宗驾崩后，她被发配感业寺出家，在长年的寺庙生活中，她与尼姑同吃同住同止同息，更是加深了对佛教的理解。相信，在她每天的念经祝祷中也多少求过神佛的保佑，救自己脱离苦海。果然，即位后的唐高宗还是忘不了这位当初在宫中曾和自己有过美好情缘的美人，于是又把武则天迎回了宫。

说到唐高宗李治，也和他父亲唐太宗一样对佛教采取敬重并信仰的态度,还在做太子时,他就依玄琬法师受过菩萨戒,后来玄奘请太宗皇帝作三藏经教序时,有一篇菩萨藏经序后,就是当时的太子李治奉诏所作的,内中有"余以问安之暇,证以妙法之宝,奉述天旨,微表赞扬,或命有司缀于卷末"。当时这两篇序文皆冠于经首。公元648年(贞观二十二年),他还曾在长安为亡母长孙皇后建了大慈恩寺,在寺旁又建了一座雄伟的佛塔,并给以玄奘为首的译经队伍提供了极大的便利条件。在玄奘圆寂时,唐高宗痛哭失声,对身边的人说:"朕失国宝矣!"而后废朝5日不登殿,以志哀痛。身边有这样两位崇佛的丈夫日夜熏陶,可想而知,武则天的佛教信仰自然扎根很深。但是,武则天可不是一般的信教徒,她是有能力、有野心、有机会走上从政道路的强势女性。在认识到李氏在建立唐朝之初,曾宣扬过道教,认老子李耳为自己的祖先,借以抬高自身的地位,好增强李氏一族在社会上的号召力后,她也打上了佛教的主意,而佛教为她的正式登极为帝也的确起了很大作用。

二、"弥勒转世",登极的重磅资本

与历朝历代的封建社会相比,唐朝妇女的社会地位显然算是比较高的,但是妇女地位再高,想要跻身于帝王队伍中,对于武则天来说依然是一件难事。但武则天不同于一般的女性,她自幼就聪慧无比,博览群书,对于历代帝王如何登极的历史自然是耳熟能详。自从有了当皇帝的念头开始,她就深深地知道,要想名正言顺地当上皇帝,就得充分地借鉴前人的经验。在历代靠推翻旧统治政权而登极的帝王中,前有王莽、刘秀利用谶语,后有李唐尊道为祖,这些成功的例子无时无刻不在武则天的脑海中盘旋,于是武则天开始为自己应该如何实现自己的统治愿望动起了脑子。既然大唐是信仰道教的国度,李唐的统治者更标榜道教和自己是师出同门,古今一家,那么要想说服广大臣民信服自己，也务必得到某个教派的拥护，当然，道教是不可能再被利用了，因为道教的祖师李耳早就成了李氏的祖先，而自己姓武。放眼天下，能够与道教抗衡的教派非佛教莫属，况且自己对佛教也一向是十分信仰的。于是，佛教再一次成为王权争夺者手中的工具，被派上了用场。在她称帝前夕，她授意薛怀义等僧人翻译注解了佛教《大云经》，并大力推广，书中暗示武则天是弥勒佛转世，应该代替唐朝成为新天子。在佛教理论方面找到了依据。又借佛僧法明之口，广造舆论："武后为弥勒佛转生，当代唐为天子。"这些都成为日后佛教得到武则天重视的重要因素。

"弥勒转世"的舆论造出不久后，侍御史傅游艺率领关中的臣民900多人来到长安的宫门外，要请求武则天把大唐的国号改为周。武则天为了顾及影响，假装推辞，但升了傅游艺的官。不久，武则天认为登极的时机已经成熟了，于是暗中授意导演了一场万民上表、请改国号的大戏，当时朝中百官及宗室、远近百姓、四方边远地区的酋长以及沙门、道士一共6万多人，组成了一支极其庞大的请愿游行队伍。于是，公元690年9月9日，在"上尊天示"、"顺从众议"的"万岁"声中，武则天登临大宝，终于实现了她梦寐以求的夙愿，改唐为"周"，自号"圣神皇帝"。中国历史上唯一的女皇，就此正式诞生，这一年，她已有67岁高龄。

当然，我们都知道，武则天不可能是什么弥勒转世，这只是为她成功登极为帝而借佛教导演的一出政治剧，目的只是为了让民众相信，她的皇位得来的名正言顺。现在愿望达成了，当然更要表现出对佛教的坚贞信仰，否则立刻就会引起民众的怀疑：怎么这位弥勒转世的皇帝偏偏不信奉佛教呢？况且，佛教为了武则天的成功登极做出了如此突出的贡献，她于情于理都应该要对佛教予以酬谢。于是，这位本来就很虔诚的佛教弟子武则天就正式开始了一系列扶植佛教的政策。

第二节 领佛教走向鼎盛

佛教在武则天时期总算是出人头地了。自从东汉末传入中国以后,佛教经过魏晋南北朝时期的发展,险些被北魏太武帝灭掉,虽然梁武帝对佛教持积极扶持、大力提倡的态度,可没多久又遭遇了周武帝的灭佛,就是到了唐初,虽有缓和,可是佛教依然排在道教之后,直到武则天时期,佛教才得以怒放,其影响波及后世,从而形成了唐代佛教的全面兴盛。尽管武则天存在知恩图报的心理,她的崇佛动机不大纯粹,可不能否认,她的一系列举措的确将佛教带进了黄金时期。

一、当虔诚信徒,创佛教盛世

武则天利用佛教在社会上的影响力,帮助自己走上了称帝的道路,因此对于她的信仰,多少令人感觉动机不纯,即使是后来崇佛的一系列政策的出台,也不禁让人疑惑,她这是知恩图报,还是又想利用佛教呢?其实,她本身对于佛教信仰还是比较虔诚的,这不光是受到家庭环境的影响,也的确是一种精神的追求和寄托。也正是因为她对佛教发展作出的贡献,使她自身和佛教形成了双赢的局面,佛教在她的护持下进入了黄金时代。

在唐太宗时期,道教被列在三教中的首位,到了唐高宗时期,还把道家创始人、被后世尊奉为道教祖师的李耳封为玄元皇帝,再次大张旗鼓地为道教造声势,这就使得道教不管是在外在形式上,还是在民众心目中的地位居高不下。虽然,唐太宗和唐高宗这两位皇帝也没否定佛教,但在这两位皇帝当政时期,佛教在社会中的地位不如道教，这却是不争的事实。这种境况直到武则天上台才有所改变，佛教在社会中的地位也发生了质的飞跃。既然已经篡夺了李唐的江山，和李氏一族倒戈相向，那么武则天已没必要顾及太多。她先把唐太宗的“道先佛后”政策改为“僧道并重”政策，然后又进一步下指示“从现在开始，佛教地位在道法之上，僧人比道士优先”，正式由官方下达行政命令把佛教的地位置于第一。除此以外，她还采取了很多措施来提高佛教的地位，加强佛教的社会影响。

比如她曾亲自参加《八十华严》的译经工作，该经面世前期，她还亲自写序。当华严宗三祖法藏大师讲《华严经》时，武则天不仅极力宣传，而且大为表彰，赐号“贤首大师”，后又加封为国师，华严宗由于她的护持，得到了空前的兴盛。此外，在佛教慈悲的感召下，同时也为了获得人民的好评，武则天还设立悲田养病坊，帮助贫病者解决就医问题。

又如武则天对佛教义理所进行的深入研究。虽然她没有系统学习过佛法，但前文曾提过，她自幼就聪慧过人，深具才华，文笔流畅，因而除了为《新译华严》作序外，也曾作《方广大庄严经序》和《新译大乘入楞伽经序》，还写过“开经偈”，身体力行地为佛教宣传做出了表率作用。

再如开凿石窟。中国佛教雕塑艺术之所以能在唐代发展壮大，这与武则天的提倡和大力支持是分不开的。尤其以龙门石窟奉先寺卢舍那佛的开凿，最负盛名。据说，武则天为了这尊佛像的开凿，竟然把自己的脂粉钱两万贯都捐献了出来。在佛像建成的开幕仪式上，武则天更是亲自到场主持。

武则天称帝 15 年，前后专政近 50 年的时间，在她掌握政权期间，不光是为佛教，也为中国历史的发展做出了相当大的贡献。首先她重视发展农业，她认为“建国之本，必在务农”，“务农则田垦，田垦则粟多,粟多则人富”。她规定,能使“田畴垦辟,家有余粮”的地方官升任,“为政苛滥,户口流移”的,“轻者贬官,甚至非时解替”。在民间继续推行均田制,缓和豪强兼并土地,奖励垦荒,提高了农民的劳动积极性,使农业获得发展。

在武则天统治期间,全国人口由380万户猛增到615万户,壮大了生产队伍,增强了国力。其次是发展科举制度。武则天很注意人才的选拔,她曾亲自主持考试,选拔了一大批普通百姓出身的优秀人才。她认为“九域之广,岂一人之强化,必伫才能,共成羽翼”,凡能“安邦国”、“定边疆”的人才,她不计门第,不拘资格,一律量才使用。并开“武举”科,选拔军事人才,中唐名将郭子仪,就是“自武举异等出”。在唐高宗和武则天统治的55年间,取进士1000多人,几乎是唐太宗时的5倍。同时她不忘发展教育事业,倡导编纂了许多文化典籍。她还重视加强边防,改善同少数民族的周边关系,无疑,这对于维护国家统一、巩固边防、发展商业都起到了积极的作用,是不容忽视的巨大贡献。

二、为华严宗、禅宗处处开绿灯

华严宗和禅宗的创立与发展也离不开武则天的支持。在武则天推行的利好政策下,佛教中这两个支派得以开花结果。

封建社会,女子没有良好的受教育的机会。武则天虽出生在条件富庶的家庭,可也并未接受过完好的教育,可是,凭她隐伏在唐太宗身边常年的学习经历以及帮助高宗治理国家的实践经验来看,她具有相当精明的政治眼光与统治头脑。因此,佛教就成为她的政治需要,在她正式走上称帝道路之前,她利用佛教成功实现三级跳,华严宗也应运而生。

法藏法师道行高深,经常开坛讲经说法,武则天也知道这位法师精通佛法，于是就采取利用和笼络的策略，常派人去嘘寒问暖，或赠送财物，还把他请进皇宫来讲经。当时大乘佛教经典里有一本《华严经》，其实早在东晋时期就已经有佛教前辈参与了它的翻译工作，可是此时由于散失了不少，于是武则天命人到于阗取回《华严经》凑齐原版后，又组织了一支翻译队伍，还特别聘请法藏法师参加。

公元699年，法藏法师接到武则天的命令开讲《华严经》，正当讲至“华藏世界品”时，讲堂及寺中发生了强烈地震，僧众惊惶不已。法藏立即解释说：“这就是佛经上说的，佛在说法的时候，常感到有六种震动。”僧众惊惶的心情这才安定下来。讲完经后，法藏立即将这一奇迹连夜上书奏报给了武则天。第二天早上，正当武则天为昨天晚上的大地震而惶恐不安时，她看到了这份奏报，当即欣喜若狂：把地震解释成祥瑞吉兆，这法藏真是不负所望，深得朕心啊！于是立即御笔朱批：“昨请敷衍微言，阐扬秘赜。初译之日，梦甘露以呈祥；开讲之辰，感地动以标异。斯乃如来降迹，用符九会之文；岂朕庸虚，敢当六种之震。披览来状，欣惕于怀。”

自此，法藏法师更加受到武则天的赞赏和重视，于是，《华严经》被经常拿出来设坛开讲，华严宗就是在这样的历史背景下开始创立与发展的，法藏法师成了华严宗的创始人。当然，它的出现不能把功劳全记在武则天头上，也与其自身的创新思想有着密切关系的。

由于华严宗所依据的经典《华严经》中关于“法界”摄总相的思想，颇能表明当时唐朝是太平盛世，这与武则天想宣扬自己的正确统治路线思想不谋而合，因而得到了她的大力支持。而且，为了使华严宗顺利发展，法藏始终坚持把自己的宗教活动与统治者的政治需要密切结合在一起。遇到旱灾，他就为朝廷作法祈雨；公元697年（神功元年），朝廷出师讨伐契丹部族叛乱时，法藏又设道场行道，受到武则天的嘉奖和慰劳。他的一系列活动都深得武则天的欢心，所以，武则天特意把《华严经》菩萨的名字赐给他,封他为“贤首菩萨”,因此华严宗又有“贤首宗”的别称,成为中国佛教史上一大宗派。

接下来,禅宗也与武则天产生了密不可分的联系。自禅宗初祖达摩大师从印度来到华夏大地传扬佛法之时,“禅宗”二字就已经多多少少印在了人们的脑海里。发展到唐代六祖慧能时,禅宗已经成了人人皆知的佛教派别。本来神秀大师很有可能成为佛教六祖,他与慧能大师是同时代的人,只因他们的师父弘忍大师为了衡量众人修心的深浅,于是让徒弟们各自作偈,神秀所作的“身是菩提树,心如明镜台。时时勤拂拭,莫使有尘埃”一偈被弘忍认为是只到门前,尚未见自本性,“凡夫依此偈修行,即不堕落”。而慧能所作的“菩提本无树,明镜亦非台。佛性常清净,何处惹尘埃”一偈则得到弘忍大师的充分首肯,因而就传授衣钵,使慧能成为禅宗六祖。但尽管如此,神秀也同样名声在外。此时的禅宗形成了南北之分,南边以慧能大师为首,北边则是神秀大师为尊。

武则天早就听说过神秀大师的名头,曾经想赐予他富贵荣华,希望他来当国师,还放下身份诚心诚意地给他磕头表示尊敬。可是神秀告诉武则天说,你还是找我师弟慧能人师吧,他的成就比我高。武则天一听很高兴,又去请慧能,可是慧能却以“因其貌丑,恐北方人不敬佛法”而坚持不往,武则天只得悻悻而归。

虽然神秀和慧能这两位大师都不曾让武则天如愿,但武则天依然一如既往地支持禅宗,禅宗也因此在武则天利好政策的影响下得到了前所未有的发展,唐代的佛教也随之兴盛起来。

第三节　发掘道家,改抑道崇佛为道佛并重

武则天之所以对佛教的支持力度如此巨大,这和佛教在政治上

为她宣传造势，为她的政治生涯开辟崭新的前景是分不开的，由僧人们伪造的《大云经》就是他们为武则天进行宣传的一次重要行动。果然，武则天顺利改了国号，名正言顺地当了女皇帝。对于居功甚伟的和尚薛怀义，武则天还给予了提拔重用，从而把佛教地位排在道教之前。这让李唐以来一向受重视的道教大失所望，从而也使得佛道矛盾逐步升级。为了不激化双方矛盾，武则天也逐渐缓和了态度。随着年龄的增长，武则天认识到，道教的教义和神仙之说，对自己有很重要的意义。特别是道教的长生之术使武则天深受震撼，于是，将“先佛后道”的方针改为“佛道并重”。

一、先佛后道，不惜弑子满足其日益膨胀的私欲

武则天与前朝尊佛的隋文帝有些相似，他们不仅都曾在尼姑庵里生活过，而且都是在作为个人信仰的同时又都利用佛教。当然，他们二者也有本质上的不同，武则天是在26岁，唐太宗去世后，才入感业寺为尼。隋文帝是一出生就在尼姑庵里，因而隋文帝对佛教是一种与生俱来的虔诚，武则天却大多是从利用佛教的角度出发，因此佛教在她心中的地位更明确，在利用佛教时，她也比任何一位帝王都更清醒、更聪明。

众所周知，武则天是唐高宗李治的皇后，李治一旦驾崩，继承大统的自然是李治的儿子。武则天一共为唐高宗生了4个儿子，也就是说，皇帝的宝座无论如何也不该武则天继任。不过，武则天可不是一般的女人，比起吕雉和慈禧这两位妄想当皇帝的女人来说，武则天除了有野心，还多了一份勇气，而且有能力和手段。她不光只把称帝的野心在脑子里想着，在嘴上念着，而且还为之不懈奋斗，不达目的决不罢休。

武则天要想登基称帝，第一个需要除掉的不是别人，正是自己的

儿子们。古语有云:虎毒不食子。可是这句话并不适用于武则天,因为没有什么人可以阻挡她对权力的追求,包括自己的亲生儿子。武则天四个儿子中3个当过太子。第一个是李弘,公元656年正月就被册封为太子,公元675年四月去世。许多人都说他是被武则天毒死的,可惜证据不足,再加上这位太子本来就身体孱弱,早在他被册封为太子的那一年,就曾大病一场,因此他到底是病死的还是被武则天害死的已不好下定论,只能说这个儿子的"自动"放弃帝位,使武则天向权力的靠近又多了几分把握。

第二位太子是李贤。他的被废,也是一个疑案。这位太子不但长得俊美而且非常聪明,曾亲自主持为《后汉书》作了注释,这使得他的威信和能力受到了文武百官的一致认可,大家都希望靠他来重振大唐的风采。不过,武则天一直不喜欢这个儿子,原因就在于他曾组织名儒注《后汉书》,大讲后妃外戚干政,这条显然是犯了武则天的忌讳,况且已尝到大权独揽甜头的武则天,很不喜欢有人来和她抢班夺权。正好这时发生了武则天宠臣明崇俨被杀一案,于是武则天就把太子李贤定为了最大的嫌疑人,后来这位可怜的太子又被告发谋反,武则天终于有了充足的理由,于是把这位倒霉的太子废为庶人,贬到了离京城2300里之遥的巴州(今四川巴中)。两年后,这个生不逢时的太子李贤终于被武则天派遣的酷吏、左金吾将军丘神绩逼令自杀。至此,又一个绊脚石被除掉了。

第三任太子李显和前几位有所不同,他是在登上皇帝位之后被废的。大概武则天也怕自己如此频繁地找太子的错处,而后废掉太子,会使天下人怀疑自己的动机,于是打算先让太子顺利登极,然后再找机会将其废掉,如此一来就能堵住天下悠悠之口了。于是,她终于"高抬贵手",把这位比唐高宗更窝囊、更怕老婆、更没头脑的李显托上了皇帝的宝座,即唐中宗。事实上,唐中宗李显比自己的那几位兄弟更可怜，因为这位本身性格懦弱的皇帝对于母亲的畏惧远远超出了常人的想象。尤其武则天又是这样一位比男人还强悍几百倍的母亲，可想而知唐中宗李显那本就不够坚强的心灵会受到多大打击。这还不算，在他一生中曾遭遇了两次立储、一次被废、两次登极的惊险历程，是历史上为数不多的两番登极的皇帝。这总也把握不定的宝座，使他的精神遭受极大刺激。更倒霉的是他还有一位强悍的皇后韦氏。韦氏也是个有野心的女人，她一直把武则天当作人生目标，也想学自己的婆婆做女皇。可是，毕竟韦氏资质平平，能力有限，她毒杀了中宗李显，她自己随后也被李隆基（唐玄宗）所杀。这些都是后话。

接替李显当皇帝的睿宗李旦是个聪明人，他看到前边几位兄长的下场，深刻地意识到，要想太太平平地活着，那就不能得罪自己的母亲。于是他干脆连朝都不上，把所有的政务都交给母后去处理，过了两年，武则天想试探一下李旦的真实想法，于是假意提出要把皇帝的权力还给他，吓得这位 24 岁的皇帝叩头如捣蒜，誓死不从。很明显，事态已经发展至此，似乎一切都在为武则天的登基铺平道路。

几个姓李的儿子要么死于非命，要么装傻充愣，面对这么好的机会，换成别人早就迫不及待地登极称帝了，可是武则天经过多年在宫廷中的磨炼，她深刻地认识到，要想成功，要想笑到最后那就务必时刻保持清醒的头脑，不要轻举妄动。她深知，在中国几千年的历史中，妇女地位始终难以提升，别说从来没有女人当过皇帝，就是女人有点地位，哪怕只是在朝廷中做个小官儿，那也是不“合法”的。因此，她要改变这一历史，就要有铺垫，有准备，有一个周密严谨的过程，要让人们在思想上根本扭转这一固有思路，所以到了六十几岁的武则天，一方面心急如焚地想要当皇帝，一方面又不得不压抑着自己的权力欲望，按部就班地为篡位做准备。当然，如前所叙，武则天终于如愿以偿登极为帝了。因佛教《大云经》为武氏夺取天下立下了汗马功劳,所以武则天一旦大权在握,马上知恩图报,改李唐时期的“道在佛先”为“佛在道之上”。由此可见,武则天支持佛教,是有其特定的历史背景和政治目的的。

当然,为了社会的稳定和政权的巩固,武则天也要考虑到道教徒的情绪,为了避免佛道两家冲突升级,给自己的统治惹祸,她还是很注意道教的动向的。何况武则天也曾利用道教图谶为其登上皇位制造根据,并拉拢利用道士为其政治目的服务,因而,在信仰上武则天毫无疑问是笃信佛教的,但对道教也没有一味压制。尤其是到了晚年,道教的神仙长生之说更令她产生了统治武周万万年的痴心,因此对道教也赋予了极大的热情。她曾令道士为其章醮、投龙作功德,又令道士炼药,供其服食。总的看来,武则天与道教的关系较为复杂,既利用又抑制,当然,这个尺度是以政治需要而定的。

二、既佛亦道,一切从实际利益出发

李唐王朝建立之初,道教被李渊和李世民抬到了佛教之前。武则天却一反常规,把佛教立于道教之上,武则天需要佛教作为替她鼓吹做皇帝的枪手,那么就必须支持佛教;佛教之所以心甘情愿成为她的枪手,也是为了武则天能够支持佛教,所以这二者形成了双赢。但是后来武则天改崇佛抑道为佛道并重,这并非她良心发现,感觉对不起道教徒,而是因为道教确实给武则天带来了不少千金难买的利益。

在武则天为篡位而制造舆论的过程中,佛教固然起到了不可磨灭的作用,但是道教的图谶也被她拿来利用了一番。公元 688 年四月,雍州永安人唐同泰宣称自己从洛水中得到一块瑞石,石上刻有文字“圣母临人,永昌帝业”,当即献给武则天。这 8 个字明显寓意着武则天应该代替李唐治理天下,武则天大喜,当即给这块石头赐名

“宝图”，擢唐同泰为游击将军。然后“有事南郊，先谢昊天”，礼毕，又大宴群臣，这还嫌不够张扬，又令诸州都督、刺史及宗室、外戚都集中到神都洛阳，举行拜洛受图仪式。

这一天，武则天又给自己加了个名誉称号“圣母神皇”，改“宝图”为“天授圣图”，接下来又是一通封赐，《资治通鉴》中记载：“洛水为永昌洛水，封其神为显圣侯，加特进，禁渔钓，祭祀比四渎。名图所出曰‘圣图泉’，泉侧置永昌县。又改嵩山为神岳，封其神为天中王，拜太师、使持节、神岳大都督，禁刍牧。又以先于汜水得瑞石，改汜水为广武。”这石头名义上是武则天的御用宣传品，但其实，这只不过是武则天的小小手段，借用道教的图谶为自己登极造的声势。

武则天知道李唐王朝和道教的关系至关重要，所以，尽管她极力崇佛，但同时也不忘拉拢利诱和利用道教。再加上从对自己有利的角度考虑，武则天就打起了道教的算盘。

除了能够帮助自己巩固统治政权，道教还有一点最令武则天心驰神往，那就是同样令秦皇、汉武着迷不已、终生追寻的长生之术了。史载武则天称帝时已经是位67岁高龄的老太太了，这不能不让她对时间和死亡充满了畏惧。而且武则天是人老心不老，在宫里养了不少美男子，张易之、张昌宗兄弟俩就是很受武则天青睐的两位。武则天的侄子武三思深知自己这姑母对于死亡的恐惧，为了讨好她，就硬说张昌宗是成仙的王子晋转世，武则天大感惊喜，因为她早就想着自己也能和王子晋一样成仙得长生，如今这仙人的转世就在自己身边，这就更加坚定了她对道教这一能成仙长生的教派的信服和追捧。因为她迷信神仙长生，所以对道家炼丹服药很感兴趣，她曾经利用道士胡超为其炼丹，男宠张氏兄弟也曾为其炼丹。不过，我们不得不佩服武则天的消化能力，要知道，这丹药大多含有铅汞等重金属材料，长久服食对身体危害很大，历代皇帝中，就有很多位因服丹药而死的，只有武则天例外，这位长期服药直到81岁才驾崩，可谓是既服丹药（实为毒药）又能长寿的第一人。

当然，凭武则天的资质和政治头脑，在追求长生之术的同时，自然也没忘了关注国家形势，她之所以改抑道崇佛为道佛齐重，很大原因也是出于对政局安定团结的考虑。公元691年4月，武则天不但废除了老子的"玄元皇帝"称号，还罢除了贡举试中《老子》的内容。因此，有不少心怀怨愤的道士曾一度出现叛道归僧的现象。比如东都大恒观主杜乂就是这一时期的典型人物，他不仅叛道为僧，还杀了个回马枪，著书立说，走上了批判道教的路子。如此一来，大大刺激了不少立场坚定的道教人士，他们极力反对武则天的"释教在道法之上，僧尼处道士女冠之前"的命令，这些举动更加剧了二教之间的对立和矛盾，使佛道两教信众当街殴斗，严重影响了社会治安。武则天头疼不已，于是又下了一道《禁僧道毁谤制》，进而又规定："老释既自元同，道佛亦合齐重。"以这种折中的办法才基本解决了道佛两家的矛盾。

第四节　佛像雕塑君王面，无字碑为谁而立

唐朝不仅是我国封建社会的鼎盛时期，也是佛教石窟艺术的黄金时代。当然，这也要靠朝廷的政策，石窟文化才能有发展，这就不得不说到武则天的功绩了。在这位靠崇佛、信佛、用佛登极的皇帝的大力扶持下，作为皇家佛场的龙门石窟，有2/3的雕刻是唐朝开凿的。还有一尊卢舍那佛，就是以武则天为模型建造的。龙门石窟是历代皇室贵族发愿造像集中的地方，尽管它是"政教一体"的产物，可是也不能否认，它给后世留下了宝贵的财富。应该说武则天是个出色的经济学家，她从来不做赔本的买卖，这修寺建佛尽管耗费了她

不少钱,甚至连买胭脂水粉的银子都搭进去了,可是,她所享受的实惠利益却只多不少。

一、卢舍那佛,以女皇为原型的佛像雕塑

前文说过,武则天要想改变唐朝,建立自己的政权,不仅要集中党政军三方力量打击李唐势力,还要在个人形象上树立君权天授的神秘色彩,以便得到支持,争取舆论导向。于是,佛教成为她手中最有力的武器。李唐既然可以大言不惭地说自己是太上老君李耳的后代,那我武则天完全可以说和佛教有着更为紧密的联系,虽然佛教的发源地在印度,武则天无法像李唐那样和该教攀亲,但凭她机敏的政治头脑,高超的政治手腕,完全可以走另一条有特色的道路。因此,武则天一直是把自己的形象和佛的形象有意连在一起,甚至混为一体。

在龙门西山南部半山腰,有龙门石窟最大的摩崖像龛“奉先寺”,寺中的主像是卢舍那大佛,与其他佛像相比,这尊大佛显得异常气派,高 17.14 米,其中光是头部就有 4 米高,耳长 1.9 米。这尊佛像雕刻得慈祥和善,传说是照着武则天的相貌雕刻的。据说是唐高宗还健在的时候,武则天撒着娇,让高宗开凿这尊大佛时以自己的形象为原型,还有传闻说是她慷慨捐助了两万贯脂粉钱,保证了工匠们的福利待遇,这才使得她最终成为这尊大佛的原型。当然,也有人说这尊佛像和武则天压根不沾边。但从武则天对佛教的态度来看,这尊卢舍那佛以武则天为原型塑造的可能性还是很大的。

首先,这奉先寺大卢舍那像龛是唐高宗及武则天亲自经营的皇家开龛造像工程,工程设计和施工是由高宗亲自任命制定的,武则天完全有这个机会以权谋私。其次,对于一向崇佛信佛的武则天来说,她完全有理由希望,大佛与自己融二为一。何况,此时的武则天也绝

对希望能借助佛像造成舆论宣传,借以炒作自己是君权佛授,为她将来的正式登极铺平道路。况且众所周知,高宗虽然是名正言顺的皇帝,但自己能力不够,水平不高,性格懦弱,无论武则天说什么做什么,他都没有太多异议。因此,这卢舍那大佛以武则天为原型塑造的说法恐怕不是空穴来风。

何况,为了借助佛教登极,武则天所采取的措施也不在少数。为了进一步提高佛教在民众心中的地位,武则天曾下令在洛阳造了一座天堂,用以供奉佛像。据说这天堂高达100多米,是当时整个洛阳城中最高的建筑。天堂里供奉着一尊佛像,据说光是这佛像的小手指就能容纳数十人,比卢舍那大佛还要高大威猛得多。武则天还曾命人在洛阳邙山上雕凿大佛,让佛眼俯视洛阳。

此外,武则天还曾划拨专款,整修各地寺院,洛阳的白马寺等就被列入第一批重点保护项目,不但下大力气重修,而且不惜斥巨资新建。在武则天的号召带动下,一时间,国内佛殿骤增,满眼都是佛寺。与此同时,她还积极组织专家翻译佛经,给予高僧奖励。这些前文已多所述及。

二、生前功过几许,立"无字碑"随后人评议

武则天这位中国历史上唯一的女皇帝,她的心路历程比任何一位女性都要艰辛曲折,她从一个才人一步步爬上皇后宝座,一手创建大周朝,直到登上皇帝的位子,可以说武则天的成功之路是建立在无数的牺牲者和大力发展生产的基础上,因而这两条功过也分别记录在她的历史档案里。负责任地说,武则天当政时期,还是带领人民过上了较好日子,可尽管如此,也有不少对她不满甚至是强烈抨击的人,而她之所以没给所有人都留下好印象,主要有以下几条原因:

首先就是诛杀重臣。武则天在夺取政权的过程中大肆打击政

敌,很多大臣都被她列为重点打击对象。武则天对待敌人,向来是手下毫不留情,死在她手里的不仅有唐初的元老重臣如长孙无忌、褚遂良等人,还有李氏皇室及宗室诸王,就连她的亲生儿子也遭到了恐怖杀害。可见,武则天为了掌握政权不惜以阴险毒辣的手段扫清一切障碍,就凭这心狠手黑的作风就让人不敢苟同。

其次就是祸及无辜。武则天当政期间,在朝堂上设置"检举箱",奖励勇于揭发告密的人。这本不是件坏事,还有助于提高朝廷官员的工作积极性,起到监督和鞭策的作用。可是,这样好的一条举措到了武则天手里,却完全变成了打击报复的工具。如果说起初各地告密的人,还能坚持公正合理的原则,那么随着告密者越来越多,难免就有不少借着这个途径打击敌人,以便自己能够顺利升迁的人。此时,武则天还专门选拔出一批如武三思、武承嗣、周兴、来俊臣等心黑手辣的酷吏来审讯罪犯,这些酷吏多是告密有功者,出身无赖,性情残忍,善于诬赖好人,陷害无辜。武则天要说真不知道好多人是冤枉的也不见得,否则就她这判断力也很难当上皇帝。她之所以用这些酷吏当枪使,完全是出于打击政敌、巩固统治的目的。因这"检举箱"相继被害的唐宗室有数百人之多,文武大臣数百家,地方官吏几千人,这其中有大批无辜的受害者冤死在武则天的酷刑之下。

还有一点就是,武则天为满足一己私欲而劳民伤财。由于她的佛教信仰,再加上佛教给她的帮助,致使武则天称帝后,大肆崇佛,大造佛寺佛像。据说她为了广建庙宇,不惜征召上万百姓在南方采伐巨木,构筑所谓的"明堂"、"天堂",供布政、祭祀、受贺、飨宴、讲学辩论之用。据记载,这"明堂"高达91.43米,"天堂"就更高了,据《旧唐书·则天皇后本纪》说:"怀义作夹大像,其小指犹容数十人。于明堂北起天堂五级以之,至三级则俯视明堂矣。"也就是说,天堂比明堂高得多,在第三层就可以俯视明堂全景。她还不惜花费上亿巨资,动用巨大的人力、物力建"天枢",塑大佛,铸九鼎,仅九鼎用铜就达25万公斤。照此奢侈下去,国家财政必将连年赤字。

当然,武则天身上也不全是缺点,就冲她提拔和重用人才这点来看,她就不失为一位有作为有远见的皇帝。虽说她选拔人才的最终目的也是为自己的政权服务,但这也确实有利于不少人民,如当时著名的宰相狄仁杰,这位杰出的政治家就是由地方官吏提升上来的。据史载,当时朝廷上下可谓人才辈出,但武则天还是觉得少,四处重金招揽人才,就连写过《讨武氏檄》的骆宾王也得到了她的赏识。对一个怒骂过自己的人还能如此赏识,足以显示出武则天的确具备了英主明君们"不拘一格用人才"的帝王品质。此外,武则天还积极推行改革,打破关陇士族控制政治的局面,引用庶族地主参加政权。同时大力发展农业生产,使农业生产总值翻倍增长,社会经济也有了很大发展。

尽管有功有过,可是武则天并没利用特权把自己的丰功伟绩宣扬得尽人皆知,反而采取了一种很独特的做法,这就是无字碑。

中国有两块著名的无字碑,一块是汉武帝在泰山立的,汉武帝当年到泰山封禅,登上山顶,认为泰山太伟大了,顿时和孔老夫子有了一个共同的认识,那就是"登泰山而小天下",也就是说在泰山上天下都显得渺小,何况自己呢？于是立了一块无字碑,以纪念自己到此一游。另一块就是武则天在自己的陵前立的,上面不但没有记录武则天的功绩,杰出贡献,而且也没有写下关于她所犯的种种错误。人无完人,谁都不可能没有优点和缺点,这位领导一个朝代的女领袖也不例外。但是,这块无字碑的诞生却向世人证明,武则天是一位杰出的女政治家。那么,为何晚年的武则天没有为自己歌功颂德,而是立了一块"无字碑"呢？关于这个问题,有人分析,武则天立"无字碑"是用以夸耀自己,表示功高德大不是用文字所能表达得清楚的;还有人认为，武则天立“无字碑”是因为自己反省后，为自己所犯的错误感到羞愧，可又没有勇气承认，于是只好立了个“无字碑”，希望后世对于她的过错既往不咎。还有一种说法认为，武则天是一个有自知之明的人，立“无字碑”实在是个高明的手段，走我的路，让后人去说吧。但不管武则天的真实意图如何，“无字碑”都留给了后世一个不解之谜，同时也使武则天的一生充满了神秘而传奇的色彩。

对武则天信仰的总结：

武则天的信仰一半是为她的篡位称帝而服务，另一半也是她发自肺腑的虔诚追求，因而佛教在经历了曲折的道路后，终于在武则天当政时期鲜花怒放了。武则天对唐代佛教的发展做出了不小的贡献，从她扶持华严宗，到支持禅宗，从大肆修建佛寺，到积极发展佛教雕刻，武则天坚定不移地维护着佛教。但是，到了晚年，武则天一反“佛教处道教之上”的态度，推行佛道并重，这不仅是从个人谋利的角度出发，同时也是为了社会稳定的考虑。这一政策的出台有效地缓和了佛道两派的矛盾，为社会安定提出了正确的主张。武则天无疑是个聪明的女人，她利用佛教这一有力的工具成功登上帝位，又利用道教给自己谋利，同时也使国家能够稳定发展，人民得以安定生活，因此，这位中国历史上不可一世的女皇帝的确是位了不起的人物。

第七章　唐武宗:毁佛护道开先河

唐代是中国佛教史上最风光的时代,可是,唐代各朝帝王对佛道二教的态度却颇为不同。既有像唐高祖这样的,把被奉为道教始祖的李耳当作自己家的祖先,虽然并不排斥佛教,可也只是采取尊敬但不重用的态度。又有武则天这样把佛教立于道教之上,甚至在雕塑佛像时都要以自己的相貌为蓝本的。到了唐玄宗时期,这位皇帝依然对佛教持保留态度,曾采纳宰相姚崇的建议,令僧尼还俗,可即便是这样,唐玄宗也一度敕令注释《金刚经》,使这部佛教经典流传天下。到了唐文宗时,他心里已有了毁佛的初步计划,虽然没有全面落实,可也曾经禁止度僧及营建寺院。接下来继位的这位是唐文宗的弟弟唐武宗李炎,《旧唐书》中曾评说他:不奢侈,有心计,善谋划,除异己。由此我们可以推断,唐武宗应该是一个心狠手辣、心胸十分狭窄的人。事实也的确如此,在他即位后,为了抬高自己心目中所景仰的道教地位,他一心要把佛教连根拔除。

第一节　信仰的冲突,道教为毁佛埋祸患

姓名:李瀍(临死前十几天改名李炎)

性别:男

民族:汉

体貌特征:高大魁梧

家庭出身:皇族

生卒:公元814年~公元846年

社会关系:唐穆宗李恒第五子

帝号:唐武宗

性格:为人褊狭少容,睚眦必报,史称其“沈毅有断,喜愠不形于色”

理想:长生不死

一、大事不糊涂,在信仰上从犯晕到犯浑

说起唐武宗,虽然不是什么英明有为的君主,可也不是万人唾骂的桀纣之流。虽然他当皇帝的时候没什么惊天动地的大功绩,一分为二地讲,要不是这位的及时出现,恐怕大唐王朝这座在风雨中飘摇的大船早就翻了。

唐武宗姓李名瀍,身形高大魁梧。据史料记载,这武宗工于心计,善于谋略,史称“沈毅有断,喜愠不形于色”,如果说这还能算是他性格中的优点的话,那接下来说他褊狭少容,睚眦必报,就让人有点不敢恭维了。武宗是唐朝第十五位皇帝,穆宗李恒的第五子,唐文宗之弟,按封建世袭制,皇位本来不该由他继承。可是在唐文宗病重时,执掌军权的大臣仇士良、鱼弘志怕太子即位后会对自己不利,于是伪造了文宗的诏令,册立颍王李瀍为皇太弟。

几天后,文宗病逝,李瀍即位,正式坐上了最高统治者的宝座。虽然这皇位是阴差阳错得来的,但武宗在处理政事上却并不糊涂,他即位时,正赶上各方矛盾激化的时候,内廷有宦官当权,朝中党争激烈,外有藩镇割据,每一件都是十分棘手并且是亟待解决的问题。这三组矛盾交错纵横摆在这位年轻皇帝面前,无论哪一条处

理不当都会引发国体的动摇、政权的旁落。武宗面对这些大问题却临阵不乱，大刀阔斧、雷厉风行地推出了不少英明举措，整顿朝纲，收复失地，稳定边疆，一手调和一手打击，最终还是顺利解决了几大难题。

虽然武宗是文宗的弟弟，可是他和自己兄长还真是一点也不像。文宗不喜欢声色歌舞，而武宗偏偏就喜欢骑马游乐，还常常带着他宠爱的舞伎出身的王才人到教坊饮酒作乐，而且也没有等级高下之分，与普通百姓玩在一起，就好像老百姓家的宴席一般。但武宗并不整天沉溺享乐、不理朝中大事，他虽然经常出去玩，可并没有沉湎其中，提倡劳逸结合的工作方式，玩的时候也能时刻保持清醒的头脑，没有因此耽误了国家大事。虽然武宗小时候不好好读书，学问不如文宗，但是他更能知人善任，而且也能够面对现实，虽然他心胸不够宽阔，可很多时候他却敢于向宰相当面认错。

可以说，尽管武宗的资质不高，能力有限，可是他的智慧总能发挥得淋漓尽致，恰到好处，在大问题上，头脑也能始终保持清醒。当然，这其中也有例外，朝中发生再大的事，他都能冷静应对，唯独对于宗教信仰这个问题，他并没有真正的主心骨，一会儿听佛的，一会儿信道的，表现往往大失常态。

武宗和他的老祖宗们一样信仰道教，尤其是在武则天篡夺了李唐天下之后，接下来的几位帝王都无一例外地对道教尊崇有加。武宗一开始还左右摇摆，但到后来就把道教置于众教之上。为了扶持道教，他在并不痛恨佛教的前提下，一手炮制了“会昌法难”。这就是史称最大的灭佛事件。也因为有此事件，唐武宗被划为北魏太武帝和北周武帝一类，这三位“武帝”所发动的这三次灭佛运动还被合称为“三武之厄”。

二、死后享乐莫如活着成仙

虽然唐朝建国时是以道教为国教的，但是这并没有浇灭佛教徒们争取统治者青睐的决心，因而佛道之争一直没有间断。唐代大多数皇帝纵然再偏道轻佛，也知道要以调和为主，镇压为辅，可这种避重就轻的政治手段偏偏到了武宗手里就无法再继续下去了。原因很简单，这位唐武宗是位道教的疯狂尊崇者。当他还是颍王的时候就对道术十分喜好、迷恋，即位后更是崇尚道术几乎到了走火入魔的地步，他将太上玄元皇帝老子的降诞日也就是每年的二月二十五日定为降圣节，全国放假一天，又在宫中设道场，在大明宫修筑望仙台，拜道士赵归真为师，对他们的长生不老之术和仙丹妙药崇拜得五体投地。在他的大力支持下，道教迅速发展壮大，而佛教则被贬斥，这就使得两派之间的矛盾直线升级。

其实，这佛道两家的矛盾早在佛教刚传入中国的时候就产生了。佛教作为一个精神产物的舶来品，它的出现一方面和儒家思想发生冲突，另一方面又和土生土长的道教也难以调和。当时，为了获得最高统治者的青睐，佛道两家常常进行激烈的辩论，这并不是比谁人多架势足，而是真真正正地摆事实讲道理，以争取更多的支持者，尤其是统治阶级的支持。

虽然佛教是外来宗教，但其教义的理论深度比咱本土生长的道教确实有高明的地方，故而能够取得上层社会人士和普通劳动民众的信任。同时，佛教中的有些教义内容也颇能为广大百姓所接受，比如，因果报应，轮回转世，这些都使受苦受难的人们看到了希望。因此，他们认为，只要信佛，一切罪过，甚至是死罪，都可以幸免，就算是这辈子没赶上好时候，可下辈子一定能要钱来钱，要权有权。而道教在这些方面，则没有太大的说服力。

在对待死亡的问题上,佛教与道教也是两种截然不同的认识。佛家宣扬只要信佛,死后可以成佛或者到美好的世界中去享受生活。道教则扬言人可以长生不死,信道者可以成神仙,到天上或海外去过好日子。虽然,人们也不知道人死后是否能像佛教说的那样成佛,但从秦始皇那儿起就没见过能长生不死的人、能成仙的药,这却是不争的事实。因而这就给人们造成一个印象,那就是道教成仙得长生的说法根本不可信,所以信道还不如信佛,从而使佛教在人们心目中的地位与日俱增。

虽然百姓认识到了这一点,可最高统治者却未必有这份清醒的头脑。唐武宗,为了保证自己的统治千秋万代,他总对长生不死抱有一线希望,因而对道士所炼的仙药深信不疑。事实上,这些仙药几乎等同于毒药,光看这仙药配方就足够震惊的了,龟毛、兔角、桃毛、生鸡膜自不必说了,这些配方着实恶心,又没有科学根据。比这更离谱的还有15岁童男童女的心胆,估计除了这位武宗,恐怕没人敢轻易"品尝"。因而我们绝对有理由相信,唐武宗的死,不是死于重金属含量超标就是死于食物中毒。

虽然道教在理论上难以战胜佛教,但在炼药这件事上却能迷惑像唐武宗这样的皇帝。所以说,武宗崇道灭佛并非一时的心血来潮,而是道教利用了武宗求长生的心理,欲以通过排佛而抬高自己的地位。

这时候出现了一位关键人物,这就是道士赵归真,严格来说他的出现是武宗灭佛的导火索。赵归真早在敬宗的时候就受到了重视,武宗也早认识他。不过很多人都对这老道颇有微词,宰相李德裕等大臣就曾劝谏过武宗,《资治通鉴》中记载:上好神仙,道士赵归真得幸,谏官屡以为言。丙子,李德裕亦谏曰:"归真,敬宗朝罪人,不宜亲近!"上曰:"朕宫中无事时与之谈道涤烦耳。至于政事,朕必问卿等与次对官,虽百归真不能惑也。”德裕曰:“小人见势利所在,则奔趣之,如夜蛾之投烛。闻旬日以来,归真之门,车马辐辏,愿陛下深戒之!”

尽管朝中大臣频频劝谏,但无奈武宗崇道之心炽盛,成仙之心不减,依然对赵归真信任倚重有加,因而我们可以负责任地说,“会昌法难”的发生正是从武宗重用赵归真等道士开始的。

第二节 国穷佛富岂可容

当然,唐武宗之所以下大力气灭佛,其原因也是多方面的,这其中寺院经济的恶性膨胀应该算是一大主因。虽然历经了几位帝王的崇道抑佛,但佛教在民间却欣欣向荣地实现了大发展,僧尼的人数越来越多,寺院也越建越广。武则天以后,有不少寺院都有自己的庄园,并可免除徭役。僧尼、寺院大幅度上升,使得国库负担日重,当时不少人都认为佛教的蓬勃发展将危害国家的经济。唐武宗时,排佛的呼声来自四面八方,这使得本已笃信道教的武宗更加决心毁佛。这时,再加上道士赵归真与宰相李德裕的推波助澜,使得佛教面临了“三武一宗”法难中最大的一次破坏事件。

一、为“济人利众”镇“佛权”

在唐朝,经济问题是很多反佛者排佛的根本原因。早在唐朝创始人唐高祖李渊当政年间,就有一个叫傅奕的太史令公开表示反对佛教,主张僧尼还俗为民。他认为自魏晋南北朝以来兴起的佛教,完全是“述其邪法,伪启三涂,谬张六道,恐吓愚夫,诈欺庸品”(《旧唐书·傅奕传》)。他还向唐高祖上书,称佛教的盛行,不仅破坏了中国传统的伦理道德,“逾城出家,逃背其父,以匹夫而抗天子,以继体而悖所亲”,还严重影响到人口的增加和封建朝廷的征课。要想改变这种既有害国家,又无补百姓的状况,做到“兵农两足”,就应严禁佛教。

佛教被禁止,首先可使天下“数盈十万”的僧尼还俗为民,“匹配”为婚,“产男育女”,繁衍人口。

其次,在那些无所事事、徒耗钱粮、“游手游食,易服以逃租赋”的僧尼还俗以后,还可大大增加生产人口,发展封建经济,增加封建朝廷的财政收入。

最后,以往的“妖惑之风”便可“自革”,“淳朴之化”便可“还兴”,使固有的伦理道德得到恢复,进而有利于人口质量的提高。

一开始李渊并没重视傅奕的上奏,但不想这傅奕三天两头地上折子,而且说得句句在理,一片忠心可昭天地日月。李渊唯恐自己的漠视态度会换来群臣的不满,于是就通告全国:道教第一,儒教第二,佛教这个舶来品排在最后。到了武则天当政时期,她又把这个顺序给颠倒过来,把佛教排在了最前头。

到了唐中宗时,这位武则天的第三个儿子,也不敢和自己的强势母亲唱反调,继续给佛教创造利好政策。当时的兵部尚书韦嗣立、左拾遗(负责对皇帝进行规劝,并举荐人员的官员)辛替否就曾多次劝谏中宗,并尖锐地提出,大兴佛教必然加大朝廷财政上的支出,使国家府库空竭;遇到外患作乱,僧尼不能出征打仗;每逢灾害年月,寺塔亦不能解决众人的饥饿。

经过了“安史之乱”,这种矛盾得到了进一步的发展。德宗时,都官员外彭偃曾上奏说:现在这些僧人道士,不用自己下地劳动就能有饭吃,不用自己动手纺织,就能穿上衣服,他们还不知足,到处散播舆论煽动百姓,妄想以佛权挑战王权,日久必成大患。应该让他们自食其力,和百姓一样缴纳租税。为此,他还制订了一套方案,具体措施是“年龄没到 50 岁的僧道,每年交给国家 4 匹绢;未满 50 岁的尼姑和女道士,每年交 2 匹绢”。如果这些僧道能和人民一样该交税交税,该服兵役服兵役,那国家就富裕了,老百姓日子也好过了,皇上也可高枕无忧了。

文宗也认为:“一夫不耕,人受其饥;一女不织,人受其寒。安有废中夏之人,习外藩无生之法!”(《唐大诏令集》卷 113《条流僧尼敕》)故而下敕整顿僧尼。文宗还说过:“古者三人食一农人,今加兵、佛,一农人乃为五人所食,其间吾民尤困于佛。”

到了武宗即位时,终于下决心废佛。他在废佛敕书中写道:“洎于九州山原,两京城阙,僧徒日广,佛寺日崇。劳人力于土木之功,夺人利于金宝之饰;遗君亲于师资之际,违配偶于戒律之间。坏法害人,无逾此道。且一夫不田,有受其饥者;一妇不蚕,有受其寒者。今天下僧尼不可胜数,皆待农而食,待蚕而衣。寺宇招提,莫知纪极,皆云构藻饰,僭拟宫居。晋、宋、梁、齐,物力凋瘵,风俗浇诈,莫不由是而致也。”他认为,废佛是“惩千古之蠹源,成百王之典法,济人利众”(《旧唐书·武宗本纪》)的唯一办法。

二、“黜佛”就是为了“挽救国家”

在灭佛上,武宗可比前几位都有魄力。李德裕是武宗时的宰相,他是灭佛的主要参与者。早在敬宗时,李德裕在浙西当观察使的时候,就曾对佛教的发展加以限制。但徐州节度使王智兴为了借着和尚的光儿聚敛财富,设坛度僧,每个人只要交上 2000 钱,就能落发出家,逃避赋税和徭役,根本不理李德裕的命令,这就使很多想不劳而获的主儿纷纷落发为僧。对此,李德裕大为震怒,于是上疏揭发了王智兴,一针见血地指出,江淮地区,男子为逃避傜赋,一户如果有三丁必然有一丁出家为僧,如果不加禁止,江淮地区将丧失壮劳力 60 万,这对朝廷来说，是件非常严重的事情。正因为如此，尽管敬宗是个不务正业的皇帝，可也不能不算算这笔账，于是震惊之余赶紧下诏，禁止王智兴设坛度僧。可见，佛教在经济上给国家造成的损失是巨大的，就连昏庸无能的皇帝也不能不引起重视。

李德裕对武宗灭佛给予了大力的支持和称赞。他不仅积极配合，而且始终坚定地站在武宗身边为他出谋划策，他认为唐武宗绝对是个有魄力、敢尝试的皇帝。李德裕出于对李唐王朝社会稳定的考虑，因此大力提倡灭佛政策。事实上，李德裕不管是做地方官，还是官拜朝中宰相，对佛教的态度始终不变。

武宗灭佛是佛教势力日益膨胀的必然结果。假设在武宗以前，佛教发展已然威胁到国家安定和财政收入，那么我们有理由相信，即使是崇佛到极限的武则天也会出手控制的。所以说，武宗之所以会发起灭佛运动，很重要的一个原因就是佛的鼎盛使国家背上了沉重的经济负担。

第三节　不可逃避的政治因素，最终推倒脆弱的佛墙

要说唐朝那几位帝王，大部分都是坚定不移的道教拥护者，可要说坚决反佛的，立场坚定的，那也只有唐武宗这一位。但这并不是说武宗是位暴虐无为的皇帝，从现实角度来看，武宗废佛的原因和理由还是很充足的。随着佛教寺院的增多，僧尼队伍的日益壮大，国家财政支出越来越庞大，对社会生产和民众生活带来的危害都不小，此点，前面已多有叙述。而且，佛教无君臣父子之礼，一出家就断绝了尘世的亲情关系，又不能嫁娶婚配，自然也不可能有后代，这与中国传统伦理道德严重相悖。要是人人都出家，那必然会导致国家人口

锐减、国力下降。同时,中国千百年来占统治地位的儒教也不答应这个舶来品取代自己的位置。因而除了经济,这政治问题也是武宗灭佛的主要动机。

一、为巩固江山社稷,佛不得不灭

应该说,如果仅仅用纯粹的印度佛教在中国传法,那么佛教是无法在华夏大地上生根发芽的,它必须和儒家思想相融合,这样才能实现它的中国化,才能开创一条具有中国佛教文化发展的道路。因此,可以说,儒家无论是主动还是被动,无论是自愿还是无意,都对佛教顺利进入华夏大地提供了帮助。但是,由于地理、历史条件和文化传统不同,二者的思想又有很多相互对立的内容,同时,儒家为了确保自身的正统地位万万年不动摇,因而对于佛教在中国的发展又常常采取批判和排斥的态度。

儒家思想分外重视人生的现实,重视社会组织和人际关系,因此不仅提倡大家要爱祖国,爱人民,还要为国家作出应有的贡献,为老百姓办实事。故而要求从个人本身开始,小时候努力学习,长大后勤政爱民,做到修身、齐家、治国、平天下。这无疑是种积极的入世思想。佛教则没有那么乐观,它认为人生是痛苦,活着就是受罪,只有出家,才能逃离苦海,只有修成佛才能过上幸福生活。这种消极的出世思想和儒家思想截然相反,这一点是儒佛两教思想上最根本的不同。对于生死这个人生大问题,这两家也不能统一认识。儒家认为,生与死都是自然现象,只有男婚女嫁,生儿育女,才能维持人口平衡,使社会得以延续。佛教则宣传因果报应,轮回转世,告诉人们死了比活着享福,能成佛或是去个好地方。儒家重视生,而佛家宣传死,这也是两家思想最大的不同点,并且各自都坚持自己有理,谁也说服不了对方。因此,可以想象,唐武宗产生灭佛的想法大概也和这种矛盾的存在与发展有着密不可分的联系。

唐初,最早反佛的是傅奕。这位不仅有学问,而且是个唯物主义战士,在佛教盛行的唐初,他最先向佛教展开斗争,这一方面有助于巩固儒学阵地,另一方面也发展了无神论思想。当然,能和佛教开展坚决斗争的大部分都是儒家的拥护者。傅奕认为,佛教宣传"不忠不孝,削发而揖君亲"是不道德的,佛经更被他看做是反动宣传,"布施一钱,希万倍之报,持斋一日,冀百日之粮。"有些愚昧之人"造作恶逆,身坠刑纲,方乃狱中礼佛,口诵佛经,昼夜忘疲,规免其罪。"这是"乃追既往之罪,虚规将来之福",完全是欺骗,是胡说八道。更有宣传说即使是那些犯了罪的人,只要当和尚,不仅能免除惩罚,还能当什么事也没发生过,这简直是造谣,是迷惑百姓,是置国家的律法于不顾。

在傅奕看来,生老病死都是自然现象,谁也躲不过,生活好坏,都是人自己造成的,和神佛根本没什么关系。如果把富贵贫贱都说成是佛在起作用,那就是窃夺了君主的权力,等于是和尚违背自然规律在先,和皇帝抢班夺权在后,做虚假宣传给百姓灌输,这简直是罪大恶极的行径。他还提倡,为了让人为国家出力,踏踏实实为皇帝服务,孝顺自己家的老人,应该让这些和尚尼姑都还俗,履行结婚生子的义务,等他们长大了,接受良好的教育,自然就能为国出力,军队也扩充了。同时,国家的农业产值也能够大幅度提高。造谣惑众的人都还俗了,百姓也能够继续踏踏实实地接受王权的管制,国家的兴旺发达指日可待。实际上他提出的这些主张都是以行忠孝的手段,达到巩固唐朝政权的目的,说到底,这还是儒家思想的根本所在。当然,不仅是他,还有许多儒家弟子也纷纷阐释了自己的观点,为打击佛教又添加了不少理论支持。

二、儒家再崭头脚给佛教雪上加霜

唐代著名的文学家韩愈也是一位反佛教的积极倡导者。作为孔、孟思想的继承人,他反佛的情绪异常慷慨激昂,当然,作为与傅奕一样高举儒教大旗与佛教开展斗争的人士,他反佛的言论内容,并没有超出傅奕的思想范畴,仍然是以佛教的"不知君臣之义,父子之情",不利于巩固唐朝政权为重点打击对象。

韩愈是个孤儿,从小由他嫂子抚养长大。他刻苦自学,没有一点人际关系,全凭自己的努力成为刑部侍郎。由于当时的统治者唐宪宗带头儿崇尚佛教,因而当时对佛教的热情持续升温。唐宪宗听说有所寺院里安放着一块佛祖释迦牟尼的遗骨,便准备兴师动众,把它迎进宫里礼拜。韩愈对此很反感,于是写了一篇《谏迎佛骨表》加以反对。其中提到,"伏以佛者,夷狄之一法耳。自后汉时始流入中国,上古未尝有也。昔黄帝在位百年,年百一十岁;少昊在位八十年,年百岁;颛顼在位七十九年,年九十八岁;帝喾在位七十年,年百五岁;帝尧在位九十八年,年百一十八岁;帝舜及禹年皆百岁。此时天下太平,百姓安乐寿考,然而中国未有佛也。其后殷汤亦年百岁,汤孙太戊在位七十五年,武丁在位五十年,书史不言其寿,推其年数,盖亦俱不减百岁。周文王年九十七岁,武王年九十三岁,穆王在位百年。此时佛法亦未至中国,非因事佛而致此也。汉明帝时始有佛法,明帝在位,才十八年耳。其后乱亡相继,运祚不长。宋、齐、梁、陈、元魏已下,事佛渐谨,年代尤促。唯梁武帝在位四十八年,前后三度舍身施佛,宗庙之祭,不用牲牢,昼日一食,止于菜果。其后竟为侯景所逼,饿死台城,国亦寻灭。事佛求福,乃更得祸。由此观之,佛不足信,亦可知矣。"意思是说,在佛教没有传入中国之前,历代帝王都长命百岁、稳坐江山,自从这佛教传入中国后,帝王在位的时间都不长,只有一个梁武帝做了48年皇帝,可即便是这位对佛教无比虔诚的佛教徒,最后也没落得什么好下场,他不但没得到佛祖的保佑,反而在"侯景之乱"中被活活饿死,由此可见这佛教根本是不可信的。韩愈还在《谏迎佛骨表》中大谈佛骨乃"朽秽之物",应该把它"投诸水火,永绝根本,断天下之疑,绝后代之惑,使天下之人知大圣人之所作为",大骂佛教"口不言先王之法言,身不服先王之法服,不知君臣之义、父子之情",痛斥"释老之道,过于杨墨",视皇帝带头、全国信佛为"伤风败俗"之举。唐宪宗气得差点将韩愈处斩,幸亏有众多大臣为其求情,这才勉强饶了韩愈一命,但死罪可免、活罪难逃,一纸令下,将韩愈贬到潮州当刺史去了。即便这样,韩愈也始终坚持自己的观点,甚至身在潮州还向宪宗上书,直抒自己的反对意见。

其实宪宗又何尝不明白,韩愈的所作所为确实是出于对国家的热爱,对帝王的忠诚,对百姓的负责,可这韩愈在《谏迎佛骨表》中的言辞实在太过尖刻、激昂,着实令宪宗的面子遭受了沉重的打击,这才在一气之下将他轰得远远的,眼不见为净。可见,宪宗也不糊涂,他非常清楚儒家思想排佛的目的是为了巩固君主的地位,所以,我们可以负责任地说,佛教和儒家的矛盾其实就是政治上的分歧。

大诗人杜牧也曾对佛教进行过猛烈的抨击。他尖锐地指出,凡是信佛的人,如果是商人,他们都靠缺斤短两这些不正当手段发财致富。如果是地方官员,他们都靠敲诈勒索人民而聚敛财富。如果是朝廷重臣,他们就假公济私,公开掠夺人民资产,老百姓都不敢吭声。这些人明明知道这么做是违法乱纪,可他们认为自己拜佛,佛祖会保佑他们,因而即使有罪,也没事,有佛祖保佑呢。因此,他们就更放开胆子违法乱纪,其所作所为完全和儒家的"己所不欲,勿施于人"、"道之以德,齐之以礼"的教义背道而驰。这些人,尔虞我诈,损国肥私,肯定不利于巩固国家政权。杜牧的这些认识很深刻,也是当时很多人关注的社会焦点问题,更是儒家反佛的重要理论依据,这更使得佛儒两教间的矛盾日益激化。

综上所述,我们可以推断,武宗灭佛自然也是考虑到了佛教与政权的关系。他认为,自己的祖辈都是以儒家思想治理国家,以武力平定局势,有这两条足够使国家稳定和长治久安了,何必用这漂洋过海来的佛教治国呢。

公元843年六月十三日,太子詹事韦宗卿编著了一本《涅槃经疏》呈给武宗,武宗看了以后很生气,当即把这20卷著作烧了,以免流传出去,并在敕文中痛斥韦宗卿"忝列崇班,合遵儒业;溺于邪说,是扇妖风……"意思是骂韦宗卿枉为朝廷重臣,非但不尊崇儒家思想,反而沉溺在佛教的歪理邪说中不能自拔,还帮着佛教一起煽风点火。武宗之所以这么生气,是因为在他看来,韦宗卿既是名门之后,又在朝为臣,理应和自己统一认识,宣扬儒家思想,没想到他却迷信佛教,还替人家写书做宣传,这简直太辜负自己的信任了。由此我们可以看出,武宗显然是认为儒家思想是治国的根本,只有用儒家思想抵制佛教,才能治理好国家。可见,政治问题是武宗灭佛的重要原因之一。

第四节　会昌法难,洗劫佛教事件载史册

唐武宗是继北魏太武帝、北周武帝之后的又一位灭佛"能手",因为他所发起的这次灭佛运动发生在会昌年间,因而被佛教徒称之为"会昌法难"。由于这次灭佛比较彻底,所以给予了佛教最沉重的打击,不仅大批的寺院财产被充公,而且大量僧尼还俗,佛家经籍散佚,由于此后无人再为佛教宗派创造有助于繁荣发展的客观环境,从此佛教也由极盛走向衰落。

武宗是位道教的忠实信徒,他的灭佛固然有其冷静清醒的一面,有出于对国家政局稳定发展的考虑,但也不能排除有封建迷信思想从中作怪的一面。尤其是对道教谶语的迷信,使得他对佛教痛下杀手,真是一点情面也不讲。

一、道教谶语再成佛教灾难的导火索

公元841年,也就是唐武宗会昌元年,刚当上皇帝不久的唐武宗李瀍,在六月庆阳节这一天,大摆宴席请僧人、道士讲法。但是这里要注意一点,这位唐武宗只赐给道士紫衣,并下令僧人不许穿着。这显然是发出了一个明确的信息,那就是这位新皇帝并不喜欢佛教,他此刻已经有了新想法,大概不久就要推行新政策。果然,这种推测在不久后就得到了印证。在武宗当政的6年间,他发起了对佛教的全面打击和封杀运动,在他的领导下,中国历史上最大的一次灭佛运动"会昌法难"掀开了帷幕。

尽管在唐武宗之前有魏太武帝灭佛、北周武帝灭佛,之后又有后周世宗灭佛,但这三位无论是在规模上还是在力度上都无法和唐武宗相比。而且其他三次灭佛运动都发生在国家分裂时期,唯独这一次是在国家大一统时期,中央政府与地方官员上下一心联合绞杀佛教,从程度和范围上来说比其他任何一次"法难"对佛教的打击都要更大,这也使得佛教在公元841年到846年挣扎于水深火热之中。

虽然"会昌法难"发生在唐武宗时期,可是这并不是武宗盲目冒进的结果,实际上灭佛的根由早在"安史之乱"的时期就已经种下了,更早甚至可以追溯到大唐初年,唐朝皇帝将被奉为道教始祖的老子李耳尊为祖先之时就埋下了灭佛的种子。

武宗和前辈一样也是一个非常迷信道教长生之术的皇帝,而且其迷信程度比起自己的先辈们更是有过之而无不及。为了长生,他每天如饥似渴地服用道士所炼的丹药，生怕服用不完，就算吃得身体一天天地消瘦，如同骷髅，仍然执迷不悟，连他的爱妃都心疼地说："陛下日服丹，言可不死，然肤泽销槁，吾甚忧之。"他临死前几天，还听信道士们所谓唐以"土"德，宜火不宜水之言，改名叫李炎，从这点来看，他对道教的信仰可谓十分虔诚，但说到底，这种虔诚还是建立在希望道教的长生丹药能为他带来好处的基础上。在位时期，他一方面崇道一方面排佛。尽管他灭佛的主要原因只出于对政治、经济的考虑，但也和一部分道士利用政治优势打击佛教脱不了干系，也就是说，他灭佛的主张中也存在相当大的个人信仰的因素，否则他就不会轻易听信道士的谶语，因而对佛教痛下杀手。

千百年来，这道教和佛教的斗争总是有输有赢，基本上打了个平手，眼看着武宗登极，明显对佛教殊无好感，道徒们顿时感觉道教抬头的机会到了，于是就编造谶语，下大力气四处散布舆论，说"李氏十八子昌运未尽，便有黑衣人登位理国"，并进一步解释说"十八子"就是李唐皇室，"黑衣"则是僧人，还说望仙台之所以看不到成仙的道士，那是因为佛教的黑气阻碍了成仙之路，这就使得本来就不喜欢佛教的武宗在灭佛后期手段越来越严酷。所以说，道教与佛教的冲突以及道士利用政治优势打击佛教，正是"会昌法难"的导火索。

二、武宗送佛教下地狱

这次大规模的灭佛运动给佛教徒们带来了接二连三的灾难。公元842年（会昌二年），唐武宗开始没收寺院财产。公元843年（会昌三年），唐武宗又因为社会上谣传有藩镇的奸细假扮僧人藏在京师而下"杀沙门令"，杀了300多无辜的裹头僧。公元844年（会昌四年），唐武宗又下达指示拆除大型寺院、佛堂，命令僧尼限期还俗。次年，唐武宗似乎还不满意目前的灭佛成果，又勒令全国，东西二都

(长安与洛阳)可以留寺两所,每寺留僧 30 人,天下各节度使治所留寺一所,留僧从 5～30 人不等,其他寺庙全部拆毁,僧尼全部还俗。此次灭佛,给唐王朝带来了巨大的实惠,光是收缴的良田就有数千万顷,被强迫还俗的僧尼 26 万人,拆寺 4600 所。这"辉煌的战绩"虽然对武宗来说是经济效益,但对佛教来说却无异于一场空前绝后的大浩劫。

在武宗之前的两次灭佛运动,实际效果其实并不大,一方面因为北魏太武帝和北周武帝在毁佛后没几年就都驾崩了,上任的新皇帝并没有延续他们的毁佛政策,相反,一即位就宣布重兴佛教,因此,佛教尽管遭受了两次灾难,可是马上又得到了国家的扶植。再加上从佛教的发展规律来看,南北朝时期正是佛教传入中国的上升期,生命力旺盛的佛教也能够在一定程度上抵消王权灭佛的巨大破坏。因而,前两次灭佛并不彻底,反而间接促进了它的发展。

可是,武宗这次灭佛与之前的情况大不相同。任何事情都有一个发展规律,走势太旺盛了,那就说明离衰败不远了。佛教也是一样,经过了隋唐时代的盛极一时,此时的佛教内部已经没有多少能够促进佛教发展的活力因子,在晚唐整个社会都呈下滑走势的时代,又经历了这样一次摧毁性极强的"会昌法难",佛教实在没有再打一次翻身仗的力量了。虽然到了唐宣宗时期,这位皇帝终止了灭佛政策,并也着手加以恢复,但同时是出于稳定社会的考虑,所以他并不是真下大力气兴佛,因此,中华佛教从此开始走向下坡路。

到最后一次法难,也就是周世宗抑佛运动时期,尽管世宗抑佛的手段比前几次灭佛运动都要"温柔"得多,只是想将佛教的影响降低到他能够容忍的底线,然而,已经大伤元气的中国佛教实在经不起一丁点儿风雨了。此时的儒教信徒又从佛教禅宗汲取了不少养分,开创出一条理学道路,而佛教却并无可以称道的创新理论,实力又无法和儒家道家抗衡,因此,更像一朵在凄风冷雨中挣扎的小花,再难挽回曾经的辉煌。

对唐武宗信仰的总结:

无疑,武宗的信仰给道教带来了不少实惠,其中最令道教徒感到兴奋的,自然是看着自己的老对手佛教被打击得不成样子。但如果说武宗灭佛的举动只是为了替道教扬威,那未免就太低估武宗的手腕和政治眼光了。严格来说,武宗的这次灭佛行动还是基本符合当时历史发展需要的,虽然他的思想还没有到达韩愈崇尚无神论的境界,但也能反映出这位皇帝的头脑和魄力。本来,唐代大多数皇帝对佛、道两家都是采取利用和调和矛盾的态度,但在武则天时代,这种表面上的平衡被彻底打破了,她的盲目兴佛,使得和尚们都从苦行僧变成了拥有大量土地的大地主,他们在朝廷的包庇下兼并土地、逃避税收,国家承担赋税和徭役的人数骤减,这必然会加大国家的财政支出,使国家府库空竭。所以在唐玄宗继位后,不得不削减僧尼数量,改革税制,才使佛教的弊端暂时得到遏制。另外,政治上的儒家重臣也不答应佛教威胁到自己的正统地位,武宗的主要政治助手李德裕、文学家韩愈、大诗人杜牧等人都曾以巩固皇权为口号号召坚决抵制佛教。因此,可以说武宗所发起的这次"会昌法难"对于缓解阶级矛盾、提升国力、稳固国体是有帮助的,虽然形式有点激进、极端,但毕竟是当时社会条件下的一种政治需要。值得注意的是,此后佛教却没有像前几次那样兴盛起来,而是从此走向了衰落。

第八章　宋徽宗:沦为阶下囚的“道君皇帝”

“这浮浪子弟门风帮闲之事,无一般不晓,无一般不会,更无一般不爱;即如琴棋书画,无所不通,踢球打弹,品竹调丝,吹弹歌舞,自不必说”。这段话形容的是宋朝皇帝宋徽宗。别看只有三言两语,但是对他的形容真是再贴切不过。这位除了享乐,干不了什么正经事的皇帝,是中国历史上有名的昏君。在治国上,他昏庸腐朽,重用奸臣,实在不是什么有作为的皇帝;在外交上,他软弱无能,只知道屈辱忍让,以致最后当了俘虏;在生活上,他挥霍无度,过着腐败奢侈的日子;在信仰上,他对道教给予了殷切的期望,盼望自己能完成秦皇、汉武追求长生而未竟的事业,还自号为“教主道君皇帝”。道教信仰并没给他带来多少启示和实惠,反而让这位一根筋的糊涂皇上干了不少蠢事。当然,对于道教来说,他也算是做了不少好事。比如他多次下诏搜访道书,设立经局,整理校勘道籍,在政和年间编成的《政和万寿道藏》,就是我国第一部全部刊行的《道藏》,对研究道教历史和经典,都是不可多得的宝贵史料。他下令编写的“道史”和“仙史”,也是我国历史上规模最大的道教史和道教神化人物传记。

不过,身为一国之君,这位徽宗皇帝并没起什么好的带头作用,整天除了频繁流连于风月场所,就是踢球、画画、赏古玩玉器,总之,这是位入错行的皇帝,如果进入文艺界,就凭他这手“瘦金体”书法和绘画的天分，必然成为大师级人物，最后也不会凄凄惨惨地过着俘虏的生活了。

第一节　鼎中央集权，佛教再呈衰退趋势

姓名：赵佶

性别：男

民族：汉

外貌特征：据说赵佶在宋神宗的十四个儿子当中，相貌、才华俱为上上之选

家庭出身：皇族

生卒：公元1082年～公元1135年

社会关系：

父亲：宋神宗

哥哥：宋哲宗

登极最大支持者：向太后

帝号：宋徽宗

理想：长生不死

一、“限佛政策”孕育了儒家理学的创立

五代末年，又出现了一位对佛教没有好感的皇帝，这就是周世宗。这位皇帝很崇拜秦始皇，并以他为榜样，一心想实现国家统一。政治上又想贯彻以儒教为主的方针，因而看佛教实在碍事，也追随前三位“志同道合者”进行了一次灭佛运动，这就使得已经走上下坡路的佛教又挨了一记重拳。但这位周世宗还没有来得及完成盼望已久的统一大业，就在北伐契丹的战役中得了重病，不久便死了。第二

年,也就是公元960年,这一年出了件大事,为历史掀开了崭新的一页。

宋太祖赵匡胤这位大宋的开国之君,当年是周世宗驾前的殿前都点检,也就是周禁军的最高统帅,手里掌握着兵权。他虽然和周世宗没什么血缘关系,可在思想上却始终和这位皇帝保持高度的一致,都希望实现国家的统一。后来,赵匡胤发动了陈桥兵变,最终黄袍加身自己当了皇帝,建立了北宋王朝。此后又经历南北多年征战,终于完成了周世宗未竟的事业,统一了全国。北宋与历代王朝相比,无论是在政治上、经济上,还是在军事等方面,都作了重大调整,而与此相适应的哲学、宗教、思想文化,也有了一些发展和变化。

北宋及随后的南宋的政治统治,前后长达320年,是秦汉统一以后历代王朝中维持时间最久的一个朝代,也算是让赵氏一族风光一时,占尽了无上的富贵与荣耀。可是,这一时期,两宋的帝王们也过得并不闲适,国家外交局势紧张,经常有外部异族进行军事威胁和武力打击。在国家内部,又经常有大大小小的农民起义。这使得两宋王朝的几位统治者终日惶恐,惴惴不安。虽然如此,但在宋徽宗之前,政局基本控制得良好。而且宋朝吸取了前人的经验,为了防止国家再四分五裂,将全国的政治、经济和军事权力集中于最高统治者一身,皇帝的权力加强了,自然避免了藩镇割据,以及诸侯王的倒戈。在哲学思想方面,传统儒学再次得到改造,形成了“理学”。理学对国家的完整统一表达了良好意愿,对君主专制统治的加强也作了必要的论证,从而得到了统治者的大力表彰和提倡,为理学的发展铺平了道路。也正因为这提倡民族气节,弘扬爱国精神,以求得国家的安定和强盛的理学思想,使得中国历史上许多精忠报国、慷慨悲歌的民族英雄和爱国志士,大多出现于两宋王朝,比如精忠报国的岳飞就是其中最有名的例子。但理学也有其不尽如人意的一面,致使王权的对内统治虽然空前强大起来，但是对外则显得越来越软弱，这使得国家军队总是发挥不了正常水平。虽然理学宣传用节食、禁欲和道德规范来强化国家的统一，但却成了统治阶级穷奢极欲和腐败无能的催化剂，这在宋徽宗当政时期表现得最为明显。

在整个宋代历史上，赵匡胤算是头脑最清醒、功绩最突出的一位开国皇帝。他看到周世宗废佛给佛教造成的沉重打击，但也影响到许多地区的安定，于是在统一的政治形势下，他吸取了前人的教训，对佛教采取了比较温和的政策。

据史料记载，赵匡胤刚登极称帝不久，便下令解除了周世宗下达的废佛令。当然，他这么做也是有目的的，一方面是想稳定北方局势，另一方面还想让南方吴越那些还没投降自己的小国看清，自己是一个宽厚、仁和的君主。在宋初的六七十年中，赵匡胤一度考虑到佛教分布广、信徒多的特点，打算把佛教当作扩大对外联系的重要纽带，因而鼓励大家走出国门求取真经。当时西行求经者很多，仅持经还朝者就有 138 人，在利好政策的宣传下，从印度来中国留学的梵僧也有 80 余人。

但宋太祖可不是单纯地一味向佛教示好，他的最终目的还是利用佛教为自己的大一统政权服务。于是，在给了佛教一些甜头之后，他还是对佛教采取了限制为主的政策。公元 975 年，赵匡胤下达了最新命令，禁止举行灌顶道场、水陆斋会及夜集士女等佛事活动，并指责其“深为亵渎，无益修持”。公元 960 年六月，又下诏说：“诸路州府寺院，经（后周）显德二年停废者，勿复置；当废未废者，存之。”意思是说，各地方的寺院，当年被拆除的，不用再重新改造重建了，应当废除而没废的，就留下来吧。此诏的颁布显然是肯定和承认周世宗废佛的既成事实，并且也没有要重新振兴佛教的意思。可见，自北宋开始，最高统治者对佛教采取的是既保护又限制的政策。因此，佛教要想翻身,没有政策的支持,真是比登天还难。

二、视佛教“为中国礼义之害”

到了赵匡胤的弟弟宋太宗赵光义登极后,他曾经告诫众臣,佛教从本质上来说还是有利于统治者治理国家、管束民众的,不能因为某些僧尼的个人素质不高就否定整个佛教,还搞什么废佛运动,这些做法是不对的。他对佛教的这一态度,显然是总结了历史上的经验和教训后得出的,也就是说无论历代王朝所取的是佞佛还是灭佛的政策,无疑都对封建统治不利的,所以他对于佛教还是基本给予了肯定。

宋真宗,则是宋朝少有的对佛教采取帮扶政策的帝王。他虽然崇尚道教,但却对佛教采取保护措施,曾著《崇释论》帮助佛教做宣传,在长期研究的过程中,进一步感到,佛教戒律与儒家学说虽然表面看毫无关联,但其实宗旨都是在劝善禁恶,因此是值得提倡和发扬的。他曾想尝试把佛之“十力”与儒之“五常”相互搭配应用于治国。尽管这只停留在构想阶段,但这足以看出,佛教在这位皇帝统治时期终于能够守得云开见月明。宋真宗不但大力支持译经事业,而且还曾下诏普度天下童子,但同时他也曾下令禁止百姓随意出家。当时有的朝廷官员对于当朝皇帝对佛教的真实态度认识不清,以为这位皇帝对佛教青睐有加,于是建议说修复在“会昌法难”中被破坏的龙门石佛,没想到这个马屁拍到了马蹄上,宋真宗给予了明确的拒绝:“军国用度,不欲以奉外教,恐劳费滋甚也。”可见,尽管宋真宗对佛教采取了保护的态度,可此举也是从政治局势的角度出发,要让他和唐代的武则天那样崇佛那是绝对不可能的。

后来的宋徽宗,佛教在他眼里虽然不能说是眼中钉肉中刺,可也不怎么看重了。公元1119年,宋徽宗以“不废佛教,则为中国礼义之害”为由开始对佛教加大打击力度。这也不难理解,由于佛教提倡出家,无君臣父子的礼仪,与新儒学的兴起存在矛盾,难以适应中央集权统治强化的需要,再加上日益壮大的僧尼队伍也给社会秩序造成了混乱,因此,宋王朝统治者不希望让佛教自由泛滥,因而加强了对佛教的限制,这就大大遏制了佛教的正常发展。

宋朝统治者对于佛教的真实态度,通过宋代僧尼人数的下降就可以看出。据史料记载,北宋真宗天禧五年也就是公元 1021 年,僧尼人数为 45 万 8 千余人,仁宗景佑元年,也就是公元 1034 年为 43 万 4 千余人,神宗熙宁十年,即公元 1077 年为 23 万 2 千余人,南宋高宗绍兴二十七年,即公元 1157 年为 20 万人。从这些数字中我们可以得出结论,随着宋朝统治者的一代代延续,帝王们对僧尼的控制力度越来越大。随着大宋王朝中央集权专制统治的日益加强,统治者对佛教的控制也在不断的升级。虽然佛教在宋代还曾有过一度的繁荣,但这无异于回光返照,总的趋势还是日渐衰退。

第二节 奸臣当道,在穷奢极侈中迷上道教

大宋朝一度很是繁荣兴旺,可是由于奸臣倍出,使得宋朝的基业被撼动了。从祸国殃民的蔡京到害死抗金名将岳飞父子的秦桧,每一个都是令人不齿的奸佞之徒。可偏偏艺术上造诣极高的宋徽宗,除了崇道就是玩乐,不但倦于政事,一味相信、任用奸臣,使这些奸臣趁机大发横财,还大兴土木以满足他个人对奢靡享乐生活的追求,最终将北宋的锦绣江山断送了。

一、追求享乐,爱好艺术,迷上道教

宋徽宗赵佶是宋神宗的儿子,宋哲宗的弟弟,在宋哲宗时期被封为“端王”,后来宋哲宗去世,由于没有子嗣继承帝位,再加上向太后

的极力支持,所以使这位宋哲宗的弟弟赵佶出人意料地登上了最高统治者的宝座。当时就有不少大臣认为,端王赵佶不堪重任,整天只会吃喝玩乐。尚书章惇更是直言不讳地反驳向太后:"端王很是轻佻,不可以君天下。"但无奈向太后已经铁了心要立赵佶为帝,并搬出了已逝的哲宗做挡箭牌:"先帝尝谓端王有福寿,且是仁孝;老身要立他为嗣主,乃是承先帝的遗意!"章惇等大臣只好闭嘴不敢再做争辩。赵佶并非向太后所生,为何向太后会力排众议坚持立他为帝呢?原来这赵佶虽然玩心重,好享乐,但对向太后却从来都是尊孝有加,甚至每天都要到向太后的住处去请安问好,天长日久,向太后自然对他青睐有加。不过,赵佶此举虽然赢得了向太后的支持,却无法降服朝中大臣和黎民百姓的心。事实证明,这位大家都不看好的皇帝,的确没给国家带来什么好运。

虽然,自赵匡胤开创北宋到宋徽宗赵佶即位这许多年来,国家的政局一直处于内忧外患之中,但不管怎么说,北宋依旧可以称得上是当时世界上科技文化最发达的国家,人口已经突破了1亿大关,国土面积大概有260万平方公里。如此壮阔的江山却偏偏传到了赵佶手中,大概也该着是这北宋王朝气数尽了。这宋徽宗赵佶天生是个享乐主义者,虽然刚即位的时候他还知道要注意影响,不敢太暴露自己奢华的本性,可奈何身边有一群佞臣怂恿,终于越来越沉溺于放荡生活之中。宋徽宗觉得自己简直可以媲美天上的神仙,于是经常大发感慨:"太平日子真快乐!"

本来宋徽宗赵佶喜欢美人,早在他做端王的时候,就经常微服游幸青楼歌馆,寻花问柳,凡是京城中有名的妓女,几乎都与他有染。他甚至还将喜欢的妓女乔装打扮带入王府中,长期据为己有。当了皇帝之后,他风流放荡的本性就更加表露无遗。据说他后宫的宫女人数已经快突破4位数了,即便这样,他还是不满足,在听说京城名妓李师师的艳名之后，便经常乘坐小轿，带领数名侍从，微服出宫，到李师师那里彻夜鬼混。为了能更好地出去寻欢作乐，他甚至设立了行幸局，专门负责他的出行事宜。

要说这宋徽宗赵佶在艺术上，可谓是独领一时风骚，在历代帝王中都是数得上的才子皇帝，艺术成就也非常高，无论是书法、绘画，还是诗词歌赋，他都堪称大家。他在绘画方面的造诣十分出众，曾传下不少好的作品，都被当作国宝收藏在故宫博物院，比如《听琴图》、《芙蓉锦鸡图》、《祥石图》，可以说是价值连城的宝贝。不光是绘画，宋徽宗的书法也非常好，而且开创了自己独有的风格。他的字挺瘦秀润，号“瘦金体”，其特点是瘦直挺拔，横画收笔带钩，竖划收笔带点，撇如匕首，捺如切刀，竖钩细长；有些连笔字像游丝行空，已近行书。结体笔势取黄庭坚大字楷书，舒展劲挺。可以说，这位徽宗皇帝的瘦金书法独步古今，铁划银钩，曲金断玉，独步书坛，无人能及，曾影响无数大家。综上所述，如果这位才子不当皇帝，那绝对是个著名的大艺术家。可偏偏他的角色定位搞错了，当了他最不擅长的皇帝，因而国家大事被他搞得一团糟，在处理朝政、治理国家方面，绝对是毫无建树可言。

如上所述，这位皇帝还十分信仰道教，自称是道君皇帝，不但大量地修建道观，而且还把许多的寺庙改成了道观，把和尚变成了道士，尼姑变成了女观，为道教的发展不遗余力，不惜耗费巨资。可是，他的好女色、好享乐、不务正业已经为国家和百姓增加了许多不必要的负担，如今又加上大肆崇道，这就更给黎民百姓带来了深重的灾难。当然，如果宋徽宗能够任用贤臣，狠抓国家建设，提升国力，那么即便他有这些“雅好”，北宋王朝也不会如此快地走向灭亡。但不幸的是，这位徽宗皇帝偏偏对几位朝中的大奸臣深信不疑，器重有加，因此就更加加速了北宋走向灭亡的脚步。

二、信奸臣,国家灭亡的前奏

在中国历史上,宋朝奸臣多,这不能不“归功”于宋徽宗了。正是他给奸臣的繁衍提供了土壤,使得这些在治理国家方面一无是处的奸臣们,在侍奉贪图享乐的皇帝和陷害忠良时却得心应手。

蔡京、梁师成、朱勔、童贯、高俅、李彦,这6位是中国历史上臭名昭著的人物,被称为北宋末年的“六贼”,是祸国殃民的大奸臣。除了那糊涂的宋徽宗,估计当时所有人都看见了这6人祸国殃民其罪当诛的真面目,尤其是6贼之首的蔡京,更是个让人一提起来就恨不得食其肉、啖其骨的恶贼。蔡京的艺术天赋极高,素有才子之称,在书法、诗词、散文等各个艺术领域均有表现。他的书法更是跻身于北宋苏、黄、米、蔡四大家之中,当时的人们谈到他的书法时,使用的词汇经常是“冠绝一时”、“无人出其右者”,就连狂傲的米芾都曾经表示,自己的书法不如蔡京。但是时至今日,中国书法始终不传蔡体,就是因为他人品低劣,罪孽深重。

蔡京是公元1070年(宋神宗熙宁三年)的进士,他曾是王安石变法的追随者,后来王安石变法失败被罢官后,他便摇身一变,又成为当时坚决反对王安石变法的保守派宰相司马光的忠实伙伴,并受到了司马光的称赞和重用。可见,蔡京是个典型的投机分子,谁在朝廷上掌权,他就投靠谁。蔡京的升迁之路完全是靠察言观色、溜须拍马一路爬上去的,竟然爬到了首辅大臣的位置上,迷信地说,这大概真是天要亡宋。

在宋徽宗当皇帝的20多年里,所信任和重用的几乎都是奸臣,这也就难怪本来发展前景一片大好的北宋为什么在他手里就变成了一块任人宰割的肥肉。宋徽宗喜欢奸臣并不能说是他的资质有问题,因为这位在艺术上的造诣如此深厚,怎么看也不像是一位糊涂的帝王。因此,我们有理由相信,他与奸臣的良好关系应该是建立在个人兴趣爱好的基础上的。

人们都知道,这位皇帝第一喜欢玩,第二喜欢美人,第三喜欢奇花异石。如果是忠君爱民的大臣绝不会支持皇帝去搞美人、弄花草的,只有奸臣才会积极迎合。宋徽宗从来都是把自己的心情好坏当作头等大事来抓,既然挥霍享乐、任性妄为能让自己心情舒畅,那么在他看来,这些奸臣们的随声附和才是忠君的臣子最应该有的表现。因而,他的近奸臣、远良臣的态度和举动也日益明显,其出发点当然也都是建立在让自己开心的基础上。但他的信任奸臣,奢侈生活,为北宋的灭亡埋下了祸根。此点本书后面还会谈到。

第三节　道教与剥削阶层缔结“连襟盛世”

自古以来,帝王之位就是许多野心家毕生向往和追求的东西,不光是因为当了皇帝能够过上穷奢极侈的生活拥尽天下燕瘦环肥的美女,更重要的是,能够获取人间最大的权力,一朝权在手,就可以天上地下唯我独尊,这感觉怎一个美字了得!但是,宝座虽美,皇帝虽美,也不是人人都适合当皇帝、坐宝座的,就像南唐后主李煜,他虽然智商不比秦始皇低,可是除了会写点流传后世的诗词外,国家在他手里成了北宋的战利品。明熹宗朱由校,这位天才木匠,盖的房子、作的木工活甚至可以媲美鲁班,可是当皇帝就太不在行了。宋徽宗呢,这位书画艺术大师,这位自称“道君皇帝”的道教忠实追随者,也同样不会治理国家。

一、“道君皇帝”造就奢靡的道教盛世

宋徽宗信仰道教,这本来是他个人的精神取向,后世无法根据这

一点来评价他的功绩和优劣,可是他的信仰却和祸国殃民联系紧密,这自然会引得天怒人怨。其实历史上和宋徽宗一样喜欢道士的皇帝不少,像汉文帝、汉景帝,这父子二人就因崇尚黄老之学而开创了“文景之治”的盛世。

再说唐明皇,这位皇帝虽然与张果、叶法善、罗公远等道士交游,但也没耽搁建立开元盛世。可宋徽宗崇道,偏偏赶上了喜欢胡说八道、阿谀奉承的假道士林灵素。这林灵素别的本事没有,最大的能耐就是坑蒙拐骗。当初徽宗召见他时,问他“有何术”,他的回答是:“臣上知天宫,中识人间,下知地府。”为了让徽宗相信他的本事,他还进一步向徽宗描述了仙家的世界:“天有九霄,而神霄为最高,其治曰府。神霄玉清王者,上帝之长子,主南方,号长生大帝君,陛下是也,既下降于世,其弟号青华帝君者,主东方,摄领之。己乃府仙卿褚慧,亦下降佐帝君之治。”

当然,对于徽宗器重的那几位奸臣,他也不遗余力地进行讨好,说神霄官还有仙官八百,蔡京、童贯就是仙官再世。徽宗听说自己原来是上帝的长子下凡,连身边的大臣都是仙官转世,顿时龙颜大悦,当时就为林灵素赐号“通真达灵先生”,并“授以金牌,任其非时入内,并筑通真宫以居之”。此后,徽宗更是天天请大批道士在宫中讲道,并且自称“教主道君皇帝”。再说这林灵素既然得了势,已经有了兴盛道教的能力,自然不会等闲,于是上奏徽宗:“释教害道,今虽不可灭,合与改正,将佛刹改为宫观,释迦改为天尊,菩萨改为大士,罗汉改尊者,和尚为德士,皆留发顶冠执简。”徽宗既然已经成了“教主道君皇帝”,成了天下道士的领袖,自然也愿意为道教的兴盛发展做点事、出份力,于是在他的领导下,北宋第二个崇道高潮到来了。

宋徽宗先是提倡天下人学习道经,并设立道学制度和道学博士。公元1117年(政和七年)八月,徽宗根据宣和殿大学士蔡攸建议,将

《亢桑子》、《文子》列入国子学，与《庄子》、《列子》提高到一个高度，又亲自为《道德经》作注。还力求提高道士们的道教文化水平，规定每年进行道教资格考试，根据其考试的成绩分别授予元士、高士、上士、良士、方士、居士、隐士、逸士、志士等头衔，还按五品到九品的职称对号入座。对于成绩优异者给予重用。

同时，宋徽宗还注意道教历史的编修工作，希望通过自己的努力把道教的发生、发展、延续和前景宣传得尽人皆知。其后，他还加大力度访求道经和编修《道藏》。据说在公元 1102 年～1106 年中，徽宗即诏令天下“天下搜访道家遗书，就书艺局令道士校定”。后来又着手编修《万寿道藏》，总 5 千 4 百 81 卷，由福州知州黄裳招工雕版，刻成后将板进于京师印行。将全藏刊版刷印，这在我国历史上还是第一次。

如果说，宋徽宗开始所想所干的诸事还有助于中国传统文化的发展，那么接下来这些荒唐事，无疑阻碍了国家的进程。例如他为神仙人物加封赐号。公元 1116 年（政和六年）九月，他加封道教中帝号最高的玉皇大帝为“太上开天执符御历含仁体道昊天玉皇上帝”，不久之后又诏封庄周为“微妙元通真君”，列御寇为“致虚观妙真君”，这一封下去就止不住了，从三茅兄弟茅盈、茅固、茅衷，到张道陵、陆修静、陶弘景、翊圣、真武、关羽等，或赐“真人”、“真君”，或加封个头衔，对岳渎、城隍、山神、龙神以及江河神等神也大加封赐。

此外，徽宗还多次下诏在全国范围内搜访知道法、有道术的道士，当时如刘混康、魏汉津、徐神翁、王仔昔、王老志、张虚白、王文卿、张继先、王允诚等均受到徽宗的亲切召见与封赐，其中尤以骗子之首林灵素权势最为显赫。为提高道士的社会地位，宋徽宗除了给道士以各种封赐之外，还在公元 1107 年 2 月，下诏规定道士的序位在僧上、女冠在尼上。

为了表示对自己所信仰的道教无比的忠贞,宋徽宗本人在接见道士时,也常常表现得格外客气,这就更助长了道士的嚣张气焰。当时一些道教首领的实际地位已超出一般大臣,许多道士不仅授有道官道职,还都享受朝廷发放的俸禄,而且不少道观都拥有千百顷良田,成了名副其实的大地主。北宋统治者的崇道,原为巩固赵宋王朝的统治,可结果却与当初的设想大相径庭。

二、道教剥削阶层沉渣泛起埋下暴乱伏笔

宋徽宗为了发展道教,不惜大量耗费金钱和人力物力,可以说狂热到了荒诞的程度。他崇道的时间长达 20 多年,其耗资之巨,妖妄之盛,影响之深,危害之大,均为以前历史所罕见。他把道教扶持、抬高到了历史的高峰,但结果却是误国殃民,加速了北宋的灭亡,各地的农民起义纷纷爆发,再加上东北地区女真族的迅速兴起,最后,集“教主、道君、皇帝”三位于一体的他,也只落得个身陷敌营悲惨死去的下场。《宋史·徽宗本纪》中曾指责他:“溺信虚无,崇饰游观,困竭民力。君臣逸豫,相为诞谩,怠弃国政,日行无稽。……他日国破身辱,遂与石晋重贵同科,岂得诿诸数矣。”

宋徽宗对待道教真可谓虔诚有加,不仅所建的道观与宫殿不遑多让,而且还不断给道教徒们授予高官厚禄。对那些自称有道行的道士,那更是礼遇有加,这就使得道士成为剥削人民的又一大势力。宋徽宗除了在京城大修道观外,还多次下诏,明令各地都要营建宫观,对于各地不积极修建宫观的地方长官,给予严厉的处罚。当时登州知府宗泽就曾因此而被处以除名编管;建州知州陈并因被朝廷派来检查施工进度的官员认为建宫观草率,而被勒令停工重建。

宫观建好了,有的地方还供了这位“道君皇帝”徽宗的塑像,按节令举行礼拜的仪式。宋徽宗亲自规定:每年的二月十五日,太上老

君生日这一天为真元节，八月九日青华帝君生日这一天为元成节，还有天应节、天符节等，大家都要有所表示。宋徽宗还把自己也供在观中，让自己也位列仙班，并且带头去朝拜。既然皇帝出驾，那自然要讲气派，不仅是前呼后拥做好安全保护工作，而且每次都要有上百个道士举着法器显示威仪，在前边开路，史载公元1117年二月徽宗到上清宝录宫时，竟有2000名道士跟随。

所有这些活动，无不需要大笔的财政开支，尽管宋徽宗为自己的信仰做这么多事，那是心甘情愿，可是钱花出去后也觉得心疼不已，于是钱就分摊到了人民百姓的头上。大修宫观，加重赋税，使老百姓经济支出锐增，不少人甚至倾家荡产。为了生存，很多人只好铤而走险参加了起义队伍。于是，以宋江、方腊等为首的农民起义在各地纷纷爆发。

宋江，众所周知，这是水泊梁山一百零八条好汉的首脑人物，他们的英雄事迹已经被编写成了小说《水浒传》。但由于宋江立场不坚定，最后被宋徽宗的糖衣炮弹招安了，致使那些好汉们死的死，亡的亡。当然，这其中有演绎的成分，但结果可以确定，那就是这支队伍没保护好胜利果实。方腊，虽然没有水浒好汉出名，可也是农民起义队伍的重要领导人。两支起义队伍分别给了宋徽宗的腐败统治强有力的打击，虽然最终均被宋徽宗镇压和瓦解了，使这位昏庸的皇帝度过了农民革命带来的一场统治危机，但在东北地区的女真族的迅速兴起，给北宋王朝带来了真正巨大的灾难。

第四节　崇道导致内忧外患，“靖康之耻”在劫难逃

宋徽宗赵佶的穷奢极侈与崇道过度是宋朝灭亡的一大主因。方

腊起义、宋江造反,并没令他悔悟。加上外患日益深重,这是北宋灭亡的外因。在内外因的双重作用下,大好的北宋江山毁亡了。

一、金辽夹击,国贫民弱的北宋到了最危险的时候

虽然,宋徽宗的艺术造诣值得世人称赞,可是他奢侈浪费的作风实在是祸国殃民。关于后者,前面已略加涉及,这里不妨再具体细说一些,再联系外患,以便更具体揭示北宋灭亡的必然性。

宋徽宗在位 20 多年,一直尽情地追求享乐,过着腐朽的生活。大奸臣童贯替他在苏州、杭州两地征用了几千名工匠,每天制作象牙、牛角、金银、竹藤的雕刻或织绣品,供他玩赏。可是这些制作材料,一律来自人民百姓的腰包。不仅如此,从朝廷到地方,从重臣到小吏,人人都看到宋徽宗搜刮民脂民膏绝不客气,因而他们也从不手软,一面帮着宋徽宗搜刮,一面自己也搜刮人民的血汗,可想而知,那时候的百姓是如何挣扎在水深火热之中的。时间长了,再稀奇的玩意儿,宋徽宗瞧着也不新鲜了,就想找一些奇草、怪石来调节一下口味。蔡京、童贯为了讨好他,派了一个无赖朱勔,在苏州办了一个专门替徽宗搜罗花石的据点。只要听说哪个老百姓家有块石头或者有株花木比较精巧别致,就带了兵士明抢,不得反抗,否则轻的是毒打一顿,重的是直接押入大牢里等死。如果被征的花木高大,搬运起来不方便,兵士们甚至会不惜把那家的房子拆掉,把墙壁毁了。执行这些“公务”的差官、兵士同时还会乘机敲诈勒索,因而被征花石的人家,往往被闹得倾家荡产,家底薄点儿的只能卖儿卖女,四处逃难。

朱勔定期会把搜刮来的花石,用大批船只运送到东京。如果运送的船只不够,就把运粮的船和商船截下来,强行把船上的货物倒掉,装运花石。当然,官兵们不会自己充当这些干活的苦力,于是,除了这些被朝廷大批征用的船只以外,还有大量的当地百姓被征用,充

当苦力运送花石。这种运送的队伍就是宋徽宗时期的“花石纲”。正是这无休无止的剥削使得百姓人困马乏,天怒人怨。于是,一些会审时度势的人迅速抓住了这个机会。

辽国和西夏处于北宋的北方地区,这两个政权的迅速强大,无疑给宋徽宗造成了不小的压力。当时,宋徽宗赵佶还做出了一个比较正确的决定,那就是联合金国灭掉辽国。

大金国是公元1115年女真贵族首领完颜阿骨打建立的。也许是因为受辽国压迫久了,所以金人打起辽国来人人勇往直前。这才让宋徽宗看到了机会,心想有了这个强大的盟友和自己同仇敌忾,那威胁我们这么久的辽国也算是气数尽了。于是,1120年,宋金商定,联合进攻辽朝。辽朝没有丝毫悬念地被灭了,宋徽宗也大大方方地将原来献给辽朝的“岁币”全部转献给了金朝。他本以为,这样双方就能和平共处,共同发展,可是他的如意算盘打错了。

公元1125年,金军兵分两路开始了大规模侵宋的军事活动。他们一路由完颜阿骨打的长子粘罕统率,进攻太原;一路由完颜阿骨打的次子斡离不统率,进攻燕京(今北京一带)。两路金军计划在宋都东京(汴京;开封)会合。十二月,粘罕派使臣到太原去见宋朝权臣童贯,要求宋朝割让河东、河北地区,童贯这个奸臣平时只知道拍宋徽宗的马屁,一点正事不会,当时就吓得逃回了东京。金兵简直像回自己家一样,没有遇到丝毫抵抗,大部队顺利地开到了太原城。斡离不的军队也迅速抵达燕京城下,宋朝守将郭药师也是个软骨头,竟然吓得不战而降,并且给金兵出主意让他们转攻东京。

此时还过着幸福生活的宋徽宗得到报告,吓得面如土色,赶紧下令取消花石纲,并下“罪己诏”,向臣民百姓承认了自己的一些过错,号召各地军民一起保家卫国。从表面看,徽宗好像是悔过自新,准备抵抗金兵入侵了,但其实徽宗暗地里早就有了弃城逃跑的打算。为了便于逃跑,他任命太子赵桓为开封牧,让他留守京都,做抵抗金军的总指挥。此时,给事中吴敏和太常少卿李纲也看出这徽宗根本不是能带兵打仗的国君,恐怕他真御驾亲征了反倒会让军民大失所望,于是就劝谏徽宗传位给太子以便更新政局,更好地组织抗金活动。李纲怕力度不够,还写了一纸血书,面呈徽宗,徽宗此时哪还顾得上什么权力地位,能保命才是硬道理,出于对自身安全的考虑,他毫不犹豫地禅位给太子赵桓,任吴敏为门下侍郎,专门辅佐太子。此时,金兵已然长驱直入,逼近东京,徽宗是又怕又急,一个劲地拉着大臣的手埋怨金国人背信弃义,而且骂到激动的时候,居然还一口气没上来昏倒在床前。吓得群臣赶紧宣召太医。被救醒后的宋徽宗再也不敢留在汴京了,正式宣布禅位给太子赵桓,于第二年改国号为靖康。徽宗退位,自称"太上皇",带着蔡京、童贯等贼臣,借口烧香仓皇逃往安徽亳州蒙城(今安徽省蒙城),直到第二年,也就是公元1126年四月,围攻汴京的金兵被李纲击退北返,宋徽宗才回到汴京。但是好景不长,同年的十一月底,金兵再次南下时李纲已被贬斥,无人替代,金兵于十二月十五日攻破汴京,徽宗与钦宗父子俩被俘,后被押送北方,成了真正的阶下囚。时为钦宗靖康元年(公元1127年),北宋灭亡,史称"靖康之变"。

二、"靖康之耻",无奈道教神仙也无力回天

宋徽宗刚当皇帝的时候,也确实想过在北宋这片壮丽河山中大展拳脚,大施作为,因此也曾经亲贤臣、远小人,大刀阔斧地整顿朝纲,平反冤狱,贬窜佞邪,提拔贤良,一时间,很有除旧布新的气象。他还曾经发布一份诏书,相当谦恭地希望天下人能够畅所欲言地品评朝政,其诚恳平和、推心置腹在历代帝王诏书中十分少见。

从诏书中,可以清楚地看到一位青年天子涉世未深的坦诚,带有

理想化浪漫气息的良好愿望。但是,这样的贤明并没有维持多久,徽宗赵佶深深感到,这么活太累了！于是,越看韩忠彦、曾布等正直的大臣越不顺眼,总觉得人家说话都和自己的思想观念很难一致,反而是蔡京、王黼、童贯、梁师成、李彦、朱勔这些被称为“六贼”的奸诈家伙最能和自己有共同语言,于是,这心里的天平越发倾向于这些人。正是这些人的专断朝政,胡作非为,加速了北宋灭亡的进程。

严格说起来,在徽宗赵佶身上有一种谦让的好品德,这是在历代帝王身上找不出来的。因为这位不是个权力欲超强的皇帝,朝政大权被“六贼”紧紧地把持在手中,徽宗赵佶却连一点不满的态度都没有,乐得摆脱繁忙的政务,好好享受有限的生命。在他心里,兴盛道教、摆弄花石、研作书画、拥美在怀,才是头等大事,而真正的国家大事却被贬为微不足道的小事。

在对外关系上,开始赵佶希望保持和平,因而多采取怀柔政策,周边地区也相对平静,但很快这种局面就改变了,赵佶突然变成了战争狂人。公元1103年至1115年这12年间,就先后发生了与河湟吐蕃、西夏、卜漏的战争,虽然宋军胜多败少,但这大笔的军费开支却大大加重了百姓的负担,并没有给国家带来什么实惠。等到与更强大的辽、金政权对峙时,北宋政府已明显不是人家的对手了。公元1125年,金军大举南侵,直逼到赵佶家门口,终于演出了“靖康之变”的悲剧。可笑的是,尽管徽宗这位自称天神下凡的教主道君皇帝连同他的儿子钦宗赵桓以及全家妇孺,都成为金人的阶下囚,但他却仍然经常身穿紫道袍,头戴逍遥巾,保持道士装束,表明自己的崇道思想始终未变。但道教神仙也没能挽救这位信徒啊!

对宋徽宗信仰的总结:

纵观宋徽宗时期以前的道教历史,尽管和他一样崇道的君王不少,但像他这样对道教的崇拜达到狂热、荒诞程度的却无出其右。在宋徽宗崇道长达20多年的时间里，其耗资之巨，妖妄之盛，影响之深，危害之大，均为以前历史所罕见。他积极扶持道教，甚至把它抬高到国教的地位，道士们也因此风光无限，生活无忧，甚至有许多已经成了大地主的宫观主，也和其他统治阶级一起残酷剥削百姓，过着极度奢侈的生活。这激起了百姓的愤怒，纷纷起来反抗，因而使得北宋末年各地起义不断。试想，在这样的政治大环境下，北宋最后就算不灭在金人手里，大概也会断送在起义大军手中。宋徽宗为了自己的信仰而误国殃民，最终加速了北宋走向灭亡的脚步，也使自己成为了历史的罪人。

平心而论，宋徽宗大概可以称得上是中国历代帝王中艺术天分最高的皇帝，如果他没有走上统治道路的话，很有可能成为中国历史上一个相当完美甚至伟大的艺术家，但毕竟时光不能重来，所以这位艺术家皇帝最终只能在金人的凌辱折磨中郁郁而终。不过，宋徽宗的信仰给他带来的虽然是灭顶之灾，但是这位痴迷的道教君主即便当了俘虏仍然对自己的信仰坚定不移，从这一点上来说，他也算是诚心有加了。

第九章　成吉思汗:踩在萨满教的肩上打天下

成吉思汗是毛主席诗词里的一代天骄,甚至被称为千古风云第一人,他发动了世界古代史上规模最大的战争,创建了有史以来版图最大的帝国。可以说,他的出现,使历史变得更加多彩多姿。那么究竟是什么力量缔造了他"世界征服者"的称号呢?

成吉思汗是蒙古族人,他的信仰是萨满教,正是这种宗教始终在指引着他前进的脚步,甚至人生的重大决策。成吉思汗这位戎马征战一生的人物,不愧为一名目光远大、宏韬伟略的政治活动家。统一蒙古各部后,他对于宗教信仰一直抱着比较民主的态度,实行三教并存,这无疑是当时最明智的抉择,不仅调和了三教的矛盾,获得了更多的支持,而且也给自己的统治省了不少麻烦。不过,也正因为他提倡信仰自由,才使得藏传佛教有了进入蒙古人民思想领域的机会。到了晚年,成吉思汗这位曾经傲视天下的大人物,也不禁开始畏惧生死,于是也和秦始皇一样对道教的长生之术产生了巨大的兴趣,以致不远万里把全真道丘处机请来,这就是金庸在《射雕英雄传》中提到的成吉思汗会晤丘处机的情节。

成吉思汗大规模地西征,尤其是征战南高加索和里海草原,虽然给各国人民带来了深重的灾难,但同时,也促进了亚欧大陆的沟通,使得东西方使节往来不断,极大地促进了东西方经济、文化的交流和发展,所以,后世有史学家称他为“打破东西方壁垒的千年伟人”。

第一节　为求享有一呼百应的号召力而信奉萨满教

姓名:孛儿只斤·铁木真

荣誉称号:成吉思汗

性别:男

民族:蒙古

体貌特征:据《蒙鞑备录》中记载:“其身魁伟而广颡(宽额),长髯。人物雄壮,所以异也。”因此可以认定,成吉思汗是一位身材高大、体格健壮、前额宽阔、留着长胡子的蒙古大汉。

家庭出身:蒙古贵族世家

生卒:公元1162年~公元1227年

社会关系:

父亲:也速该(曾获光荣称号“把阿秃儿”,意为“勇士”。)

母亲:岳伦(一位坚强勇敢、具有务实精神的女性。)

帝号:元太祖

理想:要让青草覆盖的地方都成为他的牧马之地

一、混沌哲学激励蒙古汉子在挫折中成长

著名的蒙古国的缔造者成吉思汗原名叫做孛儿只斤·铁木真,他是大蒙古国第一位君主,在位时间从公元1189年~1241年,为期38年。1206年,进位蒙古帝国大汗(后被尊为元朝开国皇帝),统一蒙古各部落。他戎马生涯近50年,在位期间,曾多次施展雄才大略,依靠一批能征善战的将领和谋士,特别是善于利用游牧民族的骑兵

优势，发动战争，征服地域西达黑海海滨，东括几乎整个东亚，使蒙古帝国成为世界历史上著名的横跨欧亚两洲的大帝国之一。他不愧为古代杰出的军事家、政治家，史称他“深沉有大略，用兵如神”。其军事思想和指挥艺术，在世界军事史上都占有重要地位，对后世也有很大影响。

铁木真出生于蒙古孛儿只斤氏族乞颜部的一个贵族世家，其六世祖海都、高祖敦必乃、曾祖葛不律寒及族曾祖俺巴孩等都曾是蒙古部的显赫人物或首领，其父也速该不但是乞颜部的一位首领，更是一位善战的勇士。铁木真降生时，适逢也速该在作战中俘获塔塔儿部首领铁木真，为纪念这场战功，所以给自己的儿子取名铁木真。本来有这样的家庭环境，铁木真的童年应该算是很幸福的。可是，就在铁木真 9 岁时，父亲也速该被塔塔儿部的人毒死，部众离散，连家产也被抢劫一空，就剩了 9 匹马。从此，铁木真由一个贵族子弟沦落为一个三餐不济、衣食无着的穷孩子。此时，铁木真的母亲岳伦夫人却显示出了常人所不能及的坚强意志和独立精神，每天靠拾野果、挖野菜养活自己的儿子们。铁木真和几个兄弟就是在一无国家救济、二无家底保证的情况下成长起来的，其间受尽了别人的耻笑和欺负。但这并没有使铁木真从此沉沦颓废，在长期的磨炼中，他反而越来越坚强、勇敢。后来兄弟几个长大了，就在斡难河边捕鱼为生，悉心照顾年老的母亲。在困境中，这位性格坚毅、目光深远的岳伦夫人并没有让儿子甘于现状，而是经常告诫他们要为父亲报仇，恢复祖业，这就使得还处于青春期的铁木真心里的复仇火焰熊熊燃烧。

虽然也速该被毒死了，但还有不少部落的人都知道他还有几个快成年的儿子活在人间，这些人生怕铁木真兄弟几个日后会替父报仇，于是，为了斩草除根不留后患，他们纷纷开始采取行动，最先沉不住气的是泰亦赤兀特部的塔尔忽台·乞邻图黑。细说起来，这泰亦赤兀特人与铁木真本来还有点亲戚关系，其始祖是铁木真的五世祖察剌孩领忽。

12世纪末，这个部族已经发展成为蒙古诸部中最强大的部落，拥有众多的属民和军队。在也速该统治末期，泰亦赤兀特部阿答汗的儿子塔尔忽台·乞邻图黑挑起内讧。也速该死后，泰亦赤兀特人便脱离了蒙古部，塔尔忽台更是想统治整个蒙古。为了防止铁木真日后和他争夺统治地位，所以他必须先下手为强，企图把铁木真杀死，于是便武装袭击，把铁木真逮了回来。幸得速勒都顺人锁尔罕失剌的暗中相救，铁木真才免了一死。此后，这样的抓捕和暗害还有不少，有几次铁木真差点遇害，但最终都凭借他的机敏和勇敢逃脱了。正是这些磨难和挫折，反而让年幼的铁木真真实地感到了肩头的重担，再加上母亲出色的教育，因此造就和培养了铁木真异常刚毅的性格和极其过人的胆识与谋略。除此之外，蒙古人古老的萨满信仰也是激励他奋起的一股力量。

萨满教并不是中国所特有的宗教，它不是人为创生出来的，而是自发产生的，所以被称为原生性宗教。萨满文化是一个世界性的文化现象，远到欧洲北部、西伯利亚、中亚和西亚地区，直至北美、南美、非洲、南亚的某些地区，都留有萨满教的踪迹。在中国历史上，萨满教是包括蒙古族在内的许多游牧民族普遍信仰的原始宗教，包括满族也是萨满教的忠实追随者，也就是说大清帝国也与萨满教有着不小的联系。萨满教其实产生于母系氏族社会，它跨越了不同的历史时代而残存至今，可算是一个历史最悠久的宗教。

早在新石器时代，人类生活以采集、狩猎、捕鱼为主要内容，在大自然的险恶环境中求生存是人们的本能。当时人类的第一要务就是避免挨饿和死亡，但由于各种硬件设施跟不上，所以当时的人们常常受到死亡的威胁。虽然，这些文化水平不高的人无法以吟诗作文来抒发忧思，但那种每时每刻都充斥在心中的恐惧感迫使他们不得不尽快寻找到一个心理寄托。于是，人们把生存环境中依赖或惧怕的对象创造成神，水上捕鱼、森林狩猎，都成为人们造神的摹本，虎、熊、火、鸟、蛇、水都成了神。“神”其实不是文化水平有限的反映，而是人们对宇宙的一种认识。应该说，这就是文化形成的开始。

其实，中国少数民族萨满教哲学中既有唯心的因素，又有唯物的理念，这比其他任何一个宗教的内容都更丰富。这些唯心的因素和唯物的成分错综复杂地混杂在一起，构成了一个萨满教哲学的混沌体系。蒙古人信仰萨满教，相信“长生天”是主宰一切的最高神，人的一切都是由“长生天的意志”安排的，成吉思汗也不例外。在萨满教的氛围中成长起来的铁木真深刻地意识到，萨满教是可以一呼百应的，因此要想有号召力，那么萨满教倒可以拿来一用。

二、重蹈“长生天”的古老信仰，却成就了成吉思汗

可以说，成吉思汗的成功完全是借助蒙古民众对于萨满教的信仰，让大家视自己为“长生天的代表”，因而觉得他的所作所为都符合“长生天的意志”，所以，才使得成吉思汗能够顺利完成由一个贫苦无依的穷孩子到具有强大号召力的领袖人物的蜕变。成吉思汗本人也是个萨满教徒，“自信有一主宰，并崇拜太阳，而遵从萨满教……”，特别信奉至高无上、力量无穷的“长生天”，崇拜蒙古战神速勒迭，所以在他登极后，自然将征服世界、一统天下看成是天经地义的事情。

在公元 12 世纪末、13 世纪初，随着蒙古族的统一和发展，蒙古社会由奴隶制向封建制急剧转变，这一点在宗教上也有很明显的反映。宗教向来都是统治者应用于统治的工具，萨满教也不例外。为适应新的皇权体制的需要，这个古老的宗教也开始以“天神”为主兴

起了多神信仰，伴随着蒙古国的建立而登上了政治舞台，并成为统治集团的工具。铁木真是最崇拜萨满教的，他在政治、军事方面取得的巨大胜利，甚至包括统一蒙古各部，成为“成吉思汗”，这都和萨满教有着密切的关系。

在铁木真身边有两个最有权势的大萨满（萨满教的巫师称萨满），一个是阔阔出，另一个就是豁尔赤，这两个人对于铁木真的成功称帝起到了不可忽视的作用。此时的铁木真已然是一个部落的首领了，可是，他与自己父亲那代人的想法不同，多年的艰苦磨砺使他认识到，要想让蒙古强大起来就必须实现强强联合，也就是实现统一。可是，长期以来分裂的局面，使各个部落首领都习惯了自己高高在上、作威作福的生活，谁也不愿意当别人的手下，因而，这统一大业实在是说起来容易、做起来难。于是，铁木真想到了萨满教的阔阔出和豁尔赤两位巫师了。

阔阔出和豁尔赤是协调铁木真行动的专职萨满，在铁木真统一蒙古各部的过程中，他们以“天神”之名为铁木真造了不少声势，使蒙古军队增强了必胜的信念，增强了铁木真队伍的战斗力。

阔阔出，被称为“帖卜腾格里”，腾格里在蒙古语里意为萨满教观念中的“天”，可见这位在部落中的地位是神圣不可侵犯的。在蒙古人民心目中，阔阔出能预言未来，与神沟通，上通神意，是灵魂在天上巡游的“通天大萨满”。在成为铁木真的心腹之后，他曾多次为蒙古乞颜部出征，为打击敌人、振奋军心出了不少力，铁木真视他为自己身边最得力的舆论宣传者。阔阔出通过“神”的旨意为铁木真的崛起奠定了舆论基础和宗教上的支持。公元1206年春，铁木真在斡难河畔举行了忽里勒台大会，这次大会的成败关系到铁木真的统一大业。此时，大萨满阔阔出发表了决定性的讲话。他代表“天神”发言，宣布奉天命封铁木真为“成吉思汗”，并建立大蒙古汗国。于是，铁木真便以“君权神授”的名义，得到各部首领的赞同和拥戴，合法地坐上了统治者的宝座。阔阔出这位下了大力气的“神仙”代言人也顺理成章地成为极具权势的“神权合一”的人物。通过这件事，我们可以认定，成吉思汗既是一个虔诚的萨满教徒，又是一个利用萨满教来达到其政治目的的高手。

再说豁尔赤，他本来是铁木真结拜兄弟扎木合的手下，但后来却和扎木合闹翻了，率领手下投奔了铁木真。公元1189年，豁尔赤第一个提出要推举铁木真为蒙古部汗，随从统一蒙古各部，这个倡议一经提出立刻得到了铁木真的赞许，并对他更加提拔重用。虽然豁尔赤没有阔阔出那么大的本领与威望，但他同样也是为成吉思汗大造声威的萨满之一。据说他曾编造了一套所谓“天意”来迎合成吉思汗的需要，并且为萨满成为宫廷祭司阶层，变成统治阶级的一部分，成为“天神”和“帝王”统一起来的有力工具出了不少力。后来，当蒙古汗国建立时，豁尔赤由于其出众的功劳而成为屈指可数的几位“万户”之一，还被封为“别乞”，意思是“长老”，掌管萨满教的相关事宜。

借着萨满教铁木真才实现了统一的目标。

第二节 以“先扩后统”为信念驱策

经过坚苦卓绝的斗争，铁木真终于借助萨满教的舆论当上了“成吉思汗”。即位以后，成吉思汗制定了一套军事、政治制度，创制了蒙古文字，并展开了大规模的军事征讨活动，同时把萨满教定为国教。

一、“长生天”的意志，统一的信仰支柱

萨满教帮助了成吉思汗，成吉思汗统一蒙古后，这个虔诚的萨满

教徒也的确给了萨满教至高无上的名分,使它成了蒙古帝国真正意义上的国教。成吉思汗之所以有今天的成就和地位,与他的萨满信仰是分不开的。当时很多人都认定是萨满教中至高无上的宇宙天神腾格里授命成吉思汗东征西讨的。尽管后来的成吉思汗也曾接受过其他宗教,秉承着"切勿偏重何种宗教,应对各教之人待遇平等"的态度,但这并不影响他本人做个坚贞的萨满教信徒。据说,当他听到商队在厄塔剌被劫掠的消息之后,便单枪匹马到深山去避居3天,这就是萨满教传统的祈祷模式:独自一个人,找一个隐蔽的地方与诸神沟通,相互达成谅解。因而我们有理由相信,成吉思汗的统一在很大程度上是因为他确信自己是在遵照萨满教长生天的意志行事。

蒙古人信仰萨满教,相信"长生天"是主宰一切的最高神,人的一切都是由"长生天的意志"安排的,就连成吉思汗本人也不例外,无论是出征、举行重要仪式还是制定重要策略,都要请教萨满巫师;同时也利用人们的这种心理,广造舆论,让人们把他看做是"长牛天的代表",那么他的所作所为就都符合"长生天的意志",是不能违背的,这就给成吉思汗的一统天下带来了巨大的动力和支持。

蒙古族原本是中国古代的一个游牧民族,世代生活在马背上,"逐水草而迁徙",整年过着居无定所的日子。在12世纪时,蒙古高原上的蒙古族已经形成了大大小小上百个部落,他们有的以打猎为生,有的以放牧为生,有的已经开始经营农业。可是,由于生产力的发展,氏族制原本那种"没有主子,不分尊卑上下"的情况改变了,形成阶级对立的社会。这个社会的出现虽然是一种进步的表现,可是,也给一向爱好自由和平的牧民们带来了血腥的杀戮。

当时,强大的金朝仗着自己兵多粮足,生产力发达,到处欺负弱小民族。由于蒙古族几百个部落一直处于各自为政的分裂局面,大大削弱了蒙古族人民的战斗力和生产力,所以一直被金朝野蛮地统治着、压迫着，金世宗甚至每 3 年就会派兵向北杀戮一番，给蒙古人民造成深重的灾难。因此，从客观条件上看，蒙古族的确很需要一位领军人物，重新给他们带来统一和安定的生活。

于是，由铁木真蜕变而成的"成吉思汗"在此时便应运而生。终于在 1206 年，蒙古各部实现了统一，在东起兴安岭，西至阿尔泰山，南至大沙漠，北达贝加尔湖的广大地区，建立起蒙古历史上第一个军事奴隶制国家，铁木真被各部落首领推举为全蒙古的大汗，尊称"成吉思汗"。

二、定萨满教为国教只为加固自己的集权统治

忽里勒台大会是铁木真真正成为蒙古帝国统治者的重要盛会。与大多数成功的统治者一样，铁木真清楚地知道类似这样隆重的仪式和盛大的场面在民众心中所具有的号召力和说服力，因此他坚信这次盛会有助于他在政治上发挥自己的无限潜能。公元 1206 年的一天，没有高大的宫墙，没有巍峨的殿堂，44 岁的铁木真在一片开阔空旷的大草原上被蒙古各部落一致推举为全蒙古的大汗，尊号成吉思汗。"汗"即王的意思，而关于"成吉思"的汉语解释有两种，一说为蒙古语"天赐"之意，成吉思汗即"上天赐予蒙古人的大汗"；一说蒙语"成"的意思是"坚强"，"成吉思"是其复数，《中国通史简编》也认为"成"是"刚强"，"吉思"是"多数"，因此成吉思汗是"坚强的大汗"的意思。但无论是哪一种说法，这"成吉思汗"的尊号都显示出了蒙古部落以及民众对于铁木真的敬仰和臣服之意。

这次大会可以说是一场没有硝烟的战争，并且这一仗铁木真必须胜利，否则他不仅要被淘汰出局，还有可能就此消失在人们的视野中。铁木真深知这一点，因此，尽管他英勇无比、战功赫赫，尽管他的队伍已经人数众多、兵强马壮，但他仍然不敢掉以轻心，于是，萨满信

仰就显现出了它的威力。前面提到,铁木真的得力助手,大萨满阔阔出利用人民对该教的信仰给了铁木真有力的支持,无疑,这为他的上台提供了不小的援助。本来铁木真麾下就已经有了不少被他收服的部落,再加上认识到统一是大势所趋的人也占了不少,如今又有了信仰的导向,于是这次大会为民众们提供了一个明确表示自己对铁木真坚决支持的机会,他们将他高举到过头的毡毯之上,并将他送上王位宝座,用实际行动公开地表明了他们的臣服之心。几乎大草原上所有的氏族都出席了这次大会,他们对成吉思汗实行君臣的叩拜大礼,随后,所有的萨满巫师也到场,这不仅表明他们臣服于成吉思汗,也表示他们的灵魂在神的旨意下也忠心跟随这个人。萨满巫师的表现使得这次大会不仅仅只是一次大家习以为常的即位典礼,更成为了成吉思汗君权神授的象征,意味着他从此以后不只是一个帝国的君主,更是一位肩负着"长生天"所赋予使命的天命使者。

统一蒙古后,成吉思汗将萨满教定为国教,委任兀孙老人为掌管宗教的"别契"。别契那颜兼管天文、挑选吉祥年月等事务,在朝中享有很高的地位,可见成吉思汗对萨满教的重视,当然,这其中应该也有类似于武则天那样感激佛教帮助自己登极的心理。只不过,成吉思汗这位出身蒙古族的君王,心思可能会更单纯些,尽管他也是利用信仰为自己的统治政权铺路搭桥,但这并不影响他继续做个坚贞的萨满教信徒。

第三节　兼容并蓄的信仰政策,社会稳定的基石

成吉思汗虽然自己信仰萨满教,可并没规定所有人都得和自己一样有共同的信仰。建国后,他对各种宗教采取了兼容并蓄的政策。

实行多教信仰不仅有助于调和各宗教间的矛盾,有助于人民百姓和平共处,而且也给自己在治理国家方面免除了不少麻烦。应该说这正是成吉思汗聪明的地方。在用人上,成吉思汗很注意资源整合,对各宗教领域的人才都来者不拒,这大大提高了蒙古帝国的竞争力,同时也使他手下的人才得以充分发挥各自的专长。

一、政策开明,力求宗教信仰和平相处

成吉思汗不仅是一位素质过硬的军事家,更是一位有头脑的政治家,他在统一蒙古各部落后,实行了一系列的社会改革,这些改革极大地促进了蒙古社会政治、经济和文化的迅速发展,使国家迅速走上正轨。尤其是他对宗教的态度,更加促进了社会平稳有序地发展。

首先,他实行领户分封制度。在统一前,蒙古高原上分布着大小不一,经济、文化发展不平衡,语言、宗教也不完全相同的民族部落。为了加强对他们的有效管理,成吉思汗按照万户、千户、百户、十户的十进制等级形式,将草原牧民全部分封给三个万户那颜和九十五个千户那颜做属民。万户那颜、千户那颜是大汗的世袭封臣,通常是一些为了成吉思汗的统一做出了突出贡献的功臣和贵族。千户是基本的社会单位,千户那颜不仅是军事统帅,而且还是行政长官和封建领主。领户是这些封建领主辖区内的百姓,他们具有一定数量的牲畜和生产工具,不论他们原来的社会身份如何,一律固定在封地内,只能在领主指定的牧地上生产,不得随意转徙。领户平时要向领主纳贡服役,战时则要自备兵器粮食,随领主出征。男子15岁以上、70岁以下,必须从军,“上马则备战斗,下马则屯聚牧养”。这种封建领主制的建立,实际上是把万户那颜、千户那颜以及牧场属民的册封权完全操在统治者手中,对于加强统治者的统治权力具有极大的帮助作用。同时,成吉思汗又任命自己的义弟失吉忽秃忽为最高判事官,

令他着手制定“青册”(可汗行政、财政机关的文书,因使用蓝墨水在白纸上书写,故而得名),从此开启了蒙古族正式颁布成文法的先河,也使得社会秩序更加安定。

第二,扩充和健全护卫军(“怯薛”)。护卫军可不光是成吉思汗的私人保镖队伍,它还是汗国早期的最高政权机构。其中除世袭的“怯薛长”之外,还有司牧驼、司牧羊,以及管理车马、庐帐、兵器饮食等的执事官,他们实质是身兼“怯薛”的朝廷官员。同时他们又是汗国特殊的高级军官和干部,是成吉思汗后来进行大规模军事征伐的“国防预备军官团”,这支队伍为成吉思汗培养出了大批功勋卓著的文武官员。当然,这支队伍的首要职责就是负责成吉思汗的安全。要知道此时的成吉思汗可不是原来的铁木真了,他是皇帝,是一国的统治者,他的生死安危关系到社会稳定的大局,关系到人民的生产生活能否顺利进行,况且当上君王的人自身都具有很强的危机意识,成吉思汗也不例外,所以他将护卫军人数从500多名扩充至1万人,以自己的人身安全为头等大事。实质上这支护卫军队伍就是以万户、千户、百户那颜等大小贵族的子弟为骨干组成的一支亲兵队伍,平时分4班轮番宿卫,成吉思汗亲征时则作为主力军参战。可以说,这些护卫军是使国家政权得以巩固、帝王得以免除危险的中流砥柱。

第三,开创蒙古文字。文字是文明的象征,而蒙古草原长期以来都没有文字,于是成吉思汗鼓励贵族子弟学习回鹘(今维吾尔族的祖先)文字,并命原乃蛮部塔阳汗的掌印官塔塔统阿采用回鹘字母拼写蒙古语音。从此,蒙古族才开始有维吾尔字体的文字,经过长期的发展演变,成为现在通用的蒙古文字。

第四,创造法典即大札萨。蒙古帝国统一初期,社会秩序混乱,这给成吉思汗治理国家带来了不小的难度,因此他决心治理,只有有法可依,才能违法必究。他任命失吉忽秃忽为最高判事官,掌管司法,命他每处理一件案子都要记录下来,以后再有类似的案件一律循例处理,这样就建立了成文的法律。当然,成吉思汗说过的话那也是法律即大札萨。成吉思汗还告诫后人:如果不遵守大札萨,国家根基就不稳了,如果有人违背大札萨一次,就批评他。要是违背札萨二次,就要按照成吉思汗平时的训言处罚。要是违法三次则要流放到很远的地方。要是改造回来还照犯不误,那就要把他扔到监狱去。其他像是窃盗、通奸等罪都要处以死刑。在法律问题上,尽管大多都是成吉思汗一人做主,但他看问题还是很透彻的,对于私有财产继承权这个问题,他首先提出了自己的观点:人死之后,无须将其财产献于可汗,而交由曾服侍他的人继承。他的这个观点无疑对生产的发展和政权的巩固起了重大作用,同时也让人们看到了一个值得拥戴、信服的帝王。

第五,对于国家基础建设,成吉思汗很重视,他上台后曾下大力气恢复生产,发展交通,同时保护和重用各降服部落、地区的知识分子及各类专业匠人,从而迅速推进了蒙古地区手工业、建筑业和农牧业的大发展。特别是驿站的开设,有助于打通亚欧交通,恢复汉唐以来被隔绝的"丝绸之路",这一点大大促进了欧亚非三洲之间的文化交流。

最后一点,也就是实行宗教信仰自由的政策。尽管成吉思汗本人是个萨满教徒,但他告诫部下对各种宗教要一视同仁。1218 年,成吉思汗的部队在西辽境内,他的对手曾强令伊斯兰教徒改信佛教,这个错误政策引起了当地教徒的极大不满。成吉思汗吸取这个教训,宣布信教自由,此举不仅博得了当地伊斯兰教徒众的热烈拥护,而且使得大家纷纷行动起来支援蒙古军队。

应该说,在成吉思汗的影响下,整个元朝统治时期,无论是佛教、道教、基督教还是伊斯兰教的信徒们,都过着比较安定的生活,朝廷对他们一视同仁,让他们同样享有免役的特权,这无疑减少了各个民族之间和氏族内部的许多矛盾冲突,维护了社会的稳定有序发展。成吉思汗还曾亲自接见过深通伊斯兰教的长老,聆听伊斯兰教的要义与规条,并且频频点头表示同意。成吉思汗的宗教信仰自由政策,是他对各种文化都不抱任何成见的反映,也表现了他对于各种宗教虚心学习的态度。

二、倡导竞争,广纳各宗教界人才

在成吉思汗建立蒙古帝国以前,萨满教是蒙古地区占主要支配地位的宗教。作为蒙古族古老的原始宗教,萨满教崇拜多种自然神灵和祖先神灵,就连成吉思汗自已也信奉萨满教,崇拜"长生天"。直到后来蒙古人建立了元朝,萨满教在蒙古皇族、王公贵族和民间中仍有重要影响,在蒙古社会仍然占统治地位,皇室祭祖、祭太庙、皇帝驾幸上都时,都由萨满教主持祭祀。但是,这并不代表萨满教具有唯我独尊的无上地位,诚如上述,因为成吉思汗在宗教信仰这个问题上表现得还是很理智的。

虽然,成吉思汗征服了不同的宗教地区和信徒,可是他对各宗教并没有特别的恶感,他认为不同的宗教只是不同的手段,并不会给自己的统治带来威胁,当然,合理地利用和团结也是很有必要的。成吉思汗的死敌鞑靼族也就是原来蒙古的塔塔儿部,是他的杀父仇人,这个种族既信佛也信基督,按说成吉思汗对于这些人应该决不手软,但由于成吉思汗的母亲信基督教,所以他并没有坚决消灭鞑靼族,而且还曾下令把基督经文翻译成蒙古文字。

应该说,成吉思汗的宗教观是进步的,不但如此,他还经常开导身边的人去正确理解宗教问题。据史料记载,有一天,成吉思汗问大臣们哪些宗教最好,每个人都有不同的答案,为此争论不休。可是成吉思汗并没有被大家的说法所左右，而是趁机大大开导了大臣们一番。他说这世界上根本就没有最好的宗教，各宗教便好像是人的十个手指头，而信仰则是人的手掌，只有手掌控制手指，而不会是手指控制手掌。这番话充分体现了成吉思汗在宗教问题上所显现出的大智慧，他借用手指与手掌的比喻告诉人们，信仰的对象是神，而宗教只不过是不同的沟通渠道而已。

成吉思汗的宗教观还表现在他的用人问题上。众所周知，成吉思汗的军队很厉害，几乎是常胜部队，其原因就在于成吉思汗不排斥他人的文化。每当发动一次战争，收服一个部落，成吉思汗从没有因为当地的文化宗教和自己的信仰不同就大开杀戒，或是强令对方改变信仰，反而是采取尊重的态度，此举往往使得战败方忠心臣服于成吉思汗脚下。其次，成吉思汗没有坚持唯一的宗教。尽管他是信仰萨满教的，但他允许其他教派的存在，这也给了不同宗教人士很大的自由和发展空间。

当然，成吉思汗允许各宗教和平共存，其实也有他自己的考虑。他认为，不同领域、不同信仰和不同文化的人都有各自的强项，这有助于壮大自己的人才队伍。可以说，成吉思汗是一个非常注重整合资源，以此来提升自己竞争力的帝王。他曾经深刻地意识到，这些不同地区的人民有很多先进的科技和武器装备，有先进的知识和礼仪，如果这些优势统统为自己所吸收利用，国家就会变得越来越强大。事实证明，成吉思汗的这一正确思想果然在日后治理国家方面取得了不小的成绩。

成吉思汗对于宗教的积极态度帮他招揽了不少人才，其中最重要的人才当数来自契丹族的耶律楚材。这位有名的古代政治家是成吉思汗最信任的谋臣，他以自己出众的才华辅助成吉思汗，常向成吉思汗晓以征伐、治国、安民之道。成吉思汗的儿子窝阔台即位后，他依然受到重用,更被誉为“社稷之臣”。据说成吉思汗每到一处,都要询问被带到跟前的人有何特长,并因材施用。元世祖忽必烈即位后,也学习了成吉思汗这一用人方法,不拘一格地引进了大量人才来帮助他治理国家,这其中还包括那位著名的旅行家、威尼斯人马可·波罗。除此以外,忽必烈的中央行政机构中还有其他国家的各类人种,包括亚美尼亚人、契丹人、阿拉伯人、欧洲人、突厥人等,这些人才的引进的确对国家的迅速发展起到了不小的帮助作用。

第四节　全真道献策,为元代道教大发展奠基

全真道是盛行于金元之际的道教宗派,创建于公元1167年(金大定七年),创立者为王重阳祖师。重阳祖师于该年在山东宁海立全真庵,“全真”之名由此开始。王重阳一生收过很多弟子,但以马钰(丹阳子)、丘处机(长春子)、谭处端(长真子)、王处一(玉阳子)、郝大通(太古子)、刘处玄(长生子)和马钰之妻孙不二(清静散人)7人为翘楚,人称北七真,也就是在金庸先生的武侠作品中多次出现的“全真七子”。这七子之中,又以长春子丘处机的名头最为响亮,这倒不是因为他像小说中描写的那样武功高强,而是因为他对全真道理论的突出贡献,还以70多岁的高龄西行觐见成吉思汗,并取得成吉思汗的信任和器重,使全真道得以迅速发展。

一、统一与戒杀成就全真道的兴盛

丘处机和成吉思汗的这次会晤可以说不但对元朝的建立,也对成吉思汗自己都有很大的帮助,也难怪此后成吉思汗出台了一系列关于全真教的利好政策,使这个教派得以飞速发展。其实像成吉思

汗这种求贤若渴的事迹早在六朝的时期就发生过。话说前秦苻坚久闻龟兹国高僧鸠摩罗什的大名,想请他来为自己当国师,无奈龟兹国国王不愿放人,于是苻坚不惜发兵7万人征灭了龟兹国,这才“请”到了罗什大师。后秦王姚兴,同样为了请来罗什大师,于公元401年派兵灭了后凉,大师这才被顺利迎进长安。而在此以前,还是这位苻坚,为了争取道安法师及习凿齿等学者,不惜用兵10万,进攻襄阳,请不走,就硬把他们俘去。为了争取一位学者大师来传法,这两位统治者不惜动用军队,虽然方法可能过于极端,可这足以看出他们对知识对人才的渴求。和他们一样,成吉思汗也同样是一位求知欲极强的帝王典范,为了一位学者道士,派兵东来中原,迎接丘处机。

丘处机,号长春子。这位金庸书中的人物并不是杜撰出来的,他的师父王重阳和全真教都是确实存在的。丘处机是山东人,公元1167年,也就是金熙宗大定七年,19岁的他,在昆仑山自学修道,过着“顶戴松花吃松子,松溪和月饮松风”的生活。为磨炼意志,他曾一次次将一枚铜钱从石崖上扔进灌木丛,然后再去寻找,不得不止。后来他遇到了王重阳,于是拜其为师。王重阳认为这个小徒弟前途不可限量,对他很是器重,可是没到4年,王重阳就去世了,临终前嘱咐他跟着丹阳子马钰继续学习。在马钰的悉心教诲下,丘处机的专业知识和理论水平迅速增长。公元1174年(金大定十四年),丘处机隐居皤溪(今陕西省宝鸡市西南)潜修7年,后又迁至陇州龙门山潜修6年。修炼期间,他“烟火俱无,箪瓢不置”,“破衲重披,寒空独坐”,生活极为清苦。但他“静思忘念,密考丹经”,潜心于养生学和道学的研究,并广交当地文人学士,获得了丰富的历史、文化知识。公元1188年(金大定二十八年),丘处机奉金世宗诏,赴燕京为已经过世的王重阳、马钰塑像于官庵,并主持了“万春节”醮事。向皇帝作“持盈守成”的告诫,从此名声大振。由于全真道属于道教的支派,所以很多人都认定这位丘真人对于成仙长生很有研究。据说,当时就连金世宗都曾亲自向他请教过这方面的问题,丘处机传授给他不少养生保命的方法,令金世宗龙心大悦。

入元以后,元统治者同样面临着如何争取汉族士人支持的问题,故而对道教采取了积极友好的态度。公元1219年,当成吉思汗还在率军西征时,就听说有一位叫丘处机的真人,道行高深,于是赶紧派近臣刘仲禄持诏书去请丘处机。当时的丘处机已先后拒绝了金、宋的邀请,正在山东观望形势。得知成吉思汗是位了不起的人物,于是以"我循天理而行,天使行处无敢违"为名,不惜以70多岁的高龄,率领18位徒弟跋涉数万里,远赴西域雪山面见成吉思汗。成吉思汗非常高兴,面前这位道长果然是仙风道骨名不虚传,于是迫不及待地向他询问长生之术。丘处机坦言道家讲究养生,养生就要注意清静无为。虽然国家统一是大趋势,免不了连年征战、杀戮不休,可是也要懂得敬天爱民,不要动辄就杀人屠城。在丘处机的影响下,成吉思汗曾下"止杀令",使千千万万中原百姓免遭被屠戮的命运。为了表达自己对丘处机以及全真道的敬仰之情,成吉思汗还口封他为"活神仙",令他"掌管天下的出家人",并把全真门下道士的差役赋税都免了,这无疑为全真教以后的蓬勃发展铺平了道路。

二、求道为"长生不老",英雄暮年的困惑

当然,成吉思汗的目的也不光是为了拉拢道教,搞好人际关系,很重要的一点也是因为此时的成吉思汗已经是一个步入晚年的老人,精力体力的下降,也使得他开始思考生与死的问题,就好像秦始皇一样,对长生的渴望越来越迫切。

公元1222年初,丘处机等人在成吉思汗近臣刘仲禄、田镇海的陪同下经新疆北部,再转向西南,来到撒麻尔罕城(在乌兹别克斯坦

境内)。当时,耶律楚材在这儿留守,他热情地款待了这几位道教高人,并且赶紧上奏给成吉思汗。此时成吉思汗正驻守在今阿富汗喀布尔以北地区的帕尔万平原,当得知丘处机已经抵达撒麻尔罕城时,立刻传旨,命田镇海派甲士护送丘处机前来八鲁湾(在阿富汗境内)相见。

四月五日,丘处机一行来到八鲁湾成吉思汗的行宫。成吉思汗热情友好地会见了丘处机一行人等,在表示了欢迎之后,马上就迫不及待地问丘处机是否带来了长生不死的仙药。丘处机虽身在道门,可他并非秦始皇面前的骗子方士,对于道家的理论精髓他有着很深的研究和客观的认识。于是当即回答:我有不少养生的好办法,可是没有什么长生不死的药。估计,当时成吉思汗听到这话是深受打击的,一个是望眼欲穿地盼,一个是千辛万苦地来,最后却是这样的结果,成吉思汗的失望可想而知。丘处机心里也十分清楚,自己这样的回答很可能会换来成吉思汗的暴怒,弄不好连脑袋也不保,可是他依然选择坦言相告,可以说,这正是他高于历代宗教家的地方。

虽然,丘处机的回答让成吉思汗大感失望,但也只是失望而已,成吉思汗并没有因此而大发雷霆之怒,因为他作为统治者的政治理性提醒他,丘处机对自己的诚恳直言其实恰恰是对他最大的尊重。况且,丘处机虽然没有令人不死的仙丹妙药,但却有许多能使身体受益的养生之道,也算是有所收获。此后,九月十五日的晚上、十九日的晚上,还有二十三日的晚上,丘处机向成吉思汗论道三次,所讲内容都离不开内丹养生之道,成吉思汗觉得颇有道理,于是令手下将这些养生之道一一记录在册,并严密保管,禁止外泄。

丘处机在成吉思汗身边待了不少日子,也是时候该回去了。可是成吉思汗实在舍不得这位“丘神仙”,上文提到的免除全真道一切差役税负,就是此时下令的。丘处机回来后,广度全真教徒,救了不少濒临绝境的人民,也算是做了不少利国利民的大好事。

1223 年二月,丘处机启程回家,基本上按照原路,于当年八月回到宣德。1224 年二月以后,丘处机在燕京定居,此时的燕京已是蒙古统治中原地区的中心。丘处机在这里又得到了成吉思汗的诏令,敕封他为大宗师,掌管天下所有出家人。这足以看出成吉思汗对他的认可和尊重。

第五节　萨满教信仰受威胁,藏传佛教的传入

尽管萨满教一度得到成吉思汗的大力扶植,可是历来宗教的任务都是为统治阶级服务,一旦它丧失了这个使命或是威胁到了统治者的利益,那么它不可能保持兴盛。萨满教也是如此,当它不被成吉思汗重用后,这个古老的教派便同样不可避免地衰落了。同时,焕发着旺盛生命力的藏传佛教却在利好政策的支持下进入了蒙古大地。

一、主观不支持,萨满教的颓势不可挽回

萨满教在蒙古政权建立后进入了黄金时期。毕竟是对成吉思汗的称帝贡献了力量的,因而成吉思汗开始大力扶植萨满教,他先是把各地有影响的蒙古族萨满集中到王宫附近,使宫廷成为宗教的中心,从而使萨满教成为相对集中的有庙宇的宗教。这虽然有助于萨满教的发展壮大,但是,矛盾也在这个时期显露了出来。宗教本来就是为统治阶级服务的,一旦涉及权力这个敏感的问题,相信任何一个统治者都不会轻易放过。

这些为蒙古汗国的建立立下功绩的萨满们有了优厚的福利待遇,巨大的权势给他们带来了幸福的生活。可是,他们的贪欲是永远满足不了的,这些大萨满为了进一步巩固自己的特殊地位和权力,经

常向成吉思汗提不合理的要求,这让成吉思汗很是恼怒。就拿建国后成为万户的豁尔赤来说吧,他在自己的封地内整日花天酒地,搜刮民脂民膏,搞得人民生产生活难以维系,因而不断有部族叛乱发生,给远征的蒙古汗国造成了巨大损失。可他依然没有认识到自己错误的严重性,还厚着脸皮向成吉思汗索要30个美女,这下彻底激怒了成吉思汗,被本来就对他极度不满的成吉思汗狠狠地臭骂了一顿,他这才认识到问题的严重性,赶紧上表请罪,而后灰溜溜地闷在家中,再也不敢造次。拥护成吉思汗登极的大功臣阔阔出也同样不让成吉思汗省心,他由于不满足自己的待遇,居然自持萨满的特殊地位,开始极力扩展个人的势力,对成吉思汗的统治政权形成了极大的威胁,还常常对成吉思汗口出狂言,甚至想要与成吉思汗平起平坐。成吉思汗唯恐阔阔出利用其特殊地位,以"神"的名义煽动叛乱、篡权夺位,赶紧找了个借口杀掉了阔阔出。

通过对这些人事的处理,可以看出成吉思汗清楚地认识到,要想保住自己的帝位,就不能容许任何一个"代天言而授命于人"的萨满来左右自己,否则,一旦萨满为了取得私利而生出异心,那么自己的"君权神授"就会面临易主的危险,与其受人限制还不如先下手为强。于是,成吉思汗便开始逐步削弱萨满在宫廷中的地位,并对萨满进行了一些限制。尽管成吉思汗对萨满教进行了一系列的制约,但毕竟这个宗教由来已久,在人们心目中已经深深扎了根,因此成吉思汗还不能完全摆脱萨满教对政治体制的束缚。随着蒙古铁骑不断东征西讨,向外扩展,成吉思汗的眼界也越来越开阔,接触的宗教派别多了,他逐渐深刻地认识到,不是只有萨满教才能统治人民的思想,同时,这个古老的宗教也已经不适应去充当驾驭和统治包括本民族在内的庞大的蒙古帝国统辖下的诸多民族的精神武器了。

成吉思汗认识到,自己的子民已经融合了许多的民族,他们拥有各自不同的文化和信仰,要硬是把萨满教普及下去,恐怕除了蒙古族同胞以外,其他种族的人民接受起来还是有很大难度的,与其如此,倒不如吸取其他民族先进的文化,对其他宗教采取“兼容并蓄”的政策。这充分说明了成吉思汗对于宗教统治人民的作用认识很透彻,于是,从成吉思汗到忽必烈时期,几代帝王对佛教、道教、伊斯兰教、基督教等都采取了兼容并蓄的态度,利用各种宗教为他们服务。

为了给蒙古族寻觅一种较为先进的思想控制模式代替原有的萨满教,成吉思汗也曾多方面进行尝试,如前文提到的与全真道中龙门派创始人丘处机的会晤就是一次大胆的尝试。虽然丘处机向成吉思汗传布道教教理,规劝他爱民慎杀,以为治国安民之道,深得成吉思汗的赏识,并且还传授给成吉思汗一些延年益寿的方法,但这并不是成吉思汗当时所急切期望能在蒙古全民推行的新的信仰形式。所以全真道尽管有了一定的发展,但却并没有开花结果,取代萨满教成为国教。

喇嘛教却在此时迎来了一个好机会。公元1235年,元太宗窝阔台的二儿子阔端身患重病,眼看就要不治身亡了,许多萨满来诊治都没有效果,窝阔台情急之下请来了萨迦喇嘛八思巴。没想到,这位喇嘛妙手回春,手到病除。这件事情在喇嘛教信徒的大力宣传下,马上传到了很多人的耳朵里,人们对喇嘛教开始关注,从此,喇嘛教正式进入蒙古草原。

喇嘛教其实是中国佛教的一个派别,喇嘛是藏语“上人”、“师傅”的意思。公元7世纪时,西藏王松赞干布在文成公主的影响下信奉了佛教,8世纪时,印度僧人莲花生把印度的密宗传入西藏,与西藏当地的本教结合,于是西藏独有的喇嘛教就这样诞生了。喇嘛教虽然是佛教的一支,可是很多地方却是更符合当地民族文化的需要,因而也更适合新兴蒙古的社会需要。

二、宗教地位易主，藏传佛教的蓬勃发展

蒙古族的统一和发展，使蒙古社会经济发生了质的飞跃，从奴隶制向封建制转化的过程本来就是一个生产力进步的过程，因而适应原来社会的萨满教本身就有点跟不上新形势了，甚至已成为社会生产力发展的障碍。喇嘛教则是在封建经济基础上产生的新型佛教，它既适应农牧业相结合的经济特点，还能适应封建领主经济发展的需要。并且，结合了印度本土佛教和大唐文化的喇嘛教也比萨满教更先进，光是知识水平，喇嘛就比萨满高得多，可以说，萨满教还保持着原始的文明，进步很小，而喇嘛教则拥有高度的文化水平和华丽的宗教仪式，尤其是他们提倡废除流血祭祀的落后风俗，提倡供品由原来的宰杀牲畜和人殉改为乳酪等，这对农业、牧业生产的发展都是极为有利的，而且也符合广大农牧民的心理要求，因而更易获得欢迎和支持。于是，代表新型生产方式的喇嘛教便迅速在草原传播，并逐步占领落后的萨满教的思想领域，成为草原农牧民新的信仰。

其实，萨满教之所以会在与喇嘛教的对阵中败北，并不是偶然现象，早在成吉思汗提出各种宗教信仰并存的政策之后，萨满教已然面临了危机。因为，萨满教在和各种宗教并存的时候，它已经失去了原来的独尊地位，在各教宣传和吸纳信徒的斗争中，那些早已成为大地主、大牧主的萨满们已经屡屡败北。正是优越的物质享受使他们只顾自己争夺利益，而忘记了对信仰的宣传，因此萨满教最终的颓势和成吉思汗最初对其的大力扶植也不无关系。

当然，喇嘛教的繁荣局面也是当时政治环境的大需要。从成吉思汗时起，蒙古统治者就试图把喇嘛教作为与西藏上层建立联系的重要纽带。此举也的确见效。通过文化的交流，宗教的传播，对于西藏最终归顺蒙古起到了不小的作用。忽必烈就曾多次明确表示支持

喇嘛教的发展,建都燕京后,他还把八思巴封为帝师,赐玉印,让他统领天下释教,这极大地推动了喇嘛教在藏、蒙和北方部分汉民地区的传播。在大一统的国家内,使藏蒙、藏汉等各族之间的思想文化交流大大加强,从而也更加牢靠地巩固了西藏和中央政权的联系。

从八思巴这第一位喇嘛帝师开始,整个元朝都以喇嘛为帝师,每位帝王即位之前,都必须先跟从帝师受戒。在当时,“帝师”这一称呼并不仅仅代表帝王的师傅,更不是个徒有空架子的虚名,而是元朝廷中的重要官员,统领专门管辖全国释教和吐蕃僧俗政务的总制院。总制院的设立有助于朝廷对地方的管理,而派帝师任职,也就说明了其在佛教、喇嘛教和西藏地方的领袖地位。帝师的一个很重要的职责就是帮助帝王搞好地方宗派之间的关系,为帝王的统治政权消除隐患。此外,朝廷又在南宋旧都杭州设置江南释教总统所,任命喇嘛僧统筹管理,直接管辖江南佛教,后并入总制院,还命令喇嘛教统治全国佛教,给予了喇嘛教相当高的地位。

既然喇嘛教得到统治者如此的器重,那么喇嘛僧在元代自然也是风光无限。他们不仅享有各种政治特权,而且在经济上也捞到了不少实惠,就连法律导向也明显偏向喇嘛僧。总制院就曾规定:要是普通老百姓敢打喇嘛,就受剁手之刑,要是敢骂喇嘛,就受割舌之刑。可见喇嘛教在元代的社会地位之高,甚至已经可以和皇亲贵族比肩了。不过,这也惯坏了不少喇嘛,他们不仅掠夺财物,还残害民众,给社会也增加了不少不稳定的因素。比如帝师相琏真伽,元世祖时为江南释教总统,他利用职权,劫掠财物,发掘陵墓,戕杀平民,干尽坏事,最后连皇帝也实在看不下去了,下令将他抓捕入狱,随后在抄没其家产时发现,这位帝师的富有程度几乎可以说是“一人之下,万人之上”了,除金银珠宝之外,有田地23000亩,私庇不输公赋者23000户,将50余万百姓变为自己的佃户,另有藏匿未露者不计其数。类似的事还有不少。当时,元朝统治者赏赐给大喇嘛的金银财宝,多到无法估算的地步,被史书评为“国家财富,半入西蕃”。正是由于元王朝的宽容和放纵,最终使自己的大好河山陷进了喇嘛教的腐败之中,加速了元朝的灭亡。

对成吉思汗信仰的总结:

成吉思汗的萨满信仰是保证他成功称帝的支柱,帮助这位蒙古人民心目中的英雄,完成了蒙古各部落的统一。他攻金灭夏,为元朝的建立奠定了基础,他所开拓出的疆域前所未有的广阔,建立了历史上最大的帝国。成吉思汗不但是一位善于用兵打仗的军事家,更是一位具有极高政治思想、政绩卓著、手段高明的政治家,国家在他所倡导的宗教兼容并蓄的政策下得以稳定发展,同时,他对各民族人才的知人善用,也为国家注入了稳定的因子。虽然他本人也是萨满教的忠实信徒,但却能够清醒地认识到,在当时的政治条件下,萨满教这个古老的宗教已经不适合成为自己统治国家的政治工具了,反而是外来的喇嘛教,既有助于联络各族人民,又有助于自己的统治,因此在他的扶植下,喇嘛教逐渐取代了萨满教在蒙古帝国的地位。可是,在元朝统治者的宽容放纵下,喇嘛们的任性妄为也给后世的元朝统治政权埋下了一颗颗定时炸弹,最终加速了元朝灭亡的脚步。

第十章　朱元璋:“自由派”的性情信徒

在中国历史上,有不少靠篡位或起义登上帝位的皇帝,但无论是王莽、刘秀,还是杨坚、李渊,都有一个共同的特点,那就是他们要么是在朝中身居要职的重臣,要么是身上流淌着贵族血液的皇亲国戚,也就是说,他们登极称帝之前,身份地位都十分显赫,起码非普通人可比。明太祖朱元璋的横空出世却不禁让人惊叹于贫民当皇帝的神话!

的确,这位太祖皇帝的出身微寒程度甚至超过了中国历史上另一位著名的平民皇帝刘邦,虽说当初刘邦只是由沛县的一介平民混成了一个小小的泗水亭长,但不管怎么说,也算是受县衙直接领导的兼具军事交通和治安行政职责的基层政府机构人员。朱元璋却是自幼出生在安徽凤阳的一个极度贫寒之家,并且祖宗八代都是贫苦百姓,跟朝廷重臣、皇室贵族毫不沾边。朱元璋在很小的时候就当上了放牛娃,后来因为家乡遭遇瘟疫,父母兄长皆未能幸免于难,孤苦无依的他只好到皇觉寺当了和尚,伴着青灯古佛只求温饱。

朱元璋生活的年代正是元朝末年,是中国历史上相对比较残暴、荒淫的王朝,当时,蒙古贵族疯狂打击汉族百姓,实行最野蛮的种族制度,把全国人民分为三六九等。汉人,这个曾经坚决抵抗过他们的敌人,自然被划作了最低等的民族,备受凌辱和欺压。朱元璋生长在这样的乱世之中，为了吃饱穿暖，只有走上起义的道路，只有用起义给自己带来幸福生活了。可以说，他是白手起家的，一没背景，二没后台，他的一切都是靠自己的努力争取来的。

当然，和他有相同想法的人在当时不在少数，所以各地的起义队伍也纷纷涌现，这其中有着无数的厉害角色，比如陈友谅、张士诚，个个能征善战，实力不凡，没有一个不是强有力的对手。可是朱元璋愣是凭着自己的努力，由一个赤手空拳、单枪匹马的穷小子逐渐成长为起义军队伍中的一代领军人物，并凭借自己的勇气、决心和计谋一一战胜了各路对手，最终建立了庞大的明朝帝国，为历史翻开了崭新的一页。

在建立明帝国的过程中，聪明的朱元璋同样吸取了前人的经验和教训，积极拉拢各派宗教人士。很多人认为，朱元璋自幼受了佛祖的熏陶，他必然是佛教的忠实信徒，可又有很多人对朱元璋的信仰产生了怀疑，甚至认为，朱元璋的民族不是汉而是回。这些疑问，从他在用人方面的选择到他所娶的发妻马氏，从他的长相到治国政策，甚至包括在鼎鼎大名的郑和下西洋的行动中，都露出了一些蛛丝马迹。

第一节　用宗教组建军队，凭信仰夺取政权

姓名：朱元璋（幼名重八，又名兴宗，字国端。）

性别：男

民族：汉或回

出生地：安徽

体貌特征：据南京明孝陵的一幅朱元璋画像显示，他的脸特别长，额骨隆起，脸上有斑，眉毛浓粗，眉眼高吊，鼻子很大，鼻孔向上翘起，耳长垂肩，嘴岔宽大，下巴比上额突出许多。总的来说，其相貌相

当威严、凶狠。

家庭出身：贫苦百姓

生卒：公元1328年～公元1398年

社会关系：父母兄长皆为佃农，且在一场大瘟疫中早亡

帝号：明太祖

一、从实际情况出发，信仰宗教却不乏理智

一提起朱元璋，可能许多人首先想到的不是这位创业帝王高大威猛的外在形象，自强不息的奋斗历程，而是他出家当过和尚的这段经历。因而不少史学家声称，朱元璋肯定是一位佛教信徒，否则他怎么不去当道士，而偏偏要当和尚呢！可历史经验告诫我们，要全面地看待问题，不能偏听偏信，更不能胡乱猜测。的确，关于明太祖朱元璋的信仰取向，还真有不少让人震惊的内幕。

据史料记载，朱元璋至少祖上三辈都是贫农，一无背景，二无后台，按说这皇帝的宝座怎么轮也轮不到他头上。但事在人为，没有背景和后台的朱元璋偏偏获得了"机会"的青睐，硬是通过参加白莲教的起义队伍一步步走上了政治舞台。朱元璋从小就是个贫苦孩子，幼年时虽然家境贫寒，但总算有父母兄长的呵护疼爱，日子倒也过得苦中有乐。但是天有不测风云，一场大瘟疫无情地夺走了他所有亲人的生命，从此他成了无依无靠的孤儿。虽然侥幸躲过了瘟疫的侵害，但他却同样面临着被饿死的危险，思前想后，在迫不得已之下，朱元璋只好投奔皇觉寺当了和尚。

由此可见，朱元璋的出家动机并不是单纯地受到佛教思想的感召，而是纯粹为了解决自己的生存问题。但是，因为当时粮食极度匮乏，投奔寺庙寻找生路的穷人又太多，所以寺里的余粮也很快告罄了。此时，人类自私的劣根性开始显露无遗，很多和尚看到朱元璋年

少瘦弱,又是因为没饭吃才投到寺里的,因此经常欺负他,不但在开饭时故意不叫他,只让他吃剩饭甚至挨饿,甚至有些和尚在自己心里不痛快的时候还要拿他撒气。但是,即便是这样忍气吞声的日子,朱元璋也没过上几天。在他当和尚几十天后,便被打发出门,云游四方,期间基本上是居无定所,风餐露宿,靠化缘度日,其实和讨饭也差不多,直到几年后才又回到皇觉寺。由此,我们可以试着推测,在朱元璋心里,佛教,起码是佛教中的和尚们并没给他留下什么好印象。

因为有了这样的经历,因此后来一遇到机会,朱元璋就毫不犹豫地投身到打着宗教旗帜的起义队伍——与明教、白莲教关系匪浅的义军"红军"(红巾军的简称)中去了。不过,这可不是因为他从小就有高度的政治觉悟,虽然年纪小,但他也知道这样的起义军队伍未必能够推翻元朝暴政,自己也没指望能在这支队伍中混出名堂来,只是当时在寺中的生活实在太过贫苦、窝囊,而在义军中虽然免不了要上阵杀敌,但好歹能够吃饱穿暖,参加起义军不过是他在当时的艰苦条件下所做出的明智选择。

从朱元璋的早年经历不难分析出,朱元璋对宗教的认识,其实还是很理智的。他深知凡夫俗子对宗教的信仰与宗教在当时社会的强大力量,他自己也像很多百姓一样,为了生存这个现实问题而向宗教力量求助。但是从朱元璋深入到皇觉寺内部,从而比别人更透彻地认识到宗教的本质这一点来看,朱元璋对宗教,起码是对佛教还是没多大兴趣的,毕竟佛教的光芒没有普照进他的心里,因此,后来朱元璋虽然和打着宗教旗号的明教近距离接触,但应该说他并不是虔诚的佛教信仰者。

尽管,朱元璋参加了"红军"的起义队伍,凭着勇敢和智慧迅速成长起来,拥有了自己的一支力量,并且还娶了起义军首领郭子兴的义女马氏为妻,力量日益壮大。这其中固然不乏他自身努力的因素,但也多亏了明教和"红军"对他的栽培。可他虽然投身于宗教义军,却对明教所信奉的弥勒佛持不信任的态度。他在给另一位"红军"领袖张士诚下的战书中提到,"红军"的起义就是把弥勒佛搬出来愚弄百姓,实际上弥勒根本就不存在。尽管他对弥勒佛的评价掷地有声,自己却仍然没有放弃对宗教的利用,一方面他统率宗教义军,一方面他又公开否定这些偈言,这就使得宗教只剩下崇善弃恶的抽象教义,这充分显示出朱元璋企图让宗教与政治分家,摆脱宗教对政治的直接干扰和控制的想法,也正是这种不同寻常的思想高度,奠定了他日后的大业。

朱元璋不仅不信明教,而且对于神仙、长生、符命、祥瑞等说辞,也统统不信。对于历代帝王都颇为着迷的长生术,朱元璋丝毫不感兴趣,还对前人大大地嘲讽了一番,这更显示出朱元璋对于宗教理智务实的态度。虽然朱元璋否定明教及各种旁门左道的怪诞学说,但是朱元璋深知百姓对这些深信不疑,于是,为了取得顺应天命的合法性基础,朱元璋还是利用了宗教。

二、宗教信仰为统治服务,管理力度因需要而定

朱元璋在刚开始起义的时候,知道拉拢人民最有力的武器还是宗教信仰,于是他就大力宣传元朝的昏君和腐败政治已经触怒了老天爷,神马上就要惩罚他们,这就为自己的改朝换代制造了舆论,做好了铺垫。

当然,朱元璋这种对宗教并非真正发自肺腑地崇信,乃是利用"神道设教"的真实态度,在成功称帝后也逐渐为人所知。当时翰林院的庶吉士解缙就曾日上万言书,对国家当前的局势剖切陈词,其中特别提到要"易置寺阉,薄赋敛,减德役,焚经咒,绝鬼巫,裁冗员,节流开源,以苏民困"。他认为,明王朝的政局已经逐渐稳定,敌对势

力被逐个剿灭，天下初定，民心所向，不需要再利用宗教的力量去笼络百姓。可见，这位解缙对“政治宗教学”的认识是深刻并且透彻的，他的这些想法不只把朱元璋利用宗教的基本态度清楚揭露出来，而且还点出了宗教在政治上的根本价值在于强化现实政权的合法性，作用也不外乎使百姓听话，抑制社会的不安定因素产生，尤其是压制那些同样试图运用宗教力量威胁朝廷政权的人。同时，一旦发生天灾人祸，宗教还有助于安定人心。当然，最关键的一点是稳固政权，这就是朱元璋利用宗教的目的。不过，虽然解缙多次向朱元璋进言，但朱元璋却有他自己的考虑，所以迟迟没有采纳解缙的建议。

事实上，元朝统治者的暴虐的确使各地都燃烧着熊熊的起义之火，这些起义军为了表明自己“君权神授”的合法身份，纷纷以“明王出世”、“弥勒佛降生”等为托词，力图拉拢更多的百姓。朱元璋也不例外，应该说，他自己就是这套机制的最大受益者，成为了成功的创业帝王，因此，他比别人更清楚信仰的妙用。为了怕别人也效仿自己的做法，他在建国后立刻禁止所有“烧香集众”的“左道乱正之术”，还特别点名弥勒佛、白莲宗（白莲教）、明尊教（明教），要是谁还敢宣传这些，为首者绞，为从者各杖一百、流三千里。

从朱元璋对宗教的态度不难看出，他所担忧的，是这些以“左道乱正之术”为主的民间组织会形成强大的势力，最终威胁到自己的统治地位。所以他一方面禁绝组织与活动比较积极的左道乱正之术，另一方面则提倡包括佛教、道教等组织与活动力量较为静默的正统宗教，来满足人民对宗教的需求。

朱元璋虽然同时倡导了佛教与道教两大宗教，但这并不代表他对这两大教派特别崇信，相反，此举恰恰说明了他对佛道两教仅仅只是抱着合理利用和有效控制的态度。

对于佛教，朱元璋深知，这个宗教虽然一度受到了打击，势力也衰弱了不少，可仍旧拥有广泛的百姓基础。为了避免佛教成为威胁明王朝社稷的工具，他特意召集众僧，昭示说如今佛教的队伍虽然人数众多，但多是些学艺不精的，通晓佛法的没有几位，为了使佛教能够发扬光大，以后僧人们白天要讲佛说法，晚上要安心坐禅修炼，如果有违反者，一律流放到偏远地区去反省。这个措施的出台等于是将佛教导入经文研读中，这就极大地限制了教徒们的行动，使他们没有机会去参与寺庙以外的政治活动。但仅仅是这些还不能完全让朱元璋放心，为此，他又参与教规的制定和颁布，明确指出，禁止僧人参与世俗的事务，同时设置负责佛教管理的机构"僧录司"，来统一负责管理佛教徒。这样一来，佛教再不是超脱俗世的自由人，而是受国家控制的臣民。

当然，这个政策也不是朱元璋一上任就制定的，在不同的发展阶段，朱元璋对宗教政策也会进行及时的调整，这也正是他的高明之处。比如在开国之初，因为要禁绝左道乱正之术，因此在公元1373年（洪武六年），朱元璋找了个借口将僧牒由原来的出售改为免费发放的形式，积极鼓励佛教发展，这有助于大家集中注意力倡导佛学，而不是关注那些乱七八糟的宗教。但是当政权根基稳固、左道乱正之术也难成气候之后，朱元璋就对佛教开始采取限制措施，规定不仅要通过考试才能取得出家为僧的资格，而且对出家者的年龄也大加限制。

对于道教，朱元璋也采取了许多以巩固国家政权、避免扰乱社会治安为前提的宗教政策。比如将道教领袖划归中央管理；成立"道录司"以便管理天下道士。这些政策虽然对道教发展有一定的好处，但对朱元璋自己的治国则益处更多。毕竟，宗教尤其是佛教对于朱元璋的登基还是起过重大作用的，所以，当朱元璋登位称帝后，无论是出于对佛教回报的心理，还是为了加强统治的手段，他推行了不少有助于佛道发展的利好政策,尽管此举的私心很重,但也算是为佛道的发展贡献了一份力量。

第二节 有名无实的儒、释、道三教并举

公平地说,儒、释、道三教对于朱元璋的登基都起到了不小的作用,尤其是儒家学者,对于朱元璋的称帝功不可没。因此当国家统一后,朱元璋在政治上推行了三教并举的政策。他认为三教虽有各自不同的侧重点,但其出发点与最终目的则是根本一致的,只要利用得当,对于国家的长治久安会有很大的帮助。尤其是儒家思想,虽然朱元璋自己文化水平不高,可是自从他带领起义大军起,就受到了不少儒家高人的指点,这使他增强了对儒教的好感和信任,因而在治国上也更多地倒向儒家。因此,虽说是三教并举,但实际上,儒家一直保持领先地位。不过,如果由此就认定朱元璋是一位虔诚的儒家信徒,也同样经不起推敲,因为朱元璋日后的以猛治国和儒家的宽仁思想基本上是背道而驰,这也从一个侧面反映出他对儒家的真实态度。所以,由朱元璋对佛道的约束限制和对非儒教政策的运用来看,这位帝王并不是儒、释、道中任何一家的忠实信徒,那么他的信仰究竟是什么呢?

一、推儒在先,回报释、道

明太祖朱元璋立国后,制定了以儒教为主、三教并用的政策,这固然是出于对社会稳定的考虑,但也是发自肺腑地对这三教表示衷心的感谢,毕竟这三教在他登极为帝的艰苦奋斗旅途中,做出了不小的贡献。

就拿道教中的正一道来说,它就为朱元璋的君权神授准备了充

足的理论支持,因此,朱元璋一旦登极,第一件事就是让正一道的信徒们得到实惠,扬眉吐气。

虽然朱元璋是和尚出身,但他却非常重视道教的作用,这自然离不开唐、宋、元以来的历代统治者给道家打下的坚实基础。当然,也是朱元璋看到了道教的实惠利益。因此,在走上起义道路的时候,他深知要尽量取得各种势力的支持,尤其是道教强有力的支持。他在率军攻打江南的时候,就曾积极寻求过道教的帮助,吸收道教人才,正一教主、第42代天师张正常就是这个时候被朱元璋拉拢过来的。这位正一天师一直坚定不移地拥护朱元璋,为他的登极争取了很大的支持力度,因而当明王朝建立后,朱元璋封张正常为“护国阐祖通诚崇道弘德大真人”,并下诏由正一天师世代掌管天下道教。朱元璋对道教的一系列利好政策,奠定了整个明王朝道教政策的基调,因而朱元璋的子孙后代也大多对道教青睐有加。但这并不代表朱元璋本人就是个道教信徒,他的政策和思想取向完全是两码事,对佛教同样也是如此。

严格地说,朱元璋与佛教的因缘远比他和道教的关系深远得多,亲密得多。如前所述,早在他少年时期就曾因贫困而投身寺院,如果不是和尚的收留,恐怕他早已经饿死在路边。后来,在他起义的过程中,佛教信徒们也曾给予他大力的支持和帮助。因此,明太祖朱元璋建立明朝后,对佛教采取了保护政策。但是,在朱元璋的心目中,这佛道二教的地位依然远远比不上儒家。确切地说,明朝建立以后,朱元璋虽然采取的是三教并用的政策,但是以儒学为主,以佛道为辅。朱元璋之所以重视儒教,完全是出于对儒家入仕思想的肯定。他认为佛道两家虽然对于教导民众颇有助益,但这两派一贯高举出世主义的大旗,是明显的不劳而获;而儒家则积极倡导入仕,鼓励大家尽人臣之责,替君主排忧解难,为社稷鞠躬尽瘁,这显然让贫民出身的朱元璋大为欢欣。因而他对佛教禅宗与道教中的全真教自了生死的出世宗旨颇为不满,而对同样为自己的成功登极出过力的儒家给予了极大的肯定。

在中国历史上,白手起家的帝王严格说起来只有汉高祖刘邦和明太祖朱元璋这两位。刘邦文化水平有限,纯粹是马上得天下,他只相信武装夺取政权这条真理,直到治国时,方才发现,武力能夺取政权却不能巩固江山,于是借鉴了《诗》、《书》等儒家经典,大汉王朝自此才算真的立住了。朱元璋同样是文化水平不高,同样是注重武力,也同样是注意到了《诗》、《书》,但他的政治思想可比刘邦高出不少,在起义初期就认识到了儒家学者的作用可以帮助他走上统治道路。因此,朱元璋一开始就注重网罗儒者文士。早在渡江前,他就已征用了冯国用、冯国胜兄弟和李善长等人,并且充分发挥了他们的作用。朱元璋下婺州前,儒者文士队伍已然壮大了很多,可是朱元璋还不满足,他认为儒者多多益善,这些人更能给他带来正确的方向指引。因此,为了得到大儒,朱元璋真是下了大力气。当他得知青田刘基、龙泉章溢、丽水叶琛、金华宋濂这些著名的儒学大家后,连忙以高官厚禄,恭恭敬敬地请他们到朝廷中任职。在这些知名学者中,刘基和宋濂可谓个中翘楚。刘基就是后来那位大名鼎鼎的明朝丞相刘伯温,与朱元璋初次相见时,他便提出了"时务十八策",朱元璋大喜过望,自此将他视为心腹和军师,大小事宜均要与他商量后才做决定。宋濂也是一位知名度很高的儒学大家,明朝立国时,朝廷礼乐制度多为宋濂所制定,朱元璋称他为"开国文臣之首",刘基赞许他"当今文章第一",四方学者则称他为"太史公"。可想而知,有了这两位的辅助,朱元璋建立大明王朝就顺利多了。

可是,以上这些仍然不能说明朱元璋就是一位虔诚忠实的儒家信徒。的确,他相信儒家学说能够帮他安邦定国,这在以后的实践中也得到了证明。但是，对于儒家所提倡的宽仁思想，这位草莽皇帝可是丝毫不认同。

二、以"猛"治国，违背三教教义的伪信徒

虽然朱元璋最推崇儒教，建国前后都给予了儒家子弟很多的信任，并且为他们勾画出了美好的未来，无论是国家政治方面还是经济发展方面，都很尊重儒者们的意见，可是这位皇帝并不是一位地道的儒家信徒，甚至连佛道信徒也算不上。他既没有儒家的宽仁，又没有佛家的慈悲，更没有道家的修养，他所崇信的只有自己，只有以猛治国的策略。这样的思想不免让他的那些追随者很是寒心。作为一个靠起义获得国家政权的皇帝，他早就忘记了在他登上皇位的过程中，有多少兄弟为他拼掉了性命，有多少功臣为他出生入死。也许初登大宝时的朱元璋也曾经想过要善待功臣元老，但随着他的皇位越坐越久，他的心思也就越来越偏离了一个正常人的轨道，变成了一个彻头彻尾的阴谋家，整天想的都是那些功臣元老会不会功高震主，会不会陡生异心，会不会像当初拼命抬自己上宝座一样再拼命把自己拉下去。于是，他不惜大开杀戒，诛杀功臣，不惜屡兴大狱，严刑酷法，甚至向那些昔日亲如手足的患难之交施以惨无人道的酷刑并株连九族，目的只有一个，就是必须保证自己的皇位坐得稳固长久。至此，这位心狠手辣的皇帝终于将君主专制集权带到了绝对化的境地。

公元1368年，朱元璋正式在应天称帝，国号明，定都南京，中国历史上又一个崭新的时代拉开了序幕。那些曾经追随朱元璋打天下的兄弟们以为自己从此就可以过上荣华富贵的幸福生活了，却不料这位昔日和他们称兄道弟的亲密战友早已在心中制定了一系列铁血措施。为了更好地维护自己的统治地位，朱元璋奉行以猛治国的方针政策，佛教、道教此时都已经成了他用剩下的垃圾，就连他特别

仰仗的儒家学说此时也面临着下课的危险。为了控制和监视文武百官，朱元璋在朝中创立了锦衣卫，其职责是秘密侦察大小官吏的一言一行，随时向朱元璋报告社会上的异常之事。同时，还在锦衣卫内设立了特殊的法庭和监狱，将锦衣卫变成了正式的特务机构。可是即便如此，朱元璋还是不放心，又经常自己微服出巡，亲自视察朝廷官员们的日常工作生活情况。如果说这些做法还可以称得上是对国家社稷有益，可以算作是朱元璋为了更好地治理江山而拿出的有效措施，那么他大肆杀戮功臣的举动则是任何人用任何理由都无法为他开脱的暴虐、残忍的行为。

中国历史上最翻脸无情、最心狠手辣者非帝王莫属，其中又以开国皇帝为最。他们为了使自己的皇位坐稳、统治长久，不管功臣们之前为自己出了多少力，做了多少工作，一旦感觉他对自己的统治政权有威胁，哪怕只是捕风捉影、空穴来风，帝王们下起毒手来也是半点不留情的，而这朱元璋可以算得上是其中最无情最暴虐的一位。

不能否认，在那些被杀掉的功臣之中，的确有一些人是怀有异心的，但朱元璋却为了巩固自己的政权，不管他们是否有罪，一律诛杀，以除后患。这些人有被赐自尽的，有被流放至死的，有被毒死的，也有被腰斩、砍头的，最惨的是大理寺卿李仕鲁，他因为劝谏不纳而在金殿之上请辞回乡，被朱元璋冠上了“藐视皇帝”的罪名，竟命令武士将其摔下殿堂，致使李仕鲁脑浆崩裂而死。就连明朝的第一位开国功臣徐达也没能逃脱这样的厄运。徐达一直忠心耿耿地追随朱元璋打天下，所立功劳堪称功臣中的第一。徐达是个聪明人，从朱元璋对其他功臣的态度中就猜测到这位皇帝心里在想什么，于是每天谨小慎微，如履薄冰，就连跟朱元璋下棋时都存着十二万分的小心，生怕被朱元璋找到借口对自己大开杀戒。不过，朱元璋终于还是等到了机会。公元1385年，徐达背上患了一种疽疮，这种病据说最忌吃鹅肉，可偏偏朱元璋就赏赐了一碗蒸鹅给他吃。徐达心里明白，这表面上是皇帝的恩赐，但对于自己目前的身体状况来说这却是穿肠的毒药，自己的大限终于到了，于是一边流泪一边当着使臣的面吃下了这碗鹅肉，当晚便毒发身死。朱元璋就是这样以各种手段、各种借口，最后几乎把开国功臣全部杀光。由此可见，这位心狠手辣的帝王身上哪有一点儒家的影子？

朱元璋极端专制主义的另一表现就是大兴文字狱。由于朱元璋出身贫苦，自己又曾当过和尚，于是这位心胸狭窄的帝王特别忌讳"光"、"秃"、"僧"等字眼。由于他最早参加的起义队伍是红巾军，而红巾军又被地主阶级骂作"贼"或"寇"，所以朱元璋连带着也忌讳"贼"、"寇"等字。当时，如果哪个文人官员在给他的奏折中有与他忌讳的字相同或同音的字，都会被他认为是影射侮辱自己，不问青红皂白，定斩不饶。因为此事而受牵连被杀掉的文人数不胜数。据说当时任杭州府学教授的官员徐一夔在《贺表》里曾有"光天之下，天生圣人，为世作则"的字句，这本来是拍朱元璋的马屁，没想到马屁拍到了马脚上，朱元璋看后认为"光天之下"是喻自己是秃僧，"作则"是喻自己做贼，于是二话不说直接将其处死。后来浙江府学林元亮也因为这个出了事，他在给朱元璋的奏表中提到"作则垂范"，朱元璋硬说"则"是骂他做过贼，于是同样拉出去砍了。当时文人因此而死得太多了，凡是官员呈上来的文书奏折，朱元璋都要仔细研究，看有无影射侮辱自己的意思。可见，朱元璋对儒家子弟也没留什么情面，这更能说明，他对儒家并不是真心崇信。由于朱元璋频频制造这样的血案，大杀功臣及文人，致使官员们谁也不敢轻易张嘴说话，埋首于自己的工作中，这自然使朱元璋的皇权得到了加强。

朱元璋还是个严酷刑法的爱好者，他用这些手段来惩治违法的官员，本来有助于加强管理力度，避免官员们贪污受贿，可是他这些极端专制和残忍的手段,也使人民百姓对他的信任大幅度下降。尽管当时没有民意调查,可是老百姓普遍反映这位朱姓皇帝比元朝的暴虐统治者们有过之而无不及。

朱元璋奉行"以猛治国"的方针,将权力统一集中在自己手中,把自己的意愿强加于官吏和百姓,这对于加强和巩固皇权,起到了重要的作用。可是,他所使用的残忍手段连他的亲儿子太子朱标都看不下去了,经常进行劝谏。朱元璋见儿子对自己的良苦用心如此不理解,于是将一根荆条掷于地上,让太子捡起来,太子自感无从下手,于是朱元璋趁机教育他说:我现在所做的事就是替你拔掉荆条上的刺。诚然,这句话绝对是朱元璋的心里话,他用如此高压的手段,实行高压的政策,目的就是想把一个稳固的江山传给他的子孙后代,让朱氏一族永远坐在这个宝座上。他的想法固然是好的,可是他的做法却恰恰产生了反作用。

由以上朱元璋的种种做法,我们不难看出,这位皇帝不属于佛、道、儒任何一派的信徒,那么,朱元璋到底有没有自己的信仰,其真实信仰又是什么呢?

第三节 信仰考:是汉族的收复,还是外族的再次谋权

朱元璋真实的信仰究竟是什么呢?有学者声称,朱元璋信奉回教。可是,在当时那个道教、佛教、儒教思想扎根极深的社会,一个汉人要能改信少数民族的信仰,还真是件令人费解的事。因此,又有人提出了朱元璋本来就是回族的说法,并且不少回族民众也站出来作证,说回民聚居区世代都流传着明朝开国大帝朱元璋、马皇后及扶助朱元璋开创明朝天下的文臣武将多为回民的说法,比如李善长、刘伯

温、徐达、常遇春、冯国用、冯胜、胡大海、蓝玉、汤和、邓愈、华云等,在起义前不但彼此相识,而且还是拜把的兄弟,所以民间才有“十回保一朱”和“十大回回保明”之说。但奇怪的是,这些说法尽管不断流传,可是明正史并未提及朱元璋的少数民族身份和宗教信仰,而只记载他在起义前当过“和尚”,这究竟是历史的误读,还是他们朱氏一族的刻意隐瞒呢?

一、传说有理有据,回族身份寻踪

朱元璋不信佛不信道又不信儒,那他究竟信什么呢? 不忙,先来看他的用人。据说,朱元璋手下的回民将领颇多,是其他开国领袖比不了的。元末时,由于元朝这个少数民族政权对中原人民的残酷统治,让百姓对少数民族同胞多少有那么点偏见,因此,这时期的政治空气是很敏感的,为什么一心想当皇帝的朱元璋会在此时组建一支回民队伍呢?

先说这朱元璋的夫人,这位夫人姓马,人送雅号“马大脚”,表面看,这似乎挺正常,可凡事就怕追根刨底,要知道这马姓可是回民中的大姓,几乎十个回民就有九个姓马,况且在那个封建社会,汉族女性大都缠足裹小脚,要不连婆家都找不着,而回民女性可没有缠足的规定。那会不会是朱元璋一不留神娶了个回民老婆呢? 这就更不可能了,因为那时回民还是很注意自己的血统的,不大可能与外族通婚。

据史料记载,朱元璋的出生地安徽,当时就有大量的色目人,色目人种类繁杂,其中以回人最多。民间又流传着“十回保一朱”的说法,“十回”即指常遇春、胡大海、冯国勇、冯胜、丁德兴、蓝玉、沐英、华云、李文忠等人。《大明英烈传》中经常对这些朝廷重臣的功绩进行宣传表彰,并赠与“刚烈之回民”的荣誉称号。话又说回来,如果朱元璋是汉人,那么这么多位回族同胞有可能在战乱的情况下拥护一个信仰和自己不一样的汉人登极么?除了这些证据能够说明朱元璋是回人,有着坚定不移的回族信仰外,还有几大例证也更加凿实了这一判断。

首先是朱元璋17岁时的“特殊”葬亲仪式。前边提到过,朱元璋的父母兄长在他17岁那年因为遭遇瘟疫而先后死去。人死了自然就要入土为安,当时不讲究火葬,都是土葬,也就是把死者装殓到棺材后再埋到土里。可是朱元璋家境贫寒,要同时买几口棺材,实在不是件容易事。再说,就算买了棺材,也买不起坟地。幸亏邻居刘家人好心,同意把朱家这几位死者埋在刘家坟地的一个角落。按当时汉族的传统习惯,如果家庭条件不错,那么所用棺材的原材料一般是杉木。如果家庭条件一般,那大多用普通木材制成的棺材。如果是贫农佃户,那就只能使用薄皮的棺材。实在穷得衣食无着的人家则用芦苇草席卷裹,抬到旷野荒郊埋葬。说到这里,问题就出现了,朱元璋用的是白布包裹家人的尸体。如果说朱家是汉族,那么为何一反汉族的传统而改用白布呢?如果说是因为买不起薄棺、芦席,也不太可能,因为当时白布的价格要比薄棺、芦席贵得多,以朱元璋当时的家境水平来看,为何不取便宜的薄棺、芦席而选择昂贵的白布呢?但如果把这个疑问的前提设定为朱元璋是回族人,那么这个问题就容易解释了。因为伊斯兰教规定穆斯林亡者须穿“克凡”后土葬,这意思就是白布殓衣。由此可以推断朱元璋是按伊斯兰教的规定处理丧事,那么朱元璋是回族人的说法当然就可以站得住脚了。

第二个有利证据是关于朱元璋早年在皇觉寺出家当“和尚”的经历。这也是长久以来朱元璋信仰的最大争议点。他要是回族怎么能当和尚呢,这不恰恰说明,朱元璋是汉人么。其实,据史料记载,皇觉寺可不是通常意义上的佛教寺庙,而是一座清真寺,朱元璋在这里出家当"和尚"实际上是在清真寺里做"海里凡"，翻译成普通话就是当经堂的学生。"皇觉寺"三字也是朱元璋登极称帝后所赐的名称，意思就是说"当年我在此寺中觉醒"。此外，从皇觉寺的构造也可以看出它和普通寺庙、道观的区别。首先，它位于安徽凤阳城西门外，是一座坐西向东的寺院。但根据中国传统，凡儒、佛、道教的庙、观均应该坐北朝南，而清真寺则一律规定要坐西朝东，因为中国穆斯林做礼拜时，须朝向位于中国西方的麦加圣地，而皇觉寺正好坐西朝东，并且在建筑形式上也与我国的清真寺十分相似。

再有就是调查朱元璋的出生地。史料称朱元璋生于安徽凤阳县，这里周围各县，如定远、寿县、怀远、临淮等都是历史上回族人的聚居地。凤阳城的形状是一南北长、东西窄的长方形小城，西门直对东门，两门之间为一长街，将凤阳城分为南城与北城两部分。北城居民几乎全部都是汉民，而南城居民全部为回民，其中绝大多数都姓朱，在南城中央偏西还有一所清真寺。毋庸赘言，朱元璋自然是生于南城朱姓群体内部，因此，按常理推断，这朱元璋应为回族人。

此外，我们还可以看看朱元璋的菜单，据相关史料记载也都是以牛羊肉为主。

可是，为什么明正史对于朱元璋的族属和宗教信仰如此口风紧密，甚至连常遇春、胡大海、李文忠、丁德兴、华云、沐英等武将是否是回族也不说呢？这一点应该不难回答，因为元朝统治者就是蒙古族，他们给老百姓留下了恶劣的印象，如果此时朱元璋这支起义队伍也打出少数民族的旗号，很可能得不到百姓的支持，再加上当时的起义队伍太多，这支外族队伍很可能被其他各路人马以充足的理由消灭。因此，朱元璋为了当上国家元首，隐瞒自己的回族身份也是很有必要的。

二、暴露身份不利于统治

尽管已有不少证据显示，朱元璋似乎属于回民，可是，朱元璋登极为帝后颁布的一些政策又似乎和其回族身份相差太多，这究竟是什么原因呢？

表面看来朱元璋的汉族观念极深，因为早在起义初期，他就以"驱逐胡虏，恢复中华"的口号进行宣传，目的是推翻元朝蒙古族政权的统治，恢复汉族江山。由于元代实行种族分化政策，大权掌握在蒙古人手里，色目人的地位也比汉族高出许多，因而全天下的汉族同胞都对元朝政府极力排斥。朱元璋的这一口号似乎也表明他对蒙古人包括少数民族这些色目人深表厌恶，并采取了不少压抑的措施和他们划清界限。但其实，这正是朱元璋的聪明之处。别看他文化水平不高，可政治眼光和头脑可不比刘邦低。在分析了当前局势后，朱元璋深知，要想在汉族占绝大多数的中国建立帝业，走上统治道路，就必须依靠汉族，别的不用说，光是这人数就太有优势了，而隐瞒自己的身份有助于团结整个中华民族。因此，在明朝，我国各民族之间的关系都比较稳定，不像元朝时期那样矛盾冲突尖锐。

还有，据说朱元璋曾禁止蒙古人、色目人自相嫁娶，还大力提倡与汉族通婚。很多人以此为凭，认为朱元璋不可能是回族，因为伊斯兰教禁止穆斯林与非穆斯林通婚，除非改奉伊斯兰教。蒙古人并无这种严格的规定。从表面看，此禁令是为了同化回族、蒙古族，其实他的真正目的是在回化汉族。因为作为回族的明太祖，他是十分了解伊斯兰教法的，他提倡回汉通婚，其深层用意其实是想扩大回族人数，大力发展伊斯兰教。

再从朱元璋为自己盖的墓地看，也能显示他的真实种族。公元1368年，朱元璋终于灭了元朝建立大明，开始他把首都定在了南京。

由于钟山南麓是块风景秀丽的好地方,于是朱元璋便把自己死后的“家”安在了这里。大脚马皇后死于公元1382年,朱元璋就把她葬在了此处。16年后,朱元璋也去世了,于是大臣们按照他的遗愿将他和马皇后合葬在一起。由于朱元璋在遗诏里特别强调不要改变孝陵山川的现状,因此这个地界当时保持着穆斯林尸骨所相应的清静,但是挡墙上那些具有伊斯兰建筑风格的图案还是透露了朱元璋的宗教属性。

朱元璋对伊斯兰教很有研究,他曾经著有《至圣百字赞》,其中对伊斯兰教的研究有很高的专业水平,相信没有专门训练、系统学习过的人根本写不出来。可是,朱元璋这位工作繁忙日理万机的皇帝,哪有那么多的时间和精力去研究伊斯兰教义呢?就算是他对宗教感兴趣,可如果他是一名汉人,首先应该感兴趣的恐怕应该是本土的宗教道教,起码也应该是百姓基础厚重的佛教或是儒教,怎么可能是伊斯兰教呢?可见,他并不是汉人,而是一位回民并且是坚贞的回教信徒。

同时,朱元璋即位不久,即敕建了南京净觉寺和西安化觉寺,拨礼部银钞建设并多次重修。敕文中对“西域教门”推崇备至,至今此二寺仍为中国最著名的清真寺。这也表明了他对回族不一般的情感。

从他的开国功臣,到他的老婆马皇后,这些人都成为了他是地道回民的佐证。而朱元璋的一些政策也透露出了他的回教信仰,可以捡出不少物证。甚至明成祖朱棣派著名太监郑和七下西洋,也可以说和朱元璋的宗教信仰有关,此事后文再说。

第四节 治国之道,回教信仰的探秘

如果说这朱元璋不是回族人,他根本没信仰过伊斯兰教,那么他出台的一系列对回教利好的政策就未免太令人不可思议了。作为一位开国皇帝,朱元璋对伊斯兰教的态度对其后世诸帝及明代对伊斯兰教的政策影响都是极其深远的。这不得不令人深思,他如此的扶植发扬伊斯兰教,甚至历史上著名的三宝太监郑和的七下西洋,其目的也是为了宣传回教信仰,从而拉拢了不少东南亚百姓,到底所为何来?难道不是出于他对伊斯兰教的信奉吗?

一、利好政策,为回教保驾护航

朱元璋的上台给伊斯兰教带来了光明,这是历代帝王没有做过的。毕竟,和当时儒释道三大教相比,伊斯兰教的力量太有限了,因此,如果说朱元璋不是回族,那他又为什么下大力气,拉拢这个数量、力量都无法和三大教比的回教呢?而且为什么从明太祖朱元璋起,明朝的历代帝王就都对伊斯兰教深表尊重呢?

朱元璋登极后,对于伊斯兰教的有利政策一个接一个。这可不是做表面文章,他自己也是严格按照伊斯兰教的教规办事。比如,妻妾的数量就是一个最好的例证。众所周知,皇帝的妻妾成群,甚至有三宫六院七十二嫔妃的说法。历代帝王也都没有辜负自己手中这项特权,收入后宫的妻妾一个比一个多。可是伊斯兰教虽然也允许男信徒有多个妻子,但最多不得超过4个。说到这里,问题又出现了,据史载明朝历代皇帝所正式册封的后妃从没超过4个。如果说只是偶尔有一两位不重女色的帝王,这不算奇怪,但令人吃惊的是,明朝的所有帝王都是如此,这就不得不让人产生疑问了。

此外,明朝还出了一位痴迷于伊斯兰教痴迷到无法自拔的皇帝,这就是明武宗正德皇帝。这位皇帝可不像电视剧里演的那样只会和李凤姐观花赏月,整天无所事事,这可是位很有头脑,资质颇高的帝王。他在详细分析了三大教派的优势、劣势之后,明确认定只有伊斯兰教对于自己的统治最有帮助。如果说,他只是受到伊斯兰教义的感召,一时头脑发热才如此痴迷伊斯兰教,那么他的生活习惯也都和伊斯兰教信徒十分相似,这一点可就太值得怀疑了。众所周知,猪肉是伊斯兰教的忌讳,觉得猪是很脏的动物,不值一吃,于是历来有不食猪肉的规矩。武宗竟于正德十四年也就是公元 1519 年下令民间禁止养猪,并且他的理由和伊斯兰教信徒不食猪肉的原因一模一样。可见,武宗对伊斯兰教的崇信之情那是发自肺腑的。由于崇信伊斯兰教,武宗甚至还曾自学阿拉伯语,估计历史上像他这样笃信伊斯兰教的皇帝恐怕就这么一位。因此,我们可以据此质疑,如果他没有回族血统又为什么对伊斯兰教这么感兴趣呢?

其实,如果说朱元璋真的是回族,那么他对伊斯兰教这一系列帮扶政策那就好解释多了。反过来说,如果他不是回族人,何以他的后代和这位老祖一样也对伊斯兰教有很深的感情呢?就像明成祖,他曾于公元 1407 年(永乐五年)下达指示,对伊斯兰教实行保护。在这种政治背景下,伊斯兰教开始大规模发展,教徒们的生活也很富足。甚至在当时,如果有哪个人表示自己对伊斯兰教感兴趣,旁人不仅不会劝阻,反而会积极鼓励他入教。在这种宽松的政治环境和利好政策的支持下,伊斯兰教在中原地区得到了空前的发展。

据调查显示,明初,中国境内的清真寺并不多,可是到了孝宗、宣宗的时候,中国境内的清真寺已经突破了 90 座,而且清一色都是朝廷为穆斯林建造的国字号工程。随着国内回民人数的大幅度上升,明中后期,清真寺的修建更是多不胜数。当然,生活质量提高了,精神教理还得抓。随着伊斯兰教义的传播,明朝廷意识到要尽快着手于伊斯兰教经籍的翻译工作,这将有助于百姓更好地了解该教。因而,当时著名的经学大师胡登州以阿拉伯文、波斯文经籍为主要传授内容,结合我国私塾和师徒传艺的形式创办了专业的经堂教育,培养了一大批伊斯兰学者和伊斯兰经师。这些伊斯兰学者和经师如王岱舆等人，不仅熟悉伊斯兰教的文化，而且对儒学也很有研究，他们发现用儒家观点来阐发伊斯兰教教义，有助于把伊斯兰教教义中国化，这样一条适应走中国道路的伊斯兰教，更容易在中国得到进一步发展和扎根于百姓心中。

明朝以朱元璋为首的统治者都对伊斯兰教实行保护政策，这不能不让人们怀疑朱元璋的动机。在他的保护政策下，随着明朝与西域及海外诸国友好往来的逐渐加强，伊斯兰教也将本教的思想教义传播到了更远阔的地方，这从郑和的七下西洋就可以看出来。

二、郑和七下西洋，疑为传播伊斯兰教

人们通常都认为，著名太监郑和的七下西洋目的在于显示大明朝的雄厚实力，让外夷番邦受到震慑，当然也起到了中外交流、促进友好的作用，毕竟自永乐以后，东南亚来华朝贡的络绎不绝。但据调查显示，郑和的七下西洋还多少有些宣传伊斯兰教的意味。

不用再冗言赘述，众所周知，从朱元璋建立大明王朝开始，这位皇帝就是极端的个人主义者，除了自己谁也不相信，随后出台的一系列措施也是为了把统治大权全部握在自己手中，这就形成了一个高度中央集权的明王朝。虽然朱元璋曾经大肆杀戮功臣，不过依然有两类大臣获得了朱元璋的重用，那就是司礼监太监和锦衣卫。锦衣卫就不用多说了，基本上就是一个特务组织，只为皇帝一个人服务，也只听命于皇帝，更多的时候是充当皇帝的私人杀手。明朝的太监则是历朝历代最风光的人物，尤其是这司礼监太监，地位几乎相当于一品大员，连丞相都不敢轻易得罪他们。自朱元璋以后不少帝王都常常让回人担任此要职，“三宝太监”郑和就是其中的一位。郑和经历了永乐、洪熙、宣德三朝，在永乐二年也就是1404年担任了司礼监

掌印太监。郑和最突出的功绩就是下西洋，而且还下了七回，因而他有著名航海家、探险家的称号。可是，他究竟为什么要七下西洋呢？

郑和第一次下西洋是明成祖时期。由于明成祖是抢了侄子的皇位，因此心里多少有点理亏。为了替自己武装夺取政权所发动的"靖难之役"作辩解，挽回国际声誉，继续和周边各国保持友好往来，顺便提高自己的国际威望，谋求安定和平的国际环境，发展与亚非各国之间的友好关系，因此，明成祖于永乐三年即1405年，派郑和率领一支62艘船只的队伍，装载丝绸瓷器等物下了西洋。到了洪熙元年即1425年，明仁宗任命郑和担任南京第一任守备太监。宣德五年即1430年，明宣宗又令郑和领队出海。可见，这三位皇帝都对郑和的能力表示肯定，纷纷给他升官，为他提供扬威海外的机会。当然，这和他本人的努力也是分不开的，但同时也说明明代诸帝对回人的良好印象。此外，明代特务机关锦衣卫中的回人也很多。明宣德四年即公元1429年，吐鲁番回人宫火因被任命为锦衣卫指挥使。宣德五年即公元1430年，古里人舍班又被朝廷指派为南京锦衣卫镇抚。此后，自正统十年也就是公元1445年到景泰八年即1457年，几乎年年都有归附明朝廷的回人被安插在锦衣卫中。在明武宗时期，哈密归附的回人乌亦虎仙等更是权势熏天，锦衣卫除了听皇帝的话，还要听这些人的吩咐。从这点不难看出，明朝诸帝让大量归附回人参与锦衣卫的工作，一方面当然是为了笼络他们，但同时也可以看出他们对回人的信任。要知道，锦衣卫可相当于当时国家最高安全机关的特工队，相当于皇帝的贴身保镖，如果朱氏一族不是回人，那何必给予回人如此高的信任和权力呢？

再回头来看郑和，应该说郑和与哥伦布都是为世界航海事业作出突出贡献的航海家，而且郑和无论是在下西洋的数量上，质量上，还是时间上，都比哥伦布占有绝对优势，可为何哥伦布却比郑和的知名度高？原因就在于这信仰问题上。如果明朝的皇帝是回族、穆斯林，那就好解释了。郑和七下西洋的目的就是为了和伊斯兰教的圣地联系，既然具有如此强的目的性，如此高的使命感，郑和当然不会像哥伦布似的开赴没有回教足迹的国度，自然也不会注意开发什么美洲大陆了。早在元朝的时候，中国人已经知道伊斯兰教的圣地在哪里了，当然航行的方向也不会朝没有伊斯兰信仰的美洲大陆靠近了。而且，在郑和七下西洋途中，还不断在东南亚地区传播伊斯兰教。如果没有明朝政府的批准，郑和作为明朝廷的一个宦官，敢拿着大笔的国库银子在东南亚传播伊斯兰教么？

可以说，郑和七下西洋主要不是去经商的，而是在明朝皇帝的授命下，去追寻其回族阿拉伯老祖宗的迁移史。据史料记载，郑和航海之前，伊斯兰教在中国已有了很大的发展。中国穆斯林建立了经常教育制度，发展了中国穆斯林的文化教育，并在朝廷的鼓励和帮助下，各地都建起了许多宏伟的清真寺。当时的东南亚地区，由于受印度佛教文化的影响，大多数百姓都是佛教信徒，伊斯兰教在当地还没有地位。所以郑和下西洋经过东南亚诸国时，每到一地都要与其随从穆斯林马欢、郭崇礼、哈三等举行仪式并大力宣传伊斯兰教义。在郑和的宣传下，东南亚地区尤其是在印度尼西亚和马来西亚的伊斯兰教迅速发展壮大起来。可是，郑和七下西洋如此大的活动却被明朝自己销毁了证据。至于原因，相信大家都清楚，这和朱元璋不愿公布自己的回民身份是一样的。

从这些史实来看，似乎大明王朝不是汉族恢复了河山，而是被少数民族的又一次统治。但其实，是汉族还是回族或是任何一个少数民族又有什么关系，他们不都是中国人，不都是炎黄子孙么？

对朱元璋信仰的总结：

朱元璋的信仰应该是历代帝王中最令人难以想象的一个，因为至今他的身份也没有被确认究竟是汉人还是回人,因而他的信仰也只能根据他的一些治国方略来推断。应该说,朱元璋的一生都是一个传奇,这不单是指因为缺乏正史资料,不好给他的真实民族下定论,更因为这个昔日因贫困而不得不当和尚的人最终竟然能够登上帝位,成为一个王朝的建立者和统治者。他的成就地位可不是凭着深厚的背景换取的,这位白手起家的帝王之所以领着起义队伍建立了大明王朝,完全是他自己努力的结果。当时,各地的起义队伍不在少数,朱元璋靠着军队严明的纪律,很快异军突起,相继消灭了各地的武装力量。很多人认为,是朱元璋恢复了大汉江山,拯救了汉族人民,消除了蒙古族政权对汉族的压迫,是汉族的民族英雄。可是,如果让人们知道,朱元璋原来是位回族人,有着伊斯兰教的信仰,相信他的位子必然坐不稳当,或许这就是他一意隐瞒自己真实民族身份的原因吧。

这位出身于贫民,对民间疾苦有着透彻了解的帝王,深知权力的重要性,因而他不仅严厉打击贪污腐败行为,还为了集权而不惜大肆屠杀功臣,同时建立宦官特务组织,这也为以后的宦官专政埋下了伏笔。

对于儒释道三教的态度,朱元璋比任何一位帝王都清醒。他知道无论抬举谁,那目的都只有一个,为自己的统治服务。因此,尽管儒家为他的登极称帝出过大力气,佛教、道教为他的统治提供了理论基础,可是,当朱元璋顺利地当上皇帝后,对这三教的态度仍然是抑制不断。这不禁令人怀疑,朱元璋可能是位无神论者,因为他对于宗教的基本态度,一直是只把宗教看做可供利用、强化政权合法性的工具。在朱元璋建立明朝统治政权前,他曾积极地利用宗教信仰与宗教力量来汇聚其武装力量以及证明建立政权的合法性,对抗当时的元政权与其他义军。等到建立了新王朝后,则反过来控制宗教,可见朱元璋从来就不是虔诚的宗教信徒,起码不是这三教的信徒,那么他到底信仰什么呢?难道真是伊斯兰教么?看起来,这个谜题依然有赖于后世的学者们不懈地研究,以便能够早一天来为大家公布正确答案。

第十一章 嘉靖:又一个扶乱治国的道士皇帝

尽管我们在前文中一再论证大明朝乃是回人所创立的,伊斯兰教是历代明朝皇帝所看重的信仰,但也有一位明朝皇帝独树一帜,对道教充满热情,这就是嘉靖皇帝。这位皇帝真让人有点不好评价,就凭他 20 多年不上朝的记录来看,似乎不是位称职的皇帝,可他又有些作为,似乎又不是完全昏庸糊涂。那么这位"忽智忽愚"的皇帝究竟是好是坏呢?我们没有确切的答案,唯一可以肯定的是,嘉靖皇帝是无比忠实的道教信徒,由于他非常宠信道士,所以使得道教在明朝曾一度非常兴盛。

虽然说这位嘉靖皇帝的皇位得来的颇为偶然,但是他即位后,也并没把这皇位看得有多重,这从他积极参加各种道教活动,却对国家大事毫不关心就可以看出。估计在这个世界上,嘉靖皇帝只看重三件事,一是能长生不老的丹约,二是能驱使鬼神的秘方,三是能呼风唤雨的咒术。这三件事情恰巧都是道教方士们历代研究的课题,所以道士在嘉靖年间那是相当的风光。嘉靖皇帝不但自己信道,而且还要求全体臣僚都要尊道,尊道者升官发财,敢于进言劝谏者轻则削职为民,枷禁狱中,重则当场杖毙。

可以说,道教信仰给他带来许多弊端,朝廷内外都被嘉靖搞得一团乱,可他还不罢手,从给自己父母追授很长的道家名字,到给自己封了一个长达几十个字的道家称呼，无时无刻不在找机会显示自己的道教信仰。只可惜这位地地道道的“道士皇帝”，尽管对道教坚信不疑，可最后恰恰是被道术所害。由于过度地修炼道术，他坚持每天吃丹药，最终中毒而死。由此可见，信仰似乎没给他带来多少好处，反而让他成为了道教丹药的人体试验品。

第一节　嘉靖登极，让历史车轮重回道教轨道

姓名：朱厚熜

性别：男

民族：汉或回

出生地：湖北

外貌特征：据画像显示，这位皇帝苍白瘦弱，长脸，吊眉，细眼，窄鼻，薄唇，文弱中透出一股戾气。

家庭出身：皇族近亲

生卒：公元1507年～公元1566年

社会关系：

爷爷：明宪宗

父亲：兴献王朱祐杬（凭着儿子的努力，死后被追封为“恭睿献皇帝”。）

母亲：蒋妃（死后若干年，被追封为“章圣皇太后”。）

帝号：明世宗

理想：长生不死

一、在“大愚若智”中匆忙继位

嘉靖皇帝朱厚熜是明宪宗朱见深的孙子，父亲是兴献王朱祐杬。

依照祖制,皇帝的宝座本来轮不到他来继任,可是,世事就是这么奇妙,这位正德皇帝的堂弟最终成为历史有名的"道教皇帝"。说起来,嘉靖还要感谢正德皇帝武宗朱厚照,如果不是因为这个明朝最荒淫昏庸的皇帝一贯地好逸乐、贪女色,最终淘空了自己的身子,31岁就薨世了,这嘉靖皇帝也不可能捡到个皇位来坐。正德皇帝虽然死了,但国不可一日无君,于是在慈寿皇太后和内阁大臣们的商讨下,按照"哥死弟及"的家规,将这位兴献王的长子朱厚熜迎进了皇宫做了皇帝,第二年改年号为嘉靖。

客观地说,嘉靖皇帝并不是从一开始就准备当个昏君的,即位之初,他曾积极革除先朝蠹政,使朝政为之一新。即位不久就在给自己的父亲兴献王上尊号的问题上,与朝中首辅杨廷和等一干大臣发生礼仪之争,因而认识到中央集权的重要性和必要性,于是开始打击旧朝臣和皇族、勋戚势力,总揽内外大政。应该说,此时的嘉靖皇帝还是具有十分清醒的政治头脑的,为了巩固自己的统治,不惜给朝廷中枢机构来了次大换血,为了抑制宦官专权,他十分重视内阁的作用,以此来裁抑宦官的权力。可是,这种令人耳目一新的朝局新气象没能维持多久,嘉靖皇帝开始走上了日渐腐朽的统治道路。

嘉靖自从15岁当上皇帝,到60岁去世,在位时间45年,是明朝实际统治时间最长的皇帝。应该说这位皇帝比其他任何皇帝都有机会、有时间建功立业,名垂青史,无奈嘉靖帝却硬是把自己的大好时光都奉献给了道教。

嘉靖对道教崇敬得五体投地,对鬼神也表现出了无比的热情,没有任何一件事比道教信仰更让他如痴如醉的了,以至于信奉道教信了一辈子,至死不悔。这不禁让我们纳闷,这位皇帝怎么对道教如此崇信呢?细分析起来,这可能与他从小生长的环境有密切的关系。嘉靖皇帝出生在湖北,其童年和少年时期也都是在这里度过的,而湖北本就是道教的源头，四大道教名山之一武当山就在这地界，况且嘉靖的父母也信仰道教，在这样的环境中成长起来的嘉靖，自然也对道教感情深厚。据说嘉靖是个很有个性的人，不仅脾气倔犟，还特别认死理，凡是他认定的事无人能扭转他的看法和决定，既然他早在孩童时期就认准了道教，也就难怪这信仰会跟随他一辈子，以至坚信不移终生不悔了。

即位为帝后，嘉靖甚至将自己的信仰强加于朝廷官员，这就使得嘉靖时期的道士有了参政的机会，官运也一直亨通。像邵元节、陶仲文等道士竟然都当上了朝廷高官，官至礼部尚书。这还不算，据史载，陶仲文还身兼少师、少傅、少保数职，基本上到了朝廷首辅、超品大员的地位。这样的事别说是在明朝，就算是在历朝历代都是空前绝后的。

二、崇道信仰比治国更重要

不知道是这位嘉靖皇帝命运不济，还是那些侵略者看出这位皇帝太昏庸，总之，在嘉靖做皇帝的45年中，大明朝遇到了前所未有的危机。不但有蒙古人在北部的连连挑衅，还有东南沿海的倭寇频频上岸掠夺。朝廷为了消除这两方面威胁，没少花银子，军费开支就已经是天文数字了。可是嘉靖自己还奢靡无度，朝廷大员和地方官吏纷纷以皇帝做榜样，一时间贪污腐败成风，再加上接连不断的天灾，使得朝廷出现了严重的财政危机。嘉靖虽然起初也曾积极处理朝政，但日子一长就坚持不住了，把朝政大权交给奸臣严嵩，自己又修道去了，这对于当时已经十分败坏的时局无异于雪上加霜，当时的情景堪称“吏贪官横，民不聊生，水旱无时，盗贼滋炽”，大明江山被糟蹋得一塌糊涂。

虽然嘉靖对治国没有兴趣，可是对道教的秘方却保持了40来年的热情,几乎到了狂热的地步。他和很多位帝王一样也是长生不老之术的忠实拥趸者。早在即位初期,他发掘的江西道士邵元节号称能够祈雨禳灾,并且还擅长调制春药。皇储无疑是历代帝王都十分重视的问题,为了自家的统治能够千秋万代,皇帝们一即位就会将养育、选拔接班人的问题提上重要日程,嘉靖当然也不例外,听说邵元节有能耐,自然十分重用。据说嘉靖皇帝在即位十多年之后,终于有了继承人,解除了后顾之忧。于是,嘉靖帝对道教的法力更加崇拜,深信不疑。

可笑的是,这邵元节练着练着,把自己给练死了,可这并没让嘉靖感觉有什么问题,他照旧招揽有能耐的道士,陶仲文就是一位,他所擅长的是配制春药和扶乩。嘉靖帝在他的指导下,开始了长期全身心地投入修炼。从嘉靖十九年也就是1540年开始,嘉靖几乎全力以赴地修炼他的仙丹。

晚年的嘉靖已经不是一个正常人了。据史料记载,由于服用丹药慢性中毒,他不仅严重失眠,而且情绪极不稳定,记忆力严重衰退,估计此时还伴有忧郁症的临床症状。这也难怪,此时的他,脑细胞、消化系统已经严重受到重金属毒素的侵袭,估计还时常出现幻觉。由于他时时会冒出一些古怪的念头,令人难以捉摸,无法应付,于是朝廷官员们常常想出种种可笑的办法来哄着他,经常有人在嘉靖睡觉时把桃子放在他身边,骗他说这是仙桃,以便嘉靖能抱着桃子心满意足地进入梦乡。

平心而论,有信仰并不是什么坏事,信仰完全可以成为人们进步的催化剂,可是具体到嘉靖皇帝,我们只能说,信仰给他带来的是毁灭。并不是道教信仰误导了嘉靖,而是他自己领悟错了方向。从嘉靖帝即位后所引发的明史上赫赫有名的“大礼仪”事件,就可以看出这位皇帝的一部分性格和素养。

嘉靖即帝位后,首先就提出如何在礼仪上确定他父母的地位问题。嘉靖的父亲是个王爷,嘉靖自己能当上皇帝纯属偶然,他要追封自己的父亲为皇帝,这不但于礼制不合,于情理上也说不过去。况且嘉靖的祖母邵贵妃出身低微,其生母蒋妃也只是一位武官之女,虽然有些地位,可也算不上多么显赫。因此,嘉靖的这一提议遭到了朝中大臣的极力反对。嘉靖的倔犟性格在这个时候得到了充分的显现,他与以首辅大臣杨廷和为首的文官们展开了大礼仪之争,经过3年半的争论,嘉靖皇帝最终以高压手段将反对派全部逐出朝廷,180多人不是罢黜就是驱逐流放,还有一部分被判了死刑。这场"大礼仪"之争以嘉靖的完胜而告终,嘉靖皇帝最终追尊生父为恭睿献皇帝,生母蒋妃为章圣皇太后。

通过这场斗争,不难看出,嘉靖对自身利益的维护更胜过对朝廷利益的维护,为了个人利益可以牺牲其他一切利益。试想,嘉靖即位之初,应该有很多更重要的事情等着他去做,而这位皇帝首先要解决的却是自己父母的尊号和地位问题,甚至不惜花上几年的时间并因此而罢黜、流放、斩杀朝廷官员,可见这是位自私自利到极点的皇帝。

其次,嘉靖皇帝的个性可算是狠毒有加。首辅大臣杨廷和是嘉靖皇帝获得继位的第一功臣,最终却被嘉靖帝定为罪魁,罢黜为民。张太后,这位嘉靖帝的伯母,因为冷淡了嘉靖帝的生母,嘉靖怀恨在心,他抓住一切机会随意羞辱和威逼这位可怜的老太太和她的家人。在嘉靖三年即1524年,嘉靖帝为了给生母追尊封号,竟然在盛怒之下下令将朝中大臣180余人打了板子,致使其中17位大臣伤重不治而亡。这不能不让人感觉嘉靖是一位心狠手辣的封建帝王,哪有半点仁爱国君的样子?

当然,客观地说,在嘉靖即位初期,他还是干了不少实事的。比如他敏锐地发现了前朝存在的问题,并重点解决落实,同时重用前朝有能力的官员，杀死武宗亲信钱宁等，还把土地还给人民，鼓励发展农业，对于水灾也采取积极应对的态度，这使得正德皇帝留下的破败江山有了明显的好转，社会矛盾也得到了很大的缓解，一度还出现了"嘉靖中兴"的局面。他在位的45年，史称"中材之主"。

如果嘉靖能始终保持这种治国态度，再加上古往今来明君的勤政爱民，那么很有可能成为又一位英主明君。可惜，他没能保持住。在嘉靖后期，他对道教热情持续升温，为了修炼成仙，他甚至20年不理朝政。方士、道士们利用他梦想长生不死和灵瑞现象的迷信心理，屡次施行诈骗等犯罪活动，致使国事日益衰败。嘉靖四十五年也就是1566年的二月，户部云南清吏司主事海瑞实在看不下去了，他买好棺材，诀别妻子，遣散僮仆，冒死给嘉靖上了一道《治安疏》，批评嘉靖迷信道教，不理朝政，主辞激烈，切中时弊。疏言一出，举国称颂，人称"天下第一疏"、"万世治安疏"。但嘉靖却勃然大怒，掷疏在地，下令逮捕海瑞，后来经过身边大臣的劝阻，这位皇帝总算同意将《治安疏》留下，但仍将海瑞下狱论死。直到同年的十二月，嘉靖薨毙之后，海瑞才被释放，官复原职。

第二节　只知迷信道教丹药，终引祸患

一、荒唐统治，招致外患不断

嘉靖无疑称得上是历史上活得比较逍遥自在的皇帝。说他逍遥，并不是指他政治才华出众，治理国事轻而易举，难事烦事迎刃而解，而是指他荒疏朝政，追求虚无缥缈的仙药，只享受皇帝特有的权力，却不承担皇帝该尽的责任，这样过日子还能不逍遥自在吗？不过，嘉靖虽然对自己的要求标准极低，对朝廷官员的要求却苛刻到了严酷的地步。

怎么个苛刻法呢？历史记载这嘉靖对下属有很重的疑心，而且还心狠手辣，再加上这位皇帝的心思很难令人琢磨，于是当时的大臣们都是诚惶诚恐，唯恐一个不留神被这位皇帝揪住了小辫子，落个身首异处的下场。

话说有一次，嘉靖病了，太医徐伟奉旨前来诊脉。当时嘉靖坐在小床上，龙袍垂地，这徐伟一看就犹豫着不敢前进。嘉靖不解地问，你怎么不过来啊？徐伟就说，皇上您的龙袍在地上，所以臣不敢上前去。嘉靖一天很高兴，等这位太医给他看完了病，立即下了一道手诏给内阁，表扬徐伟。这一下，不仅大臣们觉得奇怪，就连徐伟本人也纳闷不已，这有什么可表扬的呢？嘉靖就说了，徐伟的话，最能体现他对我的忠爱之情。因为他说的是“皇上的龙袍在地上”，而不是“皇上的龙袍在地下”。他这一解释大家更糊涂了，这两句有什么区别呢？嘉靖说，当然有区别了，在“地上”，说明是人；在“地下”，那当然是鬼了。徐伟听到皇帝表扬他的理由后，当时就吓出一身冷汗。要知道这地上地下，在一般人那里根本就没有什么区别，徐伟当时也只是随口说了“地上”，并没考虑那么多，但嘉靖却如此在意这细微之处，可见，按照嘉靖的思维逻辑，当时的那些臣子别说一言不慎，就算是一字不慎，都有可能招来杀身之祸，灭顶之灾。

不过，当皇帝的猜忌心较重，对臣子要求严格，这也是可以理解的，毕竟无论心智多健康的人一旦坐上了皇帝的宝座，也就意味着他的思维脱离了正常人的轨道，他的心思全都会用在如何巩固政权、收服人心、排除异己这些事情上。但是，我们不得不说，其他帝王对臣子如此严苛都属于情有可原，唯独这位嘉靖皇帝没有这个资格，因为在他对臣下如此严苛的同时，却对自己极其放纵。

嘉靖在明代甚至在中国历史上都算得上是一位知名度很高的皇帝，他在位时间很长，仅次于他的孙子万历皇帝，在中国历史上历代帝王在位时间的排名中也很靠前。要知道历代皇帝在位的年头，以清康熙帝最长，在位61年，当然乾隆帝有机会和他抗衡，只不过乾隆出于对亲爷爷的尊重，不愿与之论长短，于是把在位纪录保持在60年，但是在年龄上却占有绝对优势，活了89岁；排在第三位的是汉武帝，在位54年；排在第四的是明万历帝，在位48年；而嘉靖帝则排在第五名，在位45年。可是他在位这么长时间，却没有几件值得称颂的政绩，而是放纵自己一心扑在炼丹修道上。别看他在位45年，倒有一半的年头不上朝，躲在西苑，也就是今天的北海、中南海，整天和道士鬼混。这还不算最糊涂的，这位嘉靖帝还听信道士的鬼话，认为自己和儿子八字相克，于是除了不见满朝文武外，连自己的皇后与太子也不见。这样一个只知道怀疑他人，谩骂官员，以砍头为乐，对家人也不放心的皇帝，能把国家治理好么！

果然，凡是有点野心的人都看到了这位大明皇帝的糊涂，都知道这是个难得的好机会，于是外患四起，这不能不说是嘉靖对自己的放纵所招致的祸端。话说到了明中叶，蒙古鞑靼部开始迅猛发展，不仅统一了蒙古各部，而且至俺答汗时势力更加强盛。对于大明王朝这块肥肉，俺答汗是志在必得，屡次率大部队进攻。当时明朝边防守将们一方面受不到朝廷的重视，一方面为了保官升职，将军粮、军饷大半贿赂了当朝的奸相严嵩，以致军士吃不饱穿不暖，无力抵抗蒙古鞑靼部的攻击。同时由于边关的基层士兵忍受不了上级们克扣军粮，而且对于频繁的战斗也真的烦了，因此基层中的叛乱也时有发生。即便如此，也没引起嘉靖的重视，终于在大明嘉靖二十九年也就是公元1550年，鞑靼部俺答汗率军长驱直入北京郊区，烧杀抢掠数日，险些攻克嘉靖的皇宫，这就是有名的“庚戌之乱”。

除了北疆频遭侵略以外，东南沿海也不太平，嘉靖的所作所为恰恰印证了“上梁不正下梁歪”这句俗话。由于他的奢靡无度和不闻不问，使得朝廷重臣和地方官吏们也把钱权紧抓不放，使得海防空虚，一些重要地段的士兵不到预定人数的三分之一，原有战船 10 艘也就剩了一两艘。这还能有什么战斗力？于是日本海盗大举进犯，仅大明嘉靖三十一年即公元 1552 年以后的三四年间，江浙军民被倭寇杀害的就有数十万人之多。可以说，这是东南沿海倭患最为严重的时期。虽然最后东南沿海的抗倭斗争以胜利而告终，并且涌现了像戚继光、于大猷等著名抗倭将领，但这也无法消除、改变百姓们对于嘉靖的不满和怨愤，当时人们甚至用嘉靖的年号编出了一句顺口溜到处传唱："嘉靖嘉靖，家家皆净。"这位嘉靖帝在百姓心目中的地位已经是岌岌可危。

二、修道惹出"壬寅宫变"

为了实现自己长生不老的理想，嘉靖把全部希望都寄托在道士身上。道家的方士向来以研究长生不老之术而著称于世，甚至像成仙这样虚无缥缈的事情在他们口中也变得轻而易举。同时，道家还有一门"养身之道"，这也引起了嘉靖浓厚的兴趣。事实上，道家提出的养生之术，首先就要控制自己的欲望，这早在丘处机面见成吉思汗时就曾一再提及。可是嘉靖宠信的道士邵元节、陶仲文等人却为了投其所好，信口雌黄地宣称养生是不必节欲的，非但如此，只要采用了道家独有的房中秘术，多次与处女交合，还能起到延年益寿的作用。这歪理本身足够吸引嘉靖的了。对于他来说，长寿固然是他毕生为之追求和奋斗的方向，但如果放着后宫三千佳丽不宠幸，也的确心有不甘。

然而嘉靖只顾自己享乐，却毫不顾及他人的死活，那些宫女们从此陷入了水深火热的悲惨境地。他迷信地认为未成年的宫女有助于自己完成长生不老的理想，大量征召十三四岁的宫女，用她们的处女月信炼制丹药。为了保持宫女们的身体洁净,嘉靖还听信道士的谎话,下令这些宫女每天只能吃桑叶,喝露水。可想而知这些正处于生长发育关键时期的少女,如何忍受得了这般肉体与精神的双重折磨。很快就有不少人倒下了,剩下的宫女天天过这样炼狱般的日子,人人都生不如死,痛苦非常,她们知道要照这么下去,自己迟早得饿死,与其如此,还不如杀掉那个荒淫无道的皇上。于是,以杨金英为首的宫女们决定趁嘉靖熟睡的时候,用麻绳勒死他。可是,毕竟是饿了不少时日,再加上头一回杀人,难免心里发慌,手脚发软,况且她们要杀的这个人还是当今皇上,于是手忙脚乱中竟然把已经绕上嘉靖脖子的麻绳打成了死结,结果只是把嘉靖吓昏了,却并没能杀死。此时,周皇后已经赶到,制伏并斩杀了这些宫女,就连当时服侍嘉靖的端妃,也涉嫌此案,一起杀了。由于此事发生在嘉靖壬寅年也就是嘉靖二十一年(公元1542年),因此,后世史学家称之为"壬寅宫变"。

虽然这些发动宫变的宫女被依法处决了,宫廷侍从们也相继被严肃整顿了,可是嘉靖还不大放心,于是就有借口从此不回大内,开始了他的一心修道生涯。一个皇上不住在宫里,也不上朝,却一心要当道士,这正好给了奸臣严嵩一个绝好的专权机会。

第三节　投其所好,"青词宰相"的发迹史

嘉靖皇帝对道教誓将追随到底,对于道家的神仙和长生不老之术更是崇拜,于是,他整天不理朝廷政务,把全副精力都投入到搜罗方士、秘方的事业中去。因此,当时的人要想有前途,其实很简单,只要给嘉靖皇帝撰写青词也就是道教仪式中向上天祷告的词文就可以升官发财,甚至当个宰相都不是难事,因此当时就有了"青词宰相"的说法。严嵩就是其中的一位代表人物,别看他别的本事没有,可是

要说写青词，还真是一位能手，尤其是他善于揣测皇帝的心思。因此尽管嘉靖皇帝也对严嵩的贪赃枉法很不满，可就是不舍得惩治他，还把朝政大权都交给严嵩，自己则安心成仙修道。在他在位的45年间，严嵩擅权就长达17年，而严嵩最风光的时候，也是人民百姓最遭难的时候。

一、“青词宰相”严嵩“三步跳”

严嵩早在明孝宗朱祐樘当政时期，就已经成为在翰林院内学习处理政事的庶吉士，到正德皇帝即位后，被授为翰林院编修。眼看着繁花似锦的前程在向自己招手，严嵩却在此时选择了退隐山林。这并不表示严嵩有“身在庙堂心在野”的清高想法，而恰恰是他在分析了当时的政治局势后，为了自己日后的飞黄腾达所做出的选择。当时，宦官之祸愈演愈烈，许多忠直之士都受到各种不同程度的打击和迫害，作为新科翰林，严嵩如果想要飞黄腾达，就必须要投靠阉党，而这种行为在当时是颇令读书人所不齿的；但要让严嵩去对抗阉党，又无异于螳臂当车，自取灭亡。于是，再三思虑下，严嵩以祖父和母亲去世，自己需要回乡守制为名，趁机退出纷争不断的官场，回到家乡隐居了8年。正德后期阉党被诛，朝政大权回到了与严嵩颇有交情的杨廷和等人的手中，严嵩应诏复职。这一回，严嵩开始努力钻营自己的进阶之路了。正德十六年也就是公元1521年，正德皇帝朱厚照驾崩，嘉靖皇帝上台了，此后发生的一个重要事件，即“大礼仪”之争，让严嵩抓到了机会。

这事前面说过，是在嘉靖十七年也就是公元1538年的六月发生的。当时嘉靖帝一心想为自己的生父兴献王追封“献皇帝”的尊号，并将其牌位供入太庙，按照规矩，这种事该礼部负责，于是嘉靖帝下令由礼部集议，而这严嵩当时正好官居礼部尚书，对这场是非纷争是想躲也躲不掉。况且这个差事实在棘手得很，如果他严格按照皇帝的意思去办，在当时那个政治敏感时期，势必会招来朝中大臣的责难；但如果违逆了皇帝的意思，他这个礼部尚书大概也就做到头了，弄不好连性命都保不住。经过一番斟酌思量后，严嵩写了一份模棱两可的奏折交给嘉靖。嘉靖帝看了半天也没明白严嵩到底是支持自己还是反对自己，于是一怒之下亲笔写了一份《明堂或问》，言辞犀利地警告群臣，并坚决地表达了自己一定要让生父称宗入庙的决心和态度。这可把严嵩吓坏了，他知道此时的嘉靖帝对自己很是不满，于是一改之前模棱两可的态度，坚决拥护支持嘉靖帝的一切想法、做法，为嘉靖帝的生父进入太庙安排了隆重的礼仪，并充分发挥自己的才能，在祭祀礼毕后，写了《庆云颂》和《大礼告成颂》。由于他文笔绝佳，因此很让嘉靖满意。应该说，这件事是严嵩政治生涯中的重要转折点，从此，他开始了自己的辉煌旅程。

道教仪式中，经常需要撰写一些焚化祭天的青词（因用朱笔写在青藤纸上，故而得名），以示对神仙的崇敬之情。由于嘉靖崇道，重视青词，使得很多人看到了发展的空间，由此就产生了中国历史上非常奇特的“青词宰相”，代表人物就是严嵩。

虽然“青词”是用来祭神仙的，按说应该是道士们负责的范畴，可是，这其中需要很高的文学素养，道士难以胜任，谁堪当此任呢？自然是词臣。当时最好的词臣是内阁大学士。其实，在明清两代是没有宰相的，通常都是皇帝一人身兼国家元首和政府首脑，是吏、户、礼、兵、刑、工六部的顶头上司。虽然这样有助于集中权力，不至于让手下谋逆，可这么一来，皇帝重担在肩，他一人实在不堪重荷，得有人从旁辅佐。这些辅佐皇帝的部门就叫“内阁”，其实就是秘书处，“大学士”，也就是皇帝身边的高级秘书。不过，这么一来就使得六部越来越远离皇帝，反而是内阁积极向皇帝左右靠拢。如果有了什么大事，皇帝首先想到的是自己的秘书们，先和内阁商量好了，再交给六部去办，因此这些大学士就从秘书身份变成了实际上的丞相，成了说话管用的总理大臣。

内阁大学士本来是皇帝身边的秘书，工作就是帮皇帝披阅奏章，起草文件，这文笔自然很过硬，写文章没问题，因此青词在他们手里更是得心应手。而且，他们比谁都明白，要想平步青云就得讨皇帝高兴，既然皇上喜欢这个，他们又有时间和文字基础，何不就大写特写一番？所以，嘉靖一朝的大学士们基本都是写青词的好手。但是除了撰写青词外，这些人也不会干什么实事，比如袁炜、李春芳，后来还被称作“青词宰相”。严嵩正是看到了这一现象，于是为了在嘉靖的统治下实现个人仕途的三级跳，就刻意把自己培养成为一名出色的青词写手。

说起青词，可不是什么人都会写，也不是那么好写的，它要求能够以极其华丽的文字表达出皇帝对上天神灵的敬意和诚心。嘉靖本来个性急躁，求仙又久寻不得，更是心焦，因此青词总是供不应求，常常把那些大学士憋得脸红脖子粗，还无法让嘉靖满意。然而严嵩却越写越得心应手。这也难怪，严嵩本来就文采出众，其诗被赞为“清丽婉弱，不乏风人之致”，况且这青词直接关系到自己的政治生命，所以写起来自然更是用心卖力，当时的青词写手均无法和他比肩，以至于到了最后，竟然只有严嵩一个人写的青词才能让嘉靖满意。因而嘉靖也越发喜欢严嵩。

于是，严嵩一路爬了上来，成为了“青词宰相”的代表人物。

二、严嵩、夏言之争

严嵩的发红发紫不仅要感谢嘉靖，还要感谢一个人，那就是夏言。这夏言因在“大礼仪”之争中坚定地站在皇帝一边而得到了嘉靖的重用，曾在嘉靖朝前期担任过礼部尚书，后来又担任内阁首辅，他在严嵩的政治生涯中起过重要作用，严格说来还是严嵩向上爬的阶梯，只不过，为了权力之争，两人最终还是成了敌人。

夏言的为官资历比严嵩浅，他是正德十二年也就是公元1517年才考中的进士，论资排辈的话可比严嵩晚十多年呢，按说应该不是严嵩的对手。但是夏言的政途顺坦，升迁很快，所以职位比严嵩高很多。到了嘉靖十五年即公元1536年，夏言已经入阁拜相，3年后更是升为首辅大臣。这让多年来经历宦海沉浮的严嵩看来很不甘心。此时，他相中了夏言，认为这个人对自己的仕途会大有帮助。因为夏言与他是江西老乡，有了这层关系，严嵩开始和夏言攀关系，终于得到了夏言的信任，于是多次为他引荐，最终使严嵩当上了礼部尚书。

不过，世界上没有永远的敌人，也没有永远的朋友，严嵩和夏言也是如此。这二位的关系，事实上不过是彼此利用，共同获益。因此，夏言一看严嵩渐渐地大有要超过自己之势，心里立刻升出了不满和警惕，开始对严嵩运用一边拉拢、一边打击的策略。严嵩对夏言也是表面上虚与委蛇，背后却暗自盘算如何消灭夏言以保证自己的仕途一路通畅。平心而论，夏言还算是个正直的人，不仅有学问，而且勇于坚持正义，“豪迈有俊才，纵横辨博，人莫能屈”，他的青词也写得很好。但是，他却有一个最大的缺点，就是容易骄傲自满。仗着嘉靖对自己的信任和器重，他便越发地骄横起来，到最后甚至连嘉靖皇帝都不放在眼里，这当然也引来了满朝文武对他的不满。于是，严嵩紧紧地抓住了这个机会，开始大做文章。首先，为了得到嘉靖的好感，在言行上他就和夏言形成了鲜明的对比。你夏言不是骄横无比吗，那我就对皇帝俯首帖耳，当皇帝的知心人，对同僚们也表示谦让。这么一来，朝廷上下都对严嵩很有好感。

当然，光做到这些还是远远不够的，严嵩成功的秘诀就俩字：听话！听谁的话？自然是听皇帝的话。这一点也是他最让嘉靖满意的地方。夏言尽管心里不乐意，可在一些具体事件上却恰恰成了严嵩的帮手。按明朝当时的冠服制度，皇帝戴的帽子是用乌纱折巾而成的，称为翼善冠。嘉靖由于推崇道教，不戴自己应该戴的翼善冠而经常戴香叶冠，也就是道士帽。他不仅自己喜欢戴，还想让自己宠信的臣子也戴。于是特制了五顶香叶冠分赐给夏言、严嵩等人。夏言一看很不高兴，他认为这不是大臣的正式朝服，戴了有失身份，有损朝仪，因此从来没有戴过。嘉靖一看夏言如此不尊敬自己的指令，心里非常生气。而严嵩呢，只要能让皇帝高兴，做什么都行，他总戴着香叶冠在皇帝身边晃悠，嘉靖看见了自然十分高兴。据说嘉靖命大臣们到西苑当值的时候，都要按照道士的习惯骑马，不准坐轿。夏言仗着自己有身份有地位，根本不理会皇帝的指示，依然是坐轿进出西苑。对他这种种不把自己放在眼里的行为，嘉靖是越来越恼火。

其实，夏言也不是不服从皇帝的指令，只不过他对嘉靖这些重道轻政的举动实在有很大的意见，他的这些不服从也可以算是无声的抗议。但是，他的这些想法，嘉靖皇帝虽然看不出来，有些人心里却明白得很，这就是皇帝身边的道士们。于是，这些对夏言怀恨在心的道士们便开始在皇帝面前诋毁他，向来对道士言听计从的嘉靖自然相信了这些毁谤之词，渐渐地不再信任夏言，而这些统统被严嵩看在眼里。

严嵩一看机会来了，就在一次与嘉靖单独会面的时候，痛哭流涕地诉说夏言平时如何欺负他和其他大臣。本来，嘉靖念着夏言对自己还有点用处，不想把事情搞大了，可巧的是，不久发生了日食，现代人都知道这是自然的天体运动，可封建社会科学水平不发达，人们都认定只要一出现日食、月食，那就代表老天爷又不知道为什么事发怒了，灾难马上就要降临人间了。正当嘉靖心里惶恐的时候，严嵩又参了一本，内容是说上天警示皇帝要赶快惩戒傲慢犯上的夏言，要不老天爷就会大发雷霆了。嘉靖一听这还了得，立即罢了夏言的官职，把他赶回了家。至此，严嵩终于搬掉了自己前进路上的绊脚石，于嘉靖二十一年即公元1542年八月，补了夏言的缺位，从此开始了自己大红大紫的政治生涯。

第四节　道士图谋，扳倒严嵩

别看此时的严嵩风光无限，可是他做梦也没有想到，他已是强弩之末，风光的日子也即将结束了。尽管由于青词，他一飞冲天，可也同样因为青词，他最终是一败涂地。尽管他靠着琢磨皇上的心思，得到了嘉靖的重用，可也同样因为琢磨过分，把自己辛苦建立的家业毁了个一干二净。

一、严嵩完胜，夏言被杀

虽然撵走了夏言，可此时的严嵩已经是个60多岁的老头了，对于政务已有力所难及之感。为了继续获得嘉靖的宠信，严嵩几乎日夜在西苑当值，以便有更多的机会接近嘉靖。嘉靖皇帝也真有点离不开他了，对他的信任是与日俱增。

严嵩已经是朝中数一数二的大人物了，但他为了独揽朝政，仍然千方百计地铲除异己，打击政敌。同时不忘壮大自己，收受贿赂更是成了家常便饭。有一些痛恨他贪赃枉法的正义之士向嘉靖上折弹劾他，无奈对于这么一个既会写青词，又善于揣摩圣意并坚决以皇帝的意思为行动纲领的臣子，嘉靖充满了不舍之情，怜惜之意，所以不但没治严嵩的罪，反而把那些弹劾他的人免职的免职，杀头的杀头。这样一来，严嵩越发地有恃无恐了。

不过，嘉靖皇帝虽然一心扑在道教上，可是对权力还是看得很重的，因为掌握权力正是他可以随心所欲、为所欲为的前提条件。没有了权力，他还怎么自由自在，毫无后顾之忧地去修道成仙呢？所以他最忌讳的也是权臣。嘉靖二十四年即公元1545年，嘉靖由于听到了一些有关严嵩把持朝政、权势熏天的传闻，于是对严嵩有了戒心，进而开始厌恶他。恰巧此时内阁人员紧缺，嘉靖就想起了被免职在家的夏言，下诏再次起用夏言，重任内阁首辅，职位在严嵩之上。此时的夏言经历了这番挫折已经认清了严嵩的嘴脸，因此不仅与严嵩对抗，而且还经常借职权之便打压他。虽然二人同为内阁大臣，但夏言处理公务时根本不征求严嵩的意见，而且还把严嵩安排的亲信一一撵走。正当夏言绞尽脑汁要扳倒严嵩的时候，机会就来了。

话说严嵩的独生子严世蕃借他家族的权势做了尚宝司少卿，管理当时的一些工程项目，他和他老子一样是个见钱眼开的贪官污吏，因此借着职务便利，大肆贪污受贿。这些不法行为恰巧被夏言逮着了，于是准备上奏给皇帝。严嵩听说后大惊，知道这折子递上去之时就是严家灭门之日，赶紧拉着儿子一路奔到夏言家求情。夏言自然知道严嵩的来意，装病不见。严嵩一看急了，也顾不得面子了，父子俩千方百计找到夏言，双双跪倒在他面前，苦苦哀求，请夏言高抬贵手。夏言虽说在官场多年，可真不如严嵩心狠手辣，几句好话就把这夏言说得心软了，答应不再追究。严嵩一家逃过了这场灭顶之灾。不过，严嵩可没有因为夏言的心软而心存感激，反而更加痛恨夏言，发誓要一定要将夏言置于死地。

要彻底扳倒夏言谈何容易，严嵩知道，此时能够帮他实现心愿的只有嘉靖。事实证明，这嘉靖也的确是一把好枪，起码在扳倒夏言这个问题上让严嵩用着非常得心应手。嘉靖是个多疑的人，他虽然常年在西苑生活，但对朝中这些大臣还是不太放心，于是就在自己身边建了不少供大臣们当值的所在,目的是为了能够经常派小太监窥视大臣们的行动。俗话说“阎王好见,小鬼难缠”,严嵩深知此理,于是对这些小太监从来都是亲切友好,经常用金钱贿赂他们。夏言则完全相反,根本不把这些小太监放在眼里。这些“小鬼”们自然偏向严嵩。嘉靖听了小太监们经常表扬严嵩,而对夏言则多是批评,因而渐渐地又开始喜欢严嵩、厌恶夏言了。

当初,夏言与严嵩都是因青词得到了皇帝的重用,而这时夏言年纪也大了,实在没什么精力再来搞青词这一套,可是,皇帝喜欢这个,又不能不写,于是就让自己的门人下属代劳。这些人为了应付差事,有的就偷懒,把以前写过的再重新组合一遍交上去。夏言也真马虎,自己看都不看就给嘉靖送去了。嘉靖对道教何等重视,对青词自然更是过目不忘,他看夏言交来的这么多份青词都恍惚见过,不禁气往上顶,经常把夏言进献的青词撕烂了扔到地上。严嵩则仍旧在青词上大下工夫,经常在夜深人静的时候,还假装在灯下目不转睛、津津有味地品阅青词。这样一来,嘉靖心里的天平自然越发倾向严嵩,而夏言的地位已经很危险了。

嘉靖二十五年即公元1546年,兵部侍郎曾铣总督提出收复被蒙古占领的河套地区的计划。嘉靖想听听大臣们的意见。当时夏言表示赞同,而严嵩则坚决反对。严嵩还趁机攻击夏言和曾铣是想立功受赏,把持大权。这时,恰巧内宫失火,皇后去世,这些突发状况让嘉靖乱了阵脚。不久后,蒙古军再次进攻延安、宁夏等地,严嵩又趁机进献谗言,说这些都是因为夏言、曾铣要收复河套地区造成的。嘉靖此时已经分不清真假,只希望早点过上太平日子,于是也不管三七二十一就把曾铣杀了,并再次免了夏言的官职。严嵩为了不留后患,又进一步在嘉靖面前诬蔑夏言是收受了曾铣的贿赂,所以才支持收复河套的计划。大臣与边将勾结是大罪,更是帝王们心中最忌讳的事情，这让嘉靖悚然而惊，于是当即判了夏言弃市之刑。可怜夏言最终还是败在了严嵩手下，不但惨遭诛杀而且还被暴尸街头。

严嵩和夏言这场长达十多年的政治斗争，最后以严嵩的完胜而告终。朝中众臣也不是不知道夏言冤枉，可是由于严嵩此时的地位和权势已经几乎达到了无法无天的地步，众人实在不敢拿鸡蛋去撞石头，因此竟然没一个人敢帮夏言说话。不过，善有善报，恶有恶报，不是不报，时候未到，严嵩最后也没能安安稳稳地寿终正寝。说起他的垮台，就不能不提到徐阶这个人，他在严嵩垮台的过程中可是起了重要的作用。

二、道士帮忙铲除严嵩，顺乎民意

终于打垮了夏言，严嵩成为了内阁首辅，成了嘉靖皇帝手下第一干将，也成了大权在握的绝对优势享有者。可是，老奸巨猾的严嵩知道，此时自己还不能松懈，因为还有一个人没有铲除，这就是内阁次辅徐阶。

徐阶资质极高，他不仅富于权谋韬略，而且有很深的城府，一般人根本看不透他的心思。他是嘉靖二年的探花，不仅文章写得好，而且也非常善于揣摩迎合皇帝的心思，同时还擅长写青词，因而是嘉靖重点提拔的朝廷官员。这自然使严嵩很有危机感。严嵩之所以防备徐阶，还有一个重要原因，那就是夏言曾向嘉靖举荐过徐阶。严嵩心里实在拿不准，徐阶到底是不是夏言一党，会不会帮夏言报仇，因而总觉得不除掉徐阶心里就不踏实。

于是，这两位内阁正副首辅的明争暗斗就这么开始了。尽管几次较量各有胜负，但始终谁也没能扳倒对方。此时，嘉靖皇帝就成为他们打击对方最有力的武器，因此，为了早日胜利，这两位都极力争取嘉靖的支持。虽然，严嵩在政坛上摸爬滚打了这么多年，积累了不少经验，可人有失手，马有失蹄，政坛老手也难免有出错的时候。徐阶既然能在严嵩眼皮底下爬到内阁次辅的位置上，自然也颇有些手段，一旦抓住了机会，就会置严嵩于死地。

由于当年皇宫内曾发生了宫女弑君的“壬寅宫变”，致使嘉靖吓得搬到西苑一住就是二十多年。又因为他在西苑的寝宫永寿宫曾发生火灾，使得嘉靖不得不临时迁往玉熙殿居住。可是玉熙殿的建筑形式和内在设计让嘉靖感觉很不满意，就把重修宫殿的想法告诉了严嵩。当时严嵩不知道出于什么样的想法，居然没有像往常一样顺从嘉靖的意思，反而极力劝嘉靖搬回皇宫居住。嘉靖带着对严嵩的极度不满，转而又去向徐阶询问，徐阶马上随声附和，大力支持嘉靖修建新宫的决定，并提出了不少建议。嘉靖对徐阶很满意，当即就任命徐阶之子、尚宝丞徐璠任工部主事，负责营建事宜。这件事以后，嘉靖开始注意到徐阶的作用，有意识地提拔他，很多朝政大事都参考徐阶的意见，反而不怎么理会严嵩了。

这让严嵩又惊又怒，但考虑到目前自己的政治生涯正处于下坡路，只能昧心地讨好徐阶。这徐阶可不像心软的夏言，他此时早已想好了除掉严嵩的办法。针对嘉靖皇帝信奉道教的特点，徐阶开始与道士合作，精心策划了一出戏。

当时，有个叫蓝道行的道士因为善于扶乩，因而声名远播，徐阶将他推荐给嘉靖。起初嘉靖还不敢相信蓝道行的道术，多次试验他。由于蓝道行收买了嘉靖身边的心腹太监，因此几次试验都让嘉靖非常满意，坚信蓝道行就是一位活神仙，从而给予了绝对的信任与重用。徐阶一看时机成熟了，就与蓝道行精心策划，导演了一出“除严记”。

话说有一天，徐阶获悉严嵩又准备去给嘉靖进谗言，便事先通知了蓝道行。蓝道行就在扶乩后禀告嘉靖说：今天有奸臣给您奏表。

结果没多久，严嵩的密折就送到了。这么一来，嘉靖心里就有了“严嵩是奸臣”的影子。此后，蓝道行又多次用类似的方法在嘉靖面前打击严嵩，有一次甚至直截了当地扶乩出了“分宜父子，奸险弄权”的字样。嘉靖质疑“上天为何不诛杀他”，蓝道行则诡称“留待皇帝正法”。这一番装神弄鬼终于取得了效果，嘉靖开始动起了诛杀严嵩的心思。

徐阶当然对嘉靖的思想动态洞若观火，赶紧趁热打铁，令御史邹应龙上疏弹劾，举报严嵩父子的种种恶行。这一下，嘉靖终于下了决心，立即下令逮捕严世蕃，将他流放到了广东。可是对于严嵩，嘉靖心中还是有些不忍，他毕竟追随自己这么多年，而且又曾写出不少绝妙的青词，杀了实在可惜，于是免了严嵩的一切官职，勒令他回乡养老。可是这严世蕃恶性不改，竟然偷偷从广东跑回江西老家，继续为祸一方，结果又被御史弹劾了。本来徐阶对嘉靖的惩罚结果就不满，这一下终于又抓住了机会，于是再次在嘉靖面前进言，要求严惩严嵩父子。这一次，嘉靖真发怒了，将严世蕃斩首示众，严嵩削籍为民，家产尽抄。严嵩只得在自家祖坟旁边搭了一间茅屋，寄居其中，凄凉度日，不久就在凄苦和贫病中死去，死后连口棺材都没有。至此，这场发生在徐阶与严嵩之间的政治斗争最终以徐阶的完胜而告终。严嵩被铲除，应该说是件顺乎民意的好事。

综上所述，可以看出这嘉靖皇帝对人对事的态度是何等糊涂，凭着道士的一句话就可以掀起天翻地覆的大乱子，而且对于自己的这个信仰还矢志不渝，直到被道士所炼的“仙丹”毒死了，他还想着成仙，真是让人觉得既可笑又可悲。

对嘉靖信仰的总结：

嘉靖皇帝的信仰，给他带来的除了糊涂的人生外，就是乱七八糟的政治。他把对人生的美好追求都寄托在道教身上，不能不说，这是个错误的选择。当他意识到自己曾经最热衷的朝政大权也已经不能满足自己时，便想寻求一种心灵上的安慰，而道教的长生正好符合了他的这一愿望。可是，这种精神寄托并没有给他带来好处，有的只是宫廷动乱、外族侵袭和层出不穷的误国奸臣。他在位的45年里，宠信严嵩，罢免海瑞，迷信道教，不理朝政，使得明朝廷成了一个行贿受贿之风甚炽的大染缸，国家也成了一个千疮百孔的烂摊子。虽然他也曾兴修长城抵御蒙古人的入侵，也曾重用戚继光这位抗倭英雄，但是，这些都不足以弥补他因为不理朝政、迷信道教而给国家和百姓带来的深重灾难，更无法挽回明朝这座摩天大厦行将倾覆的命运。

第十二章　清高宗:“康乾盛世”的没落

清高宗乾隆皇帝是中国封建社会后期一位赫赫有名的皇帝。对于这位皇帝,可以说有太多值得一提的东西。论才能,他不比爷爷康熙帝差,论城府,他也丝毫不弱于父亲雍正帝。可以说,他继承了前两位皇帝的基业,进一步完成了多民族国家的统一,使得当时的社会经济文化都有了更进一步的发展,最终铸成了中国历史上著名的“康乾盛世”。

公元1735年十月,25岁的宝亲王爱新觉罗·弘历即位为帝,第二年二月改年号为乾隆,由此拉开了自己长达60年的统治序幕。和前文所提到的宋徽宗、嘉靖帝不同,这位乾隆帝的自身条件可以说是很适合当皇帝的。他有着出众的文韬武略,也有着对国事、朝政的空前热情,他在位的这60年里,不仅勤于政事,而且平定了国内大大小小的叛乱,抗击了外来的侵略者,捍卫了国家主权和领土完整,尤其在治理西藏问题上显示出了极大的能力,不仅把藏族人民紧密团结在朝廷周围,而且还大大发扬了藏传佛教。在经济上,他注意减少百姓的经济负担,兴修水利,开垦荒山。在文化上,他提倡汉学,编纂了四库全书。在他统治期间,我国是一个疆域辽阔、国力强盛、经济发展、文化繁荣的统一的多民族国家。乾隆帝虽然每天都在忙碌中度过,但却把自己的身体保养得很好,竟然得享了89岁的高寿,创造了历代帝王的长寿纪录,因而他比其他帝王有更多的时间去参与休闲、娱乐活动。由于他感慨自己在位期间有"十全武功",于是自诩为"十全老人",并作《御制十全记》,令写满、汉、蒙、藏四种文体,建碑勒文。这"十全武功"分别是指两次平定准噶尔之役、平定大小和卓之乱、两次金川之役、镇压台湾林爽文起义、缅甸之役、安南之役及两次抗击廓尔喀之役。乾隆帝不但是一位杰出的军事指挥家,也是优秀的学者、作家、诗人、语言学家、书法家、艺术家,他一生写下的诗歌共有42613首,而《全唐诗》中共收录了2529人的诗作,也不过42863首诗。虽然乾隆的诗作其质量、内涵可能无法与这些诗人比肩,但他一个人一辈子就能写下4万多首诗,足见这位皇帝的博学多才、风雅情趣。不过,乾隆帝在他统治后期也犯过不少错误,最突出的一点就是对大贪官和珅的重用,虽然这其中有不少不为人知的因素,比如有人说这是乾隆爱听阿谀奉承之词的表现,也有人说这是乾隆利用和珅来为国库敛财,更有人说这个和珅之所以得宠完全是因为他漂亮的容貌迷倒了乾隆……但无论原因为何,随着和珅的被重用,使得大清王朝逐渐形成了一个史无前例的官员贪污怪圈,将大清帝国蛀蚀成了一个千疮百孔的烂摊子,却是不争的事实。于是,在乾隆帝步入晚年之后,大清帝国也像一个行将枯木的老人一样开始走上了下坡路。

第一节 发扬藏传佛教,促进民族团结

姓名:爱新觉罗·弘历(乾隆)

性别:男

民族:满族

体貌特征:根据画像显示,乾隆帝瘦长脸,弯而淡的眉毛,眼睛不

大,且为单眼皮,鼻梁长而挺直,嘴角自然上翘,唇峰轮廓明显,总的来说给人一种清秀文弱的感觉。

家庭出身:少数民族皇家血统

生卒:公元 1711 年 ~ 公元 1799 年

社会关系:

爷爷:清圣祖康熙帝

父亲:清世宗雍正帝

母亲:熹贵妃钮祜禄氏(乾隆即位后,根据雍正帝遗命,母以子贵,封熹贵妃为皇太后,死后又被追尊为孝圣宪皇后。)

帝号:清高宗

一、亲撰喇嘛说,借信仰着手治理西藏

乾隆皇帝不仅是历史上大名鼎鼎的帝王,也是民间茶余饭后的谈资,更是当今影视剧作品中曝光率颇高的一位古人。那么乾隆究竟有什么魅力,竟在死后几百年里还令人念念不忘呢? 这还要从他的"文治武功"说起。

乾隆的全名是爱新觉罗·弘历。这乾隆小的时候长得机灵可爱,康熙很喜欢这个孙子,不仅给他找了不少好老师,还注意他的德智等全方面发展。后来康熙、雍正先后去世了,乾隆就顺理成章地继成大统,开始了他"文治武功"的治国之路。

乾隆可不是像影视剧里写得只会游山玩水、享受人生,在他统治期间还是为百姓办了不少实事的。他在政治、经济上的作为和文化上的贡献就属于"文治"。

应该说,乾隆的政治眼光很敏锐,一继位就果断地施行"宽严相济"的政策,这样有助于让百姓心服口服,不至于引起抵触情绪。同时他注意整顿吏治,把各项典章制度都筛查了一遍,不合适的加紧修

订,合适的则严加执行。为了社会稳定,他还注意优待朝廷官员,安抚曾在雍正朝受贬斥的宗室。在经济上注重奖励垦荒,兴修水利。可以说在乾隆统治的早期和中期,全国呈现出一派繁荣昌盛的良好态势。这一阶段是乾隆最勤政、最睿智的时期,也是他政治生命中最有活力的时期,备受后人称颂的时期。同时由于个人的爱好,乾隆还很注意文化方面的建设。他一生写诗4万多首,其数量几乎赶上了《全唐诗》的总和。同时,他还很重视文物典籍的收藏与整理,将珍藏的文物编成了《石渠宝笈》、《西清古鉴》等。当然,还有一个众所周知的突出的文化成就,那就是在全国范围内征集图书,编成了《四库全书》。

在清朝,西藏问题一直令统治者头疼不已,早在乾隆之前的几代皇帝就开始着手整顿西藏。但是,严格说来,乾隆登极后,才是清朝中央政府治理西藏政策的成熟时期。这一时期推行了不少管理西藏地方的重大措施与制度,比如废除郡王制,建立由达赖喇嘛掌管的甘丹颇章政府管理体制;出台《钦定藏内善后二十九条章程》,以便提高驻藏大臣地位,加强对活佛的监管,全面整顿和规范西藏政教一切事务。这些制度不仅在当时起到了巨大的作用,而且在后来的历史实践中也被证明是一项英明的决策。这些治理西藏的手段不但体现了乾隆这位杰出的政治领导者的管理才能,而且涉及了乾隆帝的个人信仰问题。众所周知,大清王朝是由满人建立的帝国,在满人的宗教信仰中,萨满教处于当之无愧的主导地位,因此满人也和成吉思汗一样热衷于信奉萨满教,后来由于藏传佛教的兴盛,也有不少人改而信奉喇嘛教。虽然乾隆并不是一位坚贞不移的喇嘛教信徒,可他为了治理好西藏,对于这个教派也是很有研究。他很清醒地认识到,要想治理好西藏,就得从他们的宗教入手。他通过扶持宗教,来达到实施行政管理。事实证明,乾隆帝的确是个杰出的政治家,他能够把扶持藏传佛教与加强对藏传佛教的管理完美地结合在一起，仅凭这一点就比元代、明代的统治者要高明得多。

乾隆五十七年即公元1792年，乾隆帝专门撰写了一篇《喇嘛说》，目的是为了改革西藏的活佛转世与管理制度。当时西藏佛教在活佛转世方面存在很多问题，乾隆意识到这些问题不解决迟早得出大问题，于是，自己就开始了这篇《喇嘛说》的撰写和宣传工作，并在这篇文章中提出了自己对活佛转世的系统看法。可以说，《喇嘛说》的成功撰写是乾隆皇帝对于藏传佛教如何帮助统治者达到统治目的所进行的长期而深入研究的结果，因此无论是文章措辞还是其中所蕴涵的深意，都带有明显的政治倾向。

二、超人的警觉，把"活佛管理"用于治国

虽然乾隆皇帝与藏传佛教有很深的渊源，这种宗教信仰也多少对乾隆造成了些影响，使得他对这个教派一直持尊重信奉的态度。但是作为一位杰出的政治家、统治者，他对于藏传佛教，或者说是对任何一个教派，都始终保持着十分冷静的态度，既不盲从他人，又能够精于思考，勤于学习，探讨其中的深意。当然，最重要的还是深度挖掘这些教派究竟能对自己的统治政权产生什么样的实用价值。

乾隆皇帝应该是信喇嘛教的，这从他的很多做法就能看出。比如，他把雍正帝即位前所居住的雍亲王府改成了今天的喇嘛庙雍和宫，目的是为了让喇嘛们为自己的亡父祈福。比如他重修北京的妙应寺白塔，目的是为了庆贺生母的诞辰。据说，乾隆皇帝还曾经由六世班禅为其受戒，同时，乾隆还曾随章嘉国师认真学习藏传佛教密法。这种种做法都在向人们显示，乾隆帝是一位如假包换的藏传佛教信徒。但是，乾隆所谓的信佛，既有出于对自我精神需要的一面，但更重要的则是政治上的需要。所以说，他信佛的本质原因和最终

目的是其实还是为了巩固他的统治政权,为实现其政权统治服务。

乾隆是一位头脑清醒的政治家,他很明白当时的黄教在国家政治局势中的地位,团结喇嘛教有助于让已经被藏传佛教在精神领域占领的蒙古和西藏各部紧密团结在清政府周围,有助于团结更多的教众。当然,对于宗教在社会生活中的消极作用他也十分清楚,因此,他虽然借助宗教手段帮他控制民心,同时也不放纵僧人违法乱纪,应该说,能把宗教与政治的关系处理得如此巧妙而得体,确实体现了乾隆皇帝高超的政治水平和杰出的驾驭能力。

既然乾隆决定了要利用宗教来为自己的统治政权服务,那么自然也要投入到对宗教教义的研究中,知彼知己才能百战不殆,这是乾隆成功的秘诀。因此,为了深入探悉藏传佛教的内在奥秘,他认真研究佛教经典,甚至还曾经作为一个忠实的信徒听受佛法,接受灌顶。史载,乾隆具有十分出众的语言天分,不仅会说汉语、满语、蒙古语,而且会说维吾尔语,甚至还曾学过金川藏语,这对于他治理国家、收服民心起到了不小的帮助作用,更是其所推行的宗教政策能够取得成功的重要因素。

除此之外,乾隆的成功经验还在于善于把握机遇,把理论付诸实践并指导实践活动。当然,最重要的一点是有要明确目标、有的放矢地去改革西藏地方的管理体制和各项制度,其中包括十分关键的活佛管理制度。在乾隆提出的改革制度中,有不少规定都是调整活佛地位和管理权限的,其中最核心的一条,即以金瓶掣签来确定转世活佛的人选,包括达赖喇嘛和班禅额尔德尼等大活佛的转世如何认定。这条制度的提出,把活佛管理纳入了法制化管理的轨道。

应该说,采取金瓶掣签确定活佛转世的做法,以及颁布《钦定藏内善后章程二十九条》是具有跨时代意义的,这不仅是清代治理西藏历史上最为重大的举措之一,而且也为西藏地方的稳定和发展发挥了显著的作用。由此可见,乾隆帝对于信仰的认识比任何一代帝王都清楚透彻,这也在很大程度上帮助他开拓了更稳定的政治局面。当然,对于汉地佛教,乾隆帝也没有放弃,而是同样极大发挥了它的作用。

第二节　对佛教一半利用,一半信奉

乾隆统治期间,清王朝的国力最为强盛,无论是政治、经济还是军事、文化都得到了全面的提速和发展。作为一个有能力并且时间也很充裕的统治者,乾隆能够实施他想要实现的理念。尽管乾隆对佛教的态度是利用为主,信奉为辅,但从他生前所住的宫殿、平时游玩的公园、死后的地宫等不少地方都可以看出,佛教文化已经深入到他的内心。虽然,大清入关的第一位皇帝顺治也崇信佛教,但他并没有拨巨款去修葺寺院,也就是说佛教对他来说也就是关乎个人的问题,而乾隆帝则是从个人行为和国家行为两方面去实践着他的崇佛信念,从而为佛教的发展做出了不少贡献。

一、崇佛信佛,日常生活中的信仰渊源

其实,乾隆的信佛也是有历史背景的。因为清朝的各代帝王基本都推崇佛教,还有几位更是精研佛学,比如顺治、康熙、雍正,乾隆就更不用说了,这几位都算得上是半个佛教专家。当然,由于他们本身是少数民族,因此,为了保持社会稳定,可不敢像元朝似的把人分成三六九等,清朝前期这些帝王们还是很有头脑的。他们对中华民族传统的儒、释、道三家文化采取了三教一家,坚持平等对待的政策,这就为社会的稳定祥和打下了坚实的基础。

虽然康熙青少年时期由于父亲顺治帝的出家风波,一度对佛教

产生了厌恶情绪,可后来,由于他西巡五台山,对于佛教精神有了更进一步的认识,因而,态度也有了很大的转变。雍正未登位前认识到既然父亲尊奉佛学,那么对于一心想获得父亲肯定和青睐的皇四子雍亲王胤禛来说,潜心研究佛学无疑是一条能够获取父亲更多好感的重要途径。不过,谁也没想到,在长期的研究过程中,雍亲王胤禛竟然真的对佛教产生了兴趣,并且开始发自肺腑地信仰佛教,他还自称是“圆明居士”,直到即位成为雍正帝后仍然同佛教人士保持密切友好的往来。发展到后来,要是谁对佛教产生异议,或是哪位大臣有反佛的言行,雍正都会暴跳如雷,轻罪重罚。所以说,雍正帝绝对是一位崇佛又信佛的皇帝。乾隆呢?尽管他的确是抱着用佛教当武器的心态开始接近佛教的,但从乾隆帝的日常生活中不难发现,他最终也成为信佛、崇佛大军中的一员。

其实,满人在古代是以渔猎为主要生活来源的民族,可以说是一支接近大自然的队伍,因此,他们对于萨满教这个最接近自然的宗教有着很深的感情。后来满族队伍发展壮大,首领们也萌生了取代大明统治天下的宏图伟愿,为了统治各民族特别是汉族人民,佛教开始取代萨满教成为满人的新信仰。当然,要说佛教一下子就攻进了清朝统治者的内心,也不切合实际情况,毕竟萨满教一直是清统治者崇信的“家教”,不可能一夕之间就消弭无存。可是,为了清朝廷能够顺利地在中原大地扎根繁衍,佛教的推广和利用又势在必行。怎么才能既保持原有的信仰,又能团结汉族呢?于是清统治者就在萨满教信奉的诸神中加入了佛教的内容,试图潜移默化,一点点地实现两教的完美融合及过渡。为此,乾隆帝还特意调整规定了新的祭祀形式和内容。这些形式还保留着萨满教所祭之神应有的立杆大祭、受祚吃肉等内容,但朝祭神祭的主人公则换成了佛祖释迦牟尼、观世音菩萨、关圣帝。释迦牟尼是佛教创始人,观世音是阿弥陀佛的服侍菩萨，而关圣帝则是佛门的护法迦蓝，三位都在中原百姓心目中享有崇高地位。关羽关胜帝君，也一直受到大清皇帝的重视，早在清入关时就把关羽提升到了清朝保护神的位置。到了乾隆朝，关羽的地位更是一升再升，甚至成了雍和宫的护邸总神。由此可见，此时的乾隆帝对于满人所一向敬奉的萨满教已经逐渐不感兴趣，反而对佛教的热情始终不减。据史料显示，乾隆时期为释迦牟尼、观世音、关圣帝拈香敬佛，已成为清朝皇宫日常生活中不可缺少的一部分。

对于佛教的祭祀活动，乾隆帝可谓不厌其烦，就拿坤宁宫祭祀来说吧，除了每年的四月初八至堂子浴佛、斋戒日、忌辰、清明等不杀牲的日子，停止坤宁宫的祭祀以外，其余每天都要在坤宁宫进行朝夕祭活动。这坤宁宫祭祀可是清宫最为频繁的祭祀活动。从一年的第一天第一个时辰开始，乾隆帝就要到坤宁宫去拜佛爷、菩萨、关老爷了，直到年底十二月二十六日坤宁宫请神送往堂子，一年当中乾隆帝要数十次到坤宁宫祭祀，给佛祖释迦牟尼、观世音菩萨、关圣帝三位大神行礼。不仅如此，每年佛祖释迦牟尼的诞辰，乾隆帝也是忙得不亦乐乎，不但要清洗法像，而且还斋戒沐浴，潜心向佛祖祷告。可见，乾隆早就把这三位大神列入了自己的宗教信仰之中，他们也成为满族“家教”所祭之神。

除了在皇宫中祭祀，乾隆帝还积极将祭祀活动延展到宫外，他每月至少要到四五座寺院去上香行礼，精神状态好的时候，还会到八九个寺院去。众所周知，这乾隆帝偏爱巡游，经常外出到各地巡幸，因此，几乎全中国稍有名气的寺院都被他访了个遍。据说乾隆二十七年也就是公元 1762 年的那次南巡，他常常一天安排到四五座寺院拈香，当地的一些寺院，如观音寺、法螺寺、翠严寺、楞伽寺、治平寺、海潮庵、瑞光寺、开元禅寺都留下了乾隆的脚印。这一年，乾隆帝已经是一位 52 岁的老人了，一天要去四五座寺院礼佛，就算是身体强壮的年轻人大概也吃不消,可是乾隆帝却一去就是一个多月,可见他的向佛之心多么虔诚了。至此,我们可以比较肯定地说,他的这种崇佛的举动早已经超出了利用的范畴,而变成了对佛教真心实意的崇敬和信仰。

据说,乾隆帝几乎每次离开京城,或是到圆明园、清漪园(即今颐和园的前身)等地去散心,经常是先到当地的佛堂或寺院去礼佛,然后再去办自己的正事,回到京城后,也一定先到佛堂或寺院拜过佛祖后才回宫。当然,他对佛祖如此的恭敬虔诚,有很大一部分原因也是为了让佛祖能够保佑他,所以他对佛教的热情可以称之为虔诚,也可以解释为迷信。通过这些日常小事,足以令我们看出,佛教已经成为乾隆帝生活中的一部分,虽然其中不乏政治因素,但是,他自己的信仰也占了很大的比重。

据说,乾隆帝的孝贤纯皇后,与乾隆有着共同的爱好和信仰,她在世的时候不仅节约,而且不忘满族习俗,这点很让乾隆感动。但是在乾隆十三年即公元1748年,这位皇后在和乾隆东巡的时候却病死了,乾隆帝十分伤心,深夜,他一个人默默地捻着佛珠,静静地为故去的皇后念经祈祷。应该说,乾隆帝的这一举动是一种发自内心的真情表露,也就是说只有借助信仰才能让乾隆平复心情,从这一点也可以看出乾隆帝是真的信佛,而不仅仅是为了巩固政权而刻意表现出敬佛的假象。

二、兴建地下佛国与京城寺院

乾隆不但重视在形式上给佛教极高的地位,而且对佛学的研究造诣也很高,他不仅在日常生活中体现了对佛教的忠实信仰,而且还给自己修了一座地下佛国。

其实不止乾隆皇帝,历代帝王都希望自己活着的时候风光,死了也能享受到生前的荣耀。因此，都在自己尚算健康的时候就开始大肆修建自己的陵墓。乾隆尤其如此，虽然他也希望自己能长生不老，但作为一位曾经受过东西方文化熏染的皇帝，他的理智告诉他，这世界上根本没有能够长生不死的人，于是早早地就开始安排自己的后事，以便死后可以继续享福。陵墓的修建对于任何一位帝王来说都是一件重中之重的大事，毕竟他在陵墓中住的时间要比在人间多得多，所以乾隆帝也为自己的陵墓耗费了大量的人力、物力、财力，精心选址、设计、施工。

乾隆的陵墓叫裕陵，位于今天遵化县的清东陵墓群中。这座裕陵修建得可以说一点也不次于皇宫，集合了当时最先进的原材料、最高明的工程师和能工巧匠，在历代帝王的陵寝中属于艺术水平很高的。尤其让乾隆满意的是裕陵地宫中独特的佛教石雕图案，这在历代帝王的陵墓中是一项空前的创举。这地宫内几座高大宽敞的殿堂中，无论是墙壁、券顶乃至石门上都雕满了形象逼真、艺术高超的纯手工艺图案，内容自然和佛教文化接轨。同时，裕陵的每扇门都雕刻有一尊菩萨像，四重门共雕塑八尊，每尊菩萨高约一米五。这八大菩萨的出现，很明显是为了实现乾隆想获得八大菩萨的护佑，甚至进而能够死后升天的理想。在他的地下佛宫里，八大菩萨为他把持门户，四大天王守护左右，姿态各异的五方佛、二十四佛、宝塔、五欲供、八宝、佛经、咒语等等布满了整个地宫，陵墓俨然成了一座地下佛国。可见，他对佛教的重视，对佛教信仰的虔诚之心。

历代帝王对自己的陵寝都是非常重视的，不但在修建时花样百出，甚至在修到一半时如果觉得不满意，也不惜花费大量金钱进行重修。乾隆帝更是对自己的陵寝倾注了满腔的心血，他从 28 岁起开始敕令修建裕陵，光是选择陵址就花费了 4 年时间，其间又遴选过好几支施工队伍，委任了好几位陵墓设计师和承修大臣，终于组建起了阵容强大的修陵队伍,5 年后开始正式破土动工,9 年后收工,正式完成了这个耗资 178 万多两白银的地下佛国,其中光是地宫内这些佛教石雕就足足花费了 3 年多的时间。试想,如果乾隆帝不信佛,又怎么会把自己最终的归宿地装饰成地下佛国?乾隆的裕陵是清陵中第一座在地宫中雕刻佛像的陵寝,同时裕陵还首创了陵寝建佛楼的制度。在大殿暖阁内设置佛楼的帝陵,裕陵是清陵中的第一处。在佛楼上所供之物从象牙佛、铜胎八大菩萨、金塔、金坛城、金七珍八宝,到《佛说无量寿佛经》、御制缂丝《心经》,琳琅满目,一应俱全。在乾隆以后,陵寝建佛楼成为一条不成文的规定。

不仅从乾隆的陵寝可以看出这是位笃信佛教的帝王,而且从他钦定修建京城寺院来看,这位皇帝对于佛教的确是青睐有加。

佛教自东汉传入我国,到乾隆当政时期已有 1700 多年的历史,寺院可以说是遍布了全国,光是修建的工程款就是个天文数字。尽管如此,乾隆还是希望大修特修,因为寺院是佛教发展的基础,乾隆对于自己崇信的佛教可是舍得花银子出力气的。因此,在他当政的时期,在全国大规模地修整佛教寺院。乾隆爱好巡游,曾经创下六下江南的纪录,各种巡幸活动近 150 次之多。每次出巡,乾隆帝大都要到途径的地方寺院去烧香拜佛,清廷拨巨款维修这些寺院,各地衙门及有钱人等也都纷纷出钱捐款,意图巴结乾隆。据说在乾隆二十七年这一年中,乾隆帝到过的寺、庙、观就多达近 180 座,创了历史新高。后来,乾隆还觉得不过瘾,又在北京开展了大规模的寺院普查和修整工作,对皇家寺院以外的京城寺院进行了改扩建工程,同时对皇家寺院及紫禁城、中南海、北海、清漪园、圆明园等皇家园囿中的佛堂及寺庙进行了改扩建和新建。

也就是说,在乾隆时期,京城大规模修缮寺院都是在乾隆帝亲自主持之下进行的,可按照清廷的传统,除皇家寺院,京城其他寺院的维修、管理都应由礼部及理藩院负责,不用皇帝亲自操持,可见,他对佛教虔心至此。据说乾隆时期北京有寺院3000余座,城内几乎每条街巷都有寺宇,京城的香火之旺超出以往各朝,这当然和乾隆帝带头崇佛的做法是分不开的。

第三节 文化专制,禁锢思想,从《四库全书》看文字狱

乾隆开创的“康乾盛世”的确代表了他的功绩,其中不仅有平定准噶尔部的英明神武,又有消灭天山南路大小和卓势力的睿智果断,在他的统治下,清廷对边疆地区的管理加强了,中国这个多民族国家得以巩固和发展。在文化事业的发展上,乾隆也做出了不小的贡献,在他的亲自主持下编修的《四库全书》,汇集了从先秦到清代前期的历朝经典,被誉为清代第一巨著。但是,乾隆也不光都是优点,他所兴起的文学狱,无论是时间和规模都在清朝历代中创了纪录。由于他大兴文字狱,使得中国历史上许多重要文化典籍遭到了毁灭性的打击,这不得不说是乾隆一生的污点。他一直自我标榜的文化贡献《四库全书》,似乎也更多的是出于以权谋私的目的。

一、思想大钳制,文字狱对文化的破坏

如果说,乾隆对于佛教是采取支持利用的态度,那么他对汉族根深蒂固的儒教思想则给予了巨大的打击。尽管,乾隆也一度让纪晓岚主修《四库全书》,为保留中华民族的文化出了不少力,可是,编修这套书又导致大量图书被销毁或有很多地方被改得面目全非。从这一点上来看,乾隆帝对于汉民族文化,尤其是对于儒教思想,还是具有十分敏感的警惕性的。从他掀起的大规模文字狱也可以看出。在

乾隆执政的60年中,文字狱实际上是他掀起的思想大钳制运动,不但把科举考试搞得乌烟瘴气,而且把民间的藏书也烧毁了不少,文字狱总共有130余件,比中国历代其他皇帝搞的文字狱的总和还要多!再次创了历史纪录!

虽然,康熙帝在位时因为政局还不稳定,制造过文字狱,雍正帝也喜欢靠文字狱来警戒那些思想复杂、心地不纯的文人,可总的来说,都不至于像乾隆这样,把矛头指向全国的文人,而且手段之严厉,不讲理之程度,真是前两位所自叹不如的。

起初,为了得到百姓的好评,乾隆还很注意和文人们搞好关系,对于雍正朝文字狱的牵涉者汪景祺及查嗣庭的亲属给予了宽厚的处理。为避免再发生以文字罪人的冤狱,乾隆还特意下达指示,不许诬赖好人,如揭发报案的人没有证据,就要反诉这个原告。虽然此时的文人们早被康熙、雍正这二位皇帝整得疲惫不堪,可一听乾隆颁布的新政策,心里还是十分高兴,以为终于可以恢复文人的地位了,可谁知道,这位乾隆帝比康熙、雍正的手段还极端。

乾隆十六年也就是公元1751年,乾隆朝著名的一次文字狱便爆发了,而“伪孙嘉淦奏稿”便是这一次文字狱的导火索。孙嘉淦曾经当过左都御史,还担任过直隶总督、湖广总督、工部尚书、翰林院掌院学士等职务,从他所担任的这些工作来看,应该是一位深受乾隆器重的大臣。此人最大的优点就是为人诚实,敢说真话,因此一直受到同僚的称赞和百姓的爱戴。在公元1750年(乾隆十五年),民间突然出现了一份冒充孙嘉淦之名写的奏稿,稿中的内容有“五不解,十大过”,其核心是批评乾隆,并对朝廷权贵重臣进行了尖锐的抨击和无情的弹劾,成为当时为世人所注目的重大政治事件。消息传到乾隆的耳朵里,他雷霆之怒,立即下令,顺藤摸瓜,一定要把这个始作俑者揪出来。

这下可不得了，整个大清国犹如沸水一样久久不能平复，而这正好让不少别有用心的官员抓住了机会，许多地方官员都想凭借此案获得皇帝的器重和信任，纷纷上折子互相揭发互相打击。此举令乾隆的怒火更炽，他认为既然有这么多的地方官员都知道这份伪奏稿的内容，说明此稿的流传速度惊人，更说明这只“幕后黑手”党羽众多。其次，既然大家都对此案如此了解，却还让这件事传到了自己的耳朵里，说明这些官员在办理此案时，存在严重的故意推诿、拖延的现象。于是，乾隆帝一不做二不休，干脆把所有诬捏撰写、分散传播的人都一律逮起来，明令严办。还警告各地方官员，谁敢隐瞒真情不报，也一律重罚。

这时上下官员都看出皇帝是真发雷霆之怒了，赶紧依命严查，于是3个月的时间，各省先后查出的涉案人员多如牛毛，其中又以湖广、江西等地人数最多，光是四川一省就捕获了280余人。这中间自然有不少人是被冤枉的，可是，涉嫌者及传抄之人，不是互相指责，推卸责任，就是为了给自己获得一个宽大处理机会，而出卖诬陷更多的人。有的在严刑逼供下不得不认罪，可是刚一要判决，他们又感觉冤枉，死不认账，这使得主审官员很是头疼。由于人数众多，案情又纷繁复杂，因而直到年终整个案件仍没有结果。

由于这个大案追查不力，乾隆频频迁怒于督抚官员，从中央到地方，大小官员人人自危。有个胆大的御史打算劝劝皇帝，不要因为一件案子而牵连这么多人，没想到刚说了两句，乾隆就拍案而起，这御史也受到了革职的惩罚。后来又有一位侍郎劝乾隆，希望他不要再继续查下去了，结果又被乾隆臭骂了一顿。满朝文武知道皇帝这回是真动怒了，再没人敢多说一句。此时，虽然乾隆也身心俱疲，可是又不想轻易放过这些以下犯上之人。正当他左右为难的时候，江西巡抚鄂容安查获传抄伪稿的长淮千总卢鲁生，经当地衙门审讯，卢鲁生交代其稿得自南昌守备刘时达、刘守朴父子。于是卢鲁生、刘时达父子被乾隆下令押到北京,责成军机处继续审理。本来,乾隆以为这个案子到此时已经到头了,没想到又有人揭发说这伪稿来自苏州。这么一来,乾隆更是烦闷不已。

这件案子轰轰烈烈地查了一年多,最终也没查出真正的主犯。乾隆一方面觉得这样结果很是窝囊,另一方面也不能再让朝廷官员耽误政事,都去查这件案子了,于是只能将“主犯”卢鲁生当作替罪羊,凌迟处死,其他涉案人员也依法论处治罪。就这样,历时 1 年 7 个月,牵涉京师、山东、山西、江西、江苏、安徽、浙江、福建、湖南、湖北、贵州、广东、广西以及边远土司等地区的,轰动全国的清查伪孙嘉淦奏稿一案,就这样糊里糊涂地了结了。

但是,这件案子仅仅是乾隆朝文字狱的开始。本来乾隆应该认识到,在这个事件中,自己应负主要责任,可是,他不仅没认识到自己的错误,反而从此加紧了对文人们的约束和管理,还决定继承先祖的铁腕政策,开始掀起了连绵数年的文字狱。

二、《四库全书》遗惠后世还是独裁者的代言

一说起文字狱,相信人们脑中首先闪现的就是:其中的百分之九十九都是冤狱。它的特征是:统治者故意歪曲文字的含义,借机打击、镇压那些他们认为心中具有造反念头的人。因此,文字狱成了乾隆年间摧残知识分子最有力的工具。尽管,清朝从统一那天起就兴起了“文字狱”,但是还没有哪位皇帝像乾隆这样劳师动众地大搞文字狱。乾隆制造的“文字狱”不仅使自己在百姓心中的威信大为下降,而且对中国历史上许多重要的文化典籍也造成了毁灭性的破坏。

尽管乾隆为大清朝开创了一个欣欣向荣的局面,可也不能否认,清朝是在他手里由盛转衰的。别看乾隆帝号称文武全才,表面上是

位才子皇帝,但其实,他的本质却是一个文化专制主义的狂热推行者。在封建统治时代,帝王要想达到绝对的君主集权,那就得推行文化专制主义,乾隆无疑是这一理念的代表人物,而文字狱就是他疯狂追求文化专制的突出表现。

当时的文字狱风波,不仅使得许多别有用心的人频频在文人的诗作中寻找“造反”的字眼,而且还经常捕风捉影,牵强附会,无中生有,被扯进文字狱风波的人,轻则免职,重则斩首,一时间,人人都是谈“文”色变,巴不得自己从来没有读过书、写过字。文字本是文化文明的象征,可是被乾隆这一折腾,文人们不得不远离现实,为了生活要么改行,要么学陶渊明避世。直到乾隆末期,文字狱方面的政策才开始放宽。当然,最主要的原因不是乾隆终于认识到自己的错误了,而是因为这时的清廷统治已经很腐败了,各族人民纷纷起义,乾隆忙得焦头烂额,已经顾不上再在文字中挑毛病了。比如在乾隆72岁那年,广西查获了回民的经卷,据说里面有不少诋毁乾隆的话,如果是在以前,这场风波一定又是铺天盖地而来。可是,此时正赶上清廷刚刚派兵把在甘肃起义的回民队伍镇压下去,乾隆生怕这场文字狱的风波一起,又会招来另一场起义运动,于是找了个冠冕堂皇的理由,说回民文化水平不高,不会遣词用句,所以这次就不和他们计较了,让他们下回注意。类似于这样的事件,在当时数不胜数。

可乾隆皇帝毕竟不是那种一味被动挨打的人,为了从根本上解决问题,于是他开始效仿秦始皇的做法,由大兴文字狱进而发展到全面禁书、焚书,当然,手段和程度都要比始皇帝加个“更”字。不过,有人可能会产生疑问,既然这乾隆帝大肆禁书、焚书,为什么又让纪晓岚主修《四库全书》呢?这本书不是囊括了从先秦到清代前期的历朝经典吗?既然如此,焚书还有什么意义?这难道不足以说明乾隆帝对中国文化遗产的保护态度吗?其实,只要我们看清了《四库全书》的编纂过程和目的,这种种的疑问就能够迎刃而解。严格地说,这编修《四库全书》恰恰就是一个禁书、焚书的过程。

别看乾隆主张修《四库全书》,好像是要把全国的书籍集中,由官方出版发行,但其实,他是想对全国图书进行检查,如果有不利于清朝统治政权的文献和书籍,一律禁毁,连前人涉及契丹、女真、蒙古、辽金元的文字都要进行篡改。这次查缴的禁书竟多达3000多种,15万多部,总共焚毁的图书超过70万部,禁毁书籍与四库所收书籍一样多。这就使得很多具有价值的典籍从此人间蒸发,比如明清之际,黄道周、张煌言、袁继咸、钱肃乐、顾炎武、黄宗羲、孙奇逢诸人的著作,由于思想进步,大多有反清言论,而且偏偏说得句句在理,因而成为了重点查销对象。就连宋应星的科技著作《天工开物》,也因为其中有反蛮夷的内容而遭到了禁毁。这哪里是保护文化,简直就是将文字狱进行得更彻底的表现。因此,很多对于清朝不利的内容现在正史都没了记载,这都是乾隆以权谋私的结果。不过幸好吴三桂的“反满檄文”、《扬州十日记》、《嘉定屠城记略》,虽然当时被乾隆封杀了,但后来还是在日本找到了原版,这多少对揭露清朝的血腥政策提供了书面证据。

《四库全书》所收古籍有的都是经过篡改的,尤其是其中反映民族矛盾、民族压迫和民族战斗精神的作品,都被编纂者改了个面目全非,比如岳飞的《满江红》中的千古名句“壮志饥餐胡虏肉,笑谈渴饮匈奴血”。“胡虏”、“匈奴”在清代是犯忌的,因为他们本身的种族和最原始的居住地就属于这个范畴之内,于是在《四库全书》中,就有人把它改为“壮志饥餐飞食肉,笑谈欲洒盈腔血”。这类的例子还有不少。尽管这部《四库全书》是保存和整理我国古代文化遗产的巨篇,也为乾隆增加自己的政绩,同时也是严格控制人们的思想而运用的政治手段,并且亲自校对,又让大学士纪晓岚亲自三校,手段不可谓不高,用心不可谓不细,但是,这部多少失去了本来面目的清代第一巨著,无疑还是存有不少遗憾的。

第四节 对和珅的假纵容差点玩出了引火烧身

乾隆显然是对自己的功绩很满意,因而也不用大臣上表,自己就主动自封了个“十全老人”的荣誉称号。可乾隆帝果真是“十全”么?恐怕就冲他重用奸臣和珅这一条,就不可谓不昏聩。如果说乾隆前半生还算为国家和人民做了点贡献的话,那么后半辈子则是搬起石头砸自己的脚。他在位后期任用和珅20年,这20年使和珅成了中国历史上最大的贪官,致使清廷吏治败坏,贪污腐败成风,各地频繁掀起农民起义运动。由此,清王朝开始从强盛走向衰败。

一、投其所好,致使和珅从无闻发展成巨贪

乾隆是信佛教也好,敬喇嘛教也罢,他毕竟是个凡人,是个没参透佛经的皇帝,因此虚荣心、好胜心、爱美心一个都不少。再加上这位皇帝爱听好话、不爱听批评,所以和佛教境界还是有很大差距的。但是也正是他的这些差距成就了一个人,这位就是中国历史上著名的贪官和珅。

虽然现今的影视剧总把和珅塑造成一个只会逗皇帝开心的小丑,但其实无论是外貌、才学还是机智,和珅丝毫不逊于纪大烟袋和刘罗锅。

和珅出生在一个并不富裕的武官家庭,但他父亲很重视他和他弟弟和琳的教育,因此,这兄弟二人从小就受到较好的教育。和珅12岁时被选入咸安宫官学,研读儒学经典,同时又加强了对满、汉、蒙古文字的学习。和珅不仅资质过人,而且生性好学,凭着勤奋努

力，成绩总是在官学中名列前茅，因而得到老师吴省兰等人的器重。想必这吴省兰当时也没想到，自己以后的仕途兴盛要靠这个小学生。

到了公元1769年（乾隆三十四年），和珅刚满20岁，由于他要继承祖上三等轻车都尉的爵位，于是在第二年参加了顺天府科举乡试。不过，这一次他失手了，失手的原因不是因为他学问不济，而恰恰是因为学问太高，而当时的科举考试出题面很狭窄，让和珅觉得很不适应，所以空有这么高的学问却连个举人也没中上。不过，这并不影响他日后的前途，没有功名在身的他照样在官场做得风生水起，甚至做到了一人之下、万人之上的宰相之职。

后世关于和珅到底是如何引起了乾隆的注意，并在日后获得了这位皇帝长达几十年的恩宠，一直众说纷纭。其中还有一个传得很离奇的版本。据说当时还是宝亲王的乾隆有一次无意中调戏了自己皇阿玛雍正的妃子，不巧被皇后看到了，为了免生祸端，皇后当即下令赐死了这名妃子。为此，乾隆一直觉得心有愧疚，对这名妃子也产生了一种说不清的怀恋之情。后来他遇到了和珅，发现这个年轻人和那个因自己而死的妃子长得很像时，就认定和珅是那妃子转世来找自己的，因此乾隆对和珅宠信有加。当然，这只是民间流传的野史，做不得准。比较受到史学家认同的一个版本是，某日乾隆在轿中背诵《论语》，结果忘了下文，一时间僵在了轿中，结果和珅接了下茬，顺口背了出来，乾隆很高兴，觉得这个年轻人不仅相貌英俊，而且才学出众，于是开始着手培养他。虽然具体情景可能不太真实，但当年的和珅的确是又年轻又英俊，又有过硬的才学，很可能在某一次偶然的机遇中引起了乾隆的注意，从此展开了风光无限的仕途。

公元1775年（乾隆四十年）的十月，26岁的和珅就被提升为乾清门侍卫，十一月再升为御前侍卫，并授正蓝旗副都统。次年一月，他当上了户部左侍郎，三月就成了军机大臣，四月，当上了总管内务府大臣。短短半年的时间里，和珅从一名普通的大内侍卫，一跃进入了清王朝权力的最高层，成为乾隆皇帝的亲信宠臣。当然，和珅也不光是敛财有术，在他年轻的时候还是有不少业绩的。否则，以乾隆帝当时的清醒头脑和敏锐眼光，也不会白白地养一个毫无价值的闲人。

公元 1780 年（乾隆四十五年）一月，31 岁的和珅接受了一项重要任务，与刑部侍郎喀宁阿一起远赴云南，查办大学士、云贵总督李侍尧贪污案。可以说这个任务关系重大，一旦处理不好，和珅的身家性命不保。可是，这个任务也恰恰显示了和珅的才干。

他一到云南，办的第一件事就是把李侍尧的管家逮捕审问。管家自然是李侍尧最贴身贴心的人，能有什么他不知道的呢，于是和珅不费吹灰之力就掌握了有力证据，迫使精明干练的李侍尧不得不低头认罪。从接受这个任务，到乾隆下御旨处治李侍尧，和珅前后只用了两个多月的时间。有这样精明强干的好臣子，乾隆皇帝自然龙颜大悦。当时和珅就向皇帝报告说，云南的行政管理混乱，许多州县都出现亏空，需要彻底清理整顿，无疑，这报告又让乾隆很满意。这次云南之行充分显示了和珅的才干，因此和珅在回京的途中，就被提升为户部尚书。由此可见，乾隆对和珅是多么喜爱和器重。

可是和珅手上最有利的砝码并不是自己这些功劳，反而是用儿子钓来个公主当靠山。话说云南这事件完结了，一个月后，乾隆给和珅 6 岁的儿子赐名叫丰绅殷德，实在不知道怎么表达自己对和珅的喜爱之情了，干脆把自己最宠爱的小女儿和孝公主许配给丰绅殷德，这君臣俩成了亲家，皇帝的女儿成了和珅的儿媳妇，这门亲事，既给和珅带来了经济上的实惠，又使和珅在政治上得到了不可估量的好处。从此和珅是要风得风，要雨得雨，就算做错了什么事，乾隆也是睁一只眼，闭一只眼，从不认真追究。

如果和珅知道珍惜这些福分，好好过日子的话，应该是比谁过得都舒心,可他偏不,非要用自己的贪婪去挑战皇权的底线,于是他自然成了当时的嘉亲王、日后的嘉庆帝爱新觉罗·颙琰的眼中钉。

二、一代巨贪的穷途末路

可以说,在乾隆在位的时候,和珅的生活基本上是无忧无虑似神仙。由于乾隆对他的一味宠信,使得满朝大臣都不约而同地达成了一个共识,那就是要想前途无量,就必须好好巴结这位和大人,宁可惹恼了皇上都别得罪了他。这话虽然令人听着不可置信,但却是当时的实际情况。俗话说“阎王好见,小鬼难缠”,这和珅就算得上是乾隆面前最得宠的小鬼。以乾隆的性格,偶尔惹恼他一次两次,只要不是谋反的大问题,那顶多受个罚俸、降职的处分,可如果得罪了和珅,别说官位不保,就连脑袋都有可能在他三寸不烂之舌的调唆下被乾隆斩首示众。出于这样的情况,所以满朝文武纷纷投靠和珅,连和珅的老师吴省兰也放下身份巴结和珅。看到自己已经俨然成了真正意义上的群臣之首,和珅在放心之余,敛财的胆子也更大了。无论是谁想要谋个一官半职,或者大小官员想要在仕途中更上一层楼的,都要送厚礼孝敬和珅,甚至就连地方官员进贡给乾隆的贡品,也要先由和珅筛选一遍,将最好的留给自己,剩下的那些才是给皇上的。由于他一心扑在敛财上,对朝廷交派的任务和自己该尽的职责通常都是得过且过,所以在工作中难免出现失误,不过他却从没有因此而受到惩罚,因为他从来都是让下属替他背黑锅的。到了因立功而受奖的时候,他却往往第一个跳出来把功劳揽在自己身上。如此的胆大包天,胡作非为,朝臣们虽然不敢说什么,但乾隆帝的十五阿哥、嘉亲王颙琰却都看在眼里、记在心里,并且暗下决心一定要把和珅扳倒,为此,这位嘉亲王也在朝中拉拢一些正直之士,暗暗积蓄自己的力量。

据载公元1781年(乾隆四十六年),甘肃苏四十三造反,乾隆赶紧派和珅与大学士阿桂一起上前线去镇压。本来这次行动是胜券在握，可和珅非要彰显自己的本事，不管实际情况如何，上去就是一通瞎指挥，结果竟然使稳胜的局面转胜为败，连总兵图钦保也在这次战斗中丧命。

如此大的失误，给中央朝廷造成了不小的损失，论罪当诛，纵使轻判也当罢免官职。可乾隆不但没处分他，反而让他兼任了兵部尚书。显而易见，乾隆是毫无原则地护持和珅。

可是，就算和珅再招乾隆宠信，总不可逆转大势。乾隆帝虽说当政60年，已经是个85岁的老人了，可身体健康，精神十足，本来他可以继续护着和珅，但出于对祖父康熙爷的尊重，他明确表示自己的在位时间绝不能超过圣祖康熙，于是便在乾隆六十年即公元1795年，决定传位给皇十五子颙琰，也就是后来的嘉庆帝。此后，乾隆闲居宫中，又当了3年的太上皇。

乾隆是禅让帝位过安乐日子去了，可这对于和珅来说却无异于晴天霹雳，因为，他心里比谁都明白，乾隆末年吏治腐败，这和自己的贪污成性、大肆敛财脱不了关系，何况自己又是贪官之首，平时那嘉亲王就看自己不顺眼，要是他即位做了皇帝，自己还能有好日子过吗？本来，看清这些局势的和珅此时就应该赶快给自己找条退路，可是他却仗着自己权大位重，再加上乾隆还健在，一点收敛的意思都没有。嘉庆虽然恼恨他，可是由于有太上皇给他撑腰，还是不敢明着对付和珅。由于和珅和乾隆来往密切，有什么事嘉庆反而要托和珅转告父亲，这让初登帝位的嘉庆更加恼火。和珅也在此时错误地估计了形势，认为凭借乾隆对自己的宠信，嘉庆帝不敢当真处置自己，趁着乾隆健在，还应该给嘉庆以教训，让他不敢轻举妄动。果然，机会来了。话说嘉庆的老师朱硅由两广总督升任大学士，嘉庆皇帝写诗表示祝贺。没想到和珅向太上皇乾隆告了一状，说嘉庆故意给下属恩惠以取悦对方,这明显是拉拢百姓,想拿政治做交易么?乾隆大怒之下把朱硅降为安徽巡抚,嘉庆也因此得罪了父亲。嘉庆虽然心中有气,但也知道,这个时候他还不能把和珅怎么样,太上皇虽然身体健康,精神矍铄,但好歹也是快90岁的高龄老人了,自己总会有机会整治这个可恶的和珅,于是表面上反而更重视和珅。

没等和珅得意多久,他的灾难就来了。嘉庆四年即公元1799年一月三日,太上皇乾隆终于以89岁高龄走完了他的一生。第二天,早已按捺不住的嘉庆就让和珅与户部尚书福长安轮流看守殡殿,不得擅自出入,这明显是把二人给软禁了。满朝文武之中就有不少人马上明白了皇帝的真实意图,于是纷纷上疏弹劾,告发和珅违法乱纪、贪污受贿的累累罪行。嘉庆一看证据充足,就宣布了和珅的二十条大罪,一代巨贪和珅就这么走上了不归路。

和珅一死,自然要查抄他的非法所得。真是不看不知道,一看令人惊诧不已。这和珅家的珍稀宝贝、金银财宝、古玩字画数不胜数,有不少都是他私扣的供品,皇宫里有的珍品他有,皇上家里没有的他也有,他的全部家产竟然达到了11.6亿万两的天文数字,相当于清廷15年到20年的财政收入。这次抄家,真是让嘉庆得到了不少实惠,国库空虚的问题得到了解决,因此在当时一直有“和珅跌倒,嘉庆吃饱”之说。

第五节　“华夷有别”,从限制尚少到闭关锁国

和珅被正法了,国库也充盈了,但大清王朝还是不可遏制地走上了下坡路,究其原因,就不得不重新提到乾隆帝。严格地说,高宗乾隆重用和珅这样的贪官污吏还不是最大的错误,闭关锁国才是他这辈子最大的污点。正是由于他的这一错误决定,亲手将清朝的康乾

盛世推向了低谷。尽管乾隆年轻的时候,推行的很多政策都对发展经济、巩固统治、安定边疆产生了重要作用,但他的思想意识显然还不够超前,对当时已经蓬勃发展的欧洲各国的科学文化尚无足够的认识。尽管他也曾一度对中外贸易限制较少,但最终还是以"华夷有别"为由,把先进科技挡在了大门外。

一、政策摇摆,一口通商格局带来的巨大损失

乾隆帝对外交方面的政策制定,使中国与当时飞速前进的世界历史潮流隔离开,中国成了绝缘体,这不是保护国民,恰恰是乾隆的鼠目寸光延误了中国社会的发展,致使此后百年,国家和民族都为他这个错误的决定付出了沉重的代价。当然,这种闭关锁国,不可能是与外界完全断交,在边境沿海地区也会出现一些中外贸易和交往,但这些毕竟是少数,此类个别现象并不能否认当时总的封闭形势。

在康熙、雍正、乾隆这祖孙三辈的努力下,18 世纪的中国封建社会达到了盛世,不仅经济繁荣,政治安定,而且国力强大,国家的统一和版图的巩固,超越了历史上的任何一个封建王朝,可以说创造了一项纪录。但这些成绩只能说明过去,当时的国际形势是,欧美国家迅速崛起,别看他们论资历深厚不如中国,论文明悠久不如中国,论积累实力更是相差甚远,可是,西方国家正在经历产业革命和政治革命,资本主义国家的生产力突飞猛进地发展。18 世纪末,也就是乾隆当政晚期,法国发生了震惊世界的大革命,推翻了欧洲的封建统治,把资本主义制度推上了前沿阵地。此时,资本主义才是适应社会发展的,比起中国的康雍乾盛世绝对代表了先进。本来,就算信息传播不发达,可乾隆也应该知道世界上发生的这些大事,应该看到国家之间的互相交往、增进交流有助于自身吸收先进的科技,可当时,他为什么要闭关锁国呢?

首先还得从客观实际说起。由于中国封建社会的自然经济结构和远离其他文明中心的地理环境,使中国形成了相对独立、千百年来靠自我延续和传承的中国古代文明,从这些特点来看,这一文明本身就带有排他拒外的倾向。虽然在唐代和明代后期,都曾出现过大批外国留学生和传教士涌入中国的现象,也带来了西方的科学技术和书籍、仪器,但这些洋人的文化毕竟对中国影响不大,也很难遍及中国大地。就是像康熙这样英明神武的一代圣主,也曾因为礼仪问题和天主教会之间产生争论和冲突。雍正则在刚即位时就严禁传教活动,限制传教士来华,包括中国商民出洋贸易、谋生的活动也受到了监管。到了乾隆朝,这位皇帝当然是循着前人的脚印前进,而且在外交政策上更加严格、周密。

不过,在乾隆刚登极为帝的时候,头脑还是比较清醒的。这一时期他对中外贸易的限制尚少,态度也比较宽容。早在康熙时就有四口通商的规定,但几十年间,绝大多数外国商船都开赴广州进行贸易,形成了一些固定的贸易路线和惯例。可是在乾隆十二年也就是公元1747年,西班牙商船到福建厦门贸易。当地官员对他们不满,于是纷纷给乾隆写奏表,申斥这些信天主教的洋人实在祸国殃民,应该禁止他们再来。乾隆却不同意地方官吏的意见,下诏书称:只要他们能给国家和百姓带来利益,他们来也无妨。可见当时清政府还算开明,乾隆帝也很宽容。可是没多久,清廷的政策就了发生摇摆。乾隆二十年即公元1755年,一些原在广州贸易的英国商船想变更贸易路线,到浙江去。对此乾隆心中颇有些放心不下,他担心浙江百姓生性剽悍,况且又很少接触洋人,而洋人也不熟悉当地的习俗,万一双方发生了误会、矛盾,说不定会生出事端。为此,他还考虑过在浙江开辟第二个通商口岸,毕竟洋人的商船已经来了,总不能再把他们赶回去,而且自己还能多收点关税,何乐而不为呢?本来,如果当时乾隆帝真的允许在浙江开辟第二个通商口岸,很快就能把江浙地区的资源推销出去,百姓的经济水平也能跃上一个新台阶,同时还能使广州和浙江两地互相竞争,发挥它们和周边地区的潜力,带动不少产业的发展,这无疑对中国是大有好处的。可是,乾隆帝在开放搞活和封闭自治之间选择了后者,下达指示称不能开多口通商。正是这个政策加强了闭关措施,形成了日后将近一个世纪的一口通商不变格局。

但是,英国商人显然十分看好中国的茶叶、丝绸等特产,为了从中获得巨大利益,他们不惜千方百计要求乾隆取消禁令。在乾隆二十四年即公元1769年,浙江巡抚命令英商洪仁辉的船队立即离开宁波、停靠广州,这位英商却一路向北直接将船队带进了天津,打算面见皇帝,陈说开放浙江口岸的重要性和必要性。不过,皇帝哪里是他想见就能见到的,于是在多方尝试无果后,他说服了一名地方官员将自己写的申请报告转交给皇上。没想到,他刚刚返回广州口岸,就被两广总督李侍尧逮捕,被判流放澳门3年,不准再来中国,罪名是他违抗皇帝旨意去了天津,而那位被他说服替他转交申请报告的官员据说是被砍了脑袋。这还不算完,没过几天,两广总督李侍尧又在乾隆的授意下出台了《防范外夷规条》,第一次明文规定对外商的严格约束,外商在广州只有很小的活动余地。就在这一年,由于丝价上涨,乾隆主观认为这是由于出口太多的缘故,于是把这一传统的对外贸易商品的出口之路彻底掐断。可是,这条政策反而影响了内地的经济发展和百姓生计,不少相关行业都面临破产,许多百姓失去了赖以糊口的活计。尽管几年之后,沿海各省百姓纷纷要求解除这条禁令,后来也真的恢复了生丝的出口贸易,但在禁运的这段时间内,意大利等地的桑蚕丝织业却突飞猛进地发展,乾隆的这一做法无疑给自己的丝绸贸易树立了强大的竞争对手,因此,尽管以后中国的丝绸也出口,但一直都敌不过人家,以前的风光再也回不来了。

偌大的中国只有广州一口通商，本来这地界就越来越适应不了迅速增长中的中外贸易，再加上清政府的闭关措施越来越严格，使得中国关门的速度也大幅度上升。如果说清政府坚持闭关政策是出于防御外来侵略的考虑，那么后来一连串外国侵略者以及八国联军不也照样进来了么。小小的闭关政策根本挡不住外国的军队，这一政策反而是限制了中国人民的致富之路。在闭关政策的倡导下，中国人不得与外国人接触，不得自由出洋，不得长期居留外国。18 世纪末，尽管中外贸易发展到了相当的规模，但中国人与洋人以及其他国家的文化交流和接触十分有限，因此对世界状况、西方科学文明更是毫无所知，整个中国社会没有进步，对世界没有认识。乾隆当时并没有意识到，在这样的政策指引下，一旦中外矛盾激化，外国资本主义武装入侵，中国很可能连防卫和应变的能力都没有。因此说，闭关政策对中国造成的损害是巨大的。

二、屡失时机，故步自封，使国人与"洋人"老死不相往来

对 18 世纪的国内外环境进行一番大概分析，就应该不难看出，这是中国主动开放门户，加强与西方交流，提前实现历史转轨的有利时机。可惜这样的天时地利到了乾隆这里却无论如何也行不通。本来，乾隆前半生的功绩突出，吸引了大批传教士和留学生到中国来访问实地考察，中外贸易的发展也造就了中外交往前所未有的规模，如此巨大的成绩的确给乾隆脸上镀了一层金，所以他不禁有些忘乎所以了。

虽然，17 世纪的时候，荷兰曾侵占台湾，沙俄也对黑龙江这富庶之地欲罢不能，但是在中国的坚决反击下，外国的武装侵略企图一一被制止。西方列强认识到中国的实力不可小视，也暂时放下了屠刀，准备与中国建立和平的商业关系，如果这种中外的经济和文化交流

能得以加速,一定会让中国更早、更多地接触西方文明,迅速繁盛起来。何况,当时国际上任何一个国家都赶不上中国的强大,自然也没有对中国造成严重的威胁。因此,乾隆大可不必为外国人是否会来侵略而惴惴不安。其实,他的私心才是导致这一政策出台的主要因素,他真正害怕的是中国人民和外国百姓频繁接触,不是带来中外之间无休止的纠纷,就是带来中外人民的团结一致,无论从哪个角度看,那都对自己的统治政权十分不利。对乾隆的这点心理活动摸得最透彻的就是马克思主义的伟大导师马克思,马克思曾经指出,清朝的闭关政策最主要的原因,就是乾隆害怕外国人会支持很多的中国人起义造反。

乾隆的闭关政策是"康乾盛世"走向末路的一个重要原因。同时,由于乾隆在位后期,为了标榜自己的功绩突出,再加上他本就是个好大喜功、虚荣心强又好胜的人,因此浪费了大量的国家财富。更为严重的是,朝廷中的腐败现象日趋突出,地方官吏的奢靡浪费现象也十分严重,营私舞弊者有之,收受贿赂的更是大有人在。就连军队也受到了传染,开始腐化,不仅武力装备陈旧,而且大量军用物资折现进了官员的腰包。由于官员们都在家想方设法地聚资敛财,士兵们也没人监督训练了,因此战斗力严重下降,这就为外国侵略者轻易入侵大清王朝埋下了伏笔。

可乾隆这个时候还认为自己是全世界最强大、最了不起的君主。乾隆六十年也就是公元1795年,朝廷会试,各省上报80岁以上的参加会试者有116人,实际参加会试并三场都考完的有92人。乾隆一听非常高兴,对这些老有所为的人士大加赏赐,为了显示在自己的统治下,百姓是多么安居乐业、老有所养,还大办"千叟宴",与宴者达3000人之众。当时,乾隆根本没有意识到,正是因为他统治上的失误决策才使得历史原本应该前进的脚步大幅度倒退。

虽然康熙和乾隆的统治被称为“康乾盛世”,但我们不得不说,这是因为乾隆帝沾了父亲雍正帝的光,如果不是雍正在位时实行的一系列改革措施,并大刀阔斧整饬吏治,严惩贪污腐败行为,使国库库银由康熙余留的800万两锐增到6000万两,虽然这其中被军费耗去大半,但留给乾隆的也有3000万两白银,那么乾隆帝恐怕也不能毫无后顾之忧地去平定四海,造就盛世。再看乾隆帝晚年所推行的一系列政策,更让人感到他和康熙帝之间的差距,他不仅没有康熙帝的胸襟和眼光,更在执政晚期变成了一个心胸狭隘、目光短浅的昏聩之人。早在康熙时期即公元1684年,清廷就已经开放了海禁,在广东、福建、浙江、江苏分设4个海关与外商贸易。可70多年后,乾隆反而关闭了海关,实行禁海政策,只许外商在广州交易。康熙帝毕生都努力学习西方的自然科学,勇于接受先进思想,而到了乾隆这里,却把先进文化当成胡言乱语,整天就知道听好话,自我麻醉。不但如此,他还有感于儒家的“华夷有别”、“尊王攘夷”等民族偏见意识,同时又害怕儒家感染汉族对自己实行打击报复,因而大兴文字狱,可笑的是,这些文字虽被他毁了,可“华夷有别”的观念却已深入他的骨髓。因此,他闭关,他锁国,他打出了“华夷有别”的旗号,和洋人划清界限。这无疑是把中国推向了深渊。

对乾隆信仰的总结:

乾隆皇帝的信仰表面看不复杂,似乎就是对佛教情有独钟,但其实乾隆比谁都清楚,什么对己有利,什么有害。因而无论是他对佛教的礼遇有加还是对喇嘛教的利好政策,最终目的都是为了自己的统治服务。当然,也不能说他对汉族的儒教文化一点兴趣都没有,不过,就从他焚书和大兴文字狱的举动来看,他对这不利于自己统治的儒教可是一点不留情。这也从另一个侧面说明他信仰宗教的目的只是为了自己的统治政权服务,一旦认为哪个宗教或思想可能会对自己的统治造成威胁，就会不顾一切地疯狂捣毁。尽管他主持编纂了《四库全书》，但那完全是为了巩固统治，也是对中国历史文化的一次强暴。

当然，我们也不能否定乾隆皇帝的突出政绩。他在位时期，平定了新疆、蒙古，还使四川、贵州等地继续改土归流，人口不断增加，突破了3亿大关，约占当时世界人口的三分之一。严格说来，他60年的统治是基本稳定的，封建制度在他当政期间达到了历史新高。但是到了晚年，他逐渐染上了“帝王病”，喜听阿谀奉承之词，宠爱溜须拍马之辈，更任用大贪官和珅主持朝政大局，使得当时的清廷腐败成风，吏治败坏，国家被蛀空，根基被动摇。尤为离谱的是，他还因为“华夷有别”的落后思想而推行闭关锁国的政策，固执地认为中国可以在脱离西方先进科技文明的基础上更大更强，最终使清朝三代帝王共同努力所实现的“康雍乾盛世”陷入大幅度滑坡的境地，为日后西方列强入侵中国埋下了伏笔。可以说，正是因为依靠宗教信仰的力量所巩固的政权、所创造的盛世让乾隆冲昏了头脑，一味迷信自己的能力和才干，最终把中国这匹原本应该扬鞭奋蹄、驰骋向前的骏马带入了万丈深渊。

第十三章　洪秀全:改良基督教与“天国”的崩溃

洪秀全是清朝末年太平天国的领袖,他所创立的“拜上帝会”,对动员百姓推翻清朝统治的斗争起了重要的宣传和组织作用,后来又通过金田起义开创了太平天国。洪秀全虽然出身于广东一个普通的农民家庭,但从小就在村里的私塾中学习,熟读四书五经等古籍。照理说,他应该是儒家忠心耿耿的信奉者,可偏偏他在9次考秀才的道路上连受打击,最后受基督教徒梁发编写的《劝世良言》的启发,竟然信奉了天主教。后来又经过自己的改良,创立了拜上帝会,从此由一名普通的乡下汉子走上了农民革命领袖地位。

洪秀全在政治上应该说还是有些见解的。他在1853年颁布了《天朝田亩制度》,准备用大规模的社会改革来解决中国当时的土地问题。可惜的是,这最终只是对农业社会主义的空想。再加上定都天京后,洪秀全的封建意识与日俱增,等级观念、享乐思想尤其突出,思想作风上的质变,使他越发更像一个封建帝王,不但用人唯亲而且猜忌多疑,硬是将原本发展得热火朝天的太平天国推上了下坡路。到了晚年,他不仅思想狭隘保守,而且陷入了宗教迷信的陷阱。所以,尽管他一直宣扬“朕之天兵多过于水,何惧曾妖者乎”,但最终还是因为弹尽粮绝病死在了南京。

第一节 放弃儒家仕途，自我“改良”基督教

姓名:洪秀全

性别:男

民族:汉

出生地:广东

体貌特征:由于宗教方面的原因，太平天国的首领们不允许别人为他们画像，所以我们至今都不确定这位天朝领袖的样貌，就连被供在庙里的洪秀全铜像都是一张古人的大众脸，毫无特点可言。

家庭出身:农民

生卒:公元1814年~公元1864年

帝号:天王

一、儒家仕途不顺，思想突变

清朝统治中末期，昔日大清帝国的辉煌已经不再，不仅政治腐败，政局不稳，而且由于统治者的思想陈腐落后，拒绝改革，使得人民的生产生活水平一路下滑。不过，还有几位人物值得一提，比如销烟的林则徐，思想超前的魏源，虽然不能力挽狂澜，但也算得上是有利于国家、造福于百姓的功臣。其实在当时闭关锁国的政策下，已经有不少头脑清醒的人都深刻地认识到，认识世界是历史的必然，也是进步的捷径。此时，在广东花县有一位普通的农家汉子，因为屡试不中颇受刺激，最终走上了造反起义的道路。他虽然没有接触过外国文化，但却鬼使神差地接受并信奉了外国宗教，并且为了给自己的起义造声势，做铺垫，居然还改良了原本自己所信奉的天主教，创建了“拜上帝会”。不过，由于他从小就在私塾中学习四书五经，受儒家

思想教化颇深,所以在他起义并创建太平天国的过程中多少还留有一些儒家的影子。

这位农家汉子就是掀起了轰轰烈烈的太平天国运动的最高领导人——洪秀全。洪秀全虽然出身农家,但由于他从小就聪明伶俐,因而家人都对他抱有很大的期望,希望他读书成才。由于生活贫困,洪秀全的两个哥哥和两个姐姐,都帮助家里种田,只有他享受全家的最高待遇,获得了读书的机会。从 7 岁到 16 岁,他在私塾里读了 9 年书,其后为了糊口,他也曾断断续续地做过几年私塾先生。由于全家的宠爱,洪秀全年轻时就目高于顶,总认为自己无所不能,一切难事自己都能迎刃而解。可以说那个时候,从没经过什么挫折的洪秀全对未来充满了希望。

不过,洪秀全从 15 岁到 29 岁,他一连 4 次去广州参加考试,都以失败告终,甚至连秀才资格也未取得。细究原因,可能是因为他所受的教育不正规,再加上祖宗三辈都没有文化,家庭没有学习的氛围,因此,虽然他主观上很努力,但名落孙山,也是很正常的结果。从古到今落地文人不乏其数,很多人虽然名落孙山,可最多抑郁几日,来年再参加取试,可洪秀全不一样。先不说他深知家人对他的殷切期望,就单说他这心高气傲的个性,一连几次都没能考上,这让洪秀全感觉无颜以对,太辜负家人和乡亲们期望了。结果,在很长的一段时间内,洪秀全整天病恹恹的,郁郁寡欢,精神恍惚,过了很久,他的精神和身体才逐渐恢复正常,但却因此性情大变。以前的他活泼开朗,不失幽默感,还总喜欢与人开玩笑,可是一场大病后,他却变得严肃,不爱说话,而且脾气也变得异常暴躁,稍不顺心就大发雷霆。受了严重刺激的洪秀全开始认识到要靠自己来主宰自己的命运,其他一切都虚无缥缈。尽管,之前他对儒教思想那是敬佩得五体投地,并希望借着儒学可以出人头地,但显然,希望越大失望也就越大,伴随这种失望而来的，往往是最极端的情绪。虽然，这时的他还对科举抱有一丝幻想，但他的思想已经开始转变了。

希望受到别人尊重的洪秀全知道，仕途这条道堵死了，自己要想扬眉吐气，就得依靠其他途径。于是，洪秀全不仅远离百姓，而且还通过一些奇怪的举止来引起别人的注意和尊重。他认为自己装得神经兮兮的，就能取得人们对他的畏惧。虽然此举并不能让他真的获得大家的尊重，但至少也可以让大家觉出他的与众不同之处。可以说，此时的洪秀全已经迈出了造反的第一步。

由此可见，造反对于洪秀全来说不是偶然，更不是突然，而是必然。因为洪秀全只是把造反当作出人头地的一种迫不得已的非常途径，或者也可以说是他眼中的捷径。公元 1843 年，他最后一次参加科举考试，同样也是最后一次科场失败，这让他对于靠儒家出仕的想法感到了彻底的绝望，回家后，已经年近 30 岁的洪秀全，已经不再是 6 年前的洪秀全了。这次打击，虽然没让他精神崩溃，可让他多年来追求的儒家信仰粉碎了，于是，他彻底走上了另外一条路，那就是造反。

二、自我改良基督教

为洪秀全造反提供理论支持的是一本叫《劝世良言》的基督教义宣传手册。这本中国版的基督教通俗读物，是一个名叫梁发的中国人编写的。严格来说，经过他编写的《劝世良言》已经不是基督教文化了，而是一套面目全非的基督教义。

这本手册共有十多万字，其中一半是从当时的中译本圣经中整段整段照抄的原文，另一半则是梁发针对中国国情自己理解的内容。由于这梁发是中国第一位牧师，因而自认为最有发言权，除了在书里宣传上帝才是万民之主外，就是贬低其他信仰，为基督教让路。《劝世良言》中把儒、佛、道三教等一切信仰都归类到封建迷信，并且给予了强烈的抨击。

别看梁发自己说得头头是道，可这本《劝世良言》却并非结构严谨、内容系统的神学著作，他所参考的中译本圣经，本身在文字表述上就有很多不准确的地方，再加上梁发本人文化水平不高，对基督教义的理解也很表面化，因而这本书对基督教的理解其实已经是谬之千里了。

梁发虽然有自己进步的一面，但他毕竟是在中国社会环境中长大的人，就算他信仰基督教，也不可能把之前受到的教育、受过的影响一概忘掉。由于他深受中国传统文化的影响，再加上他希望写一本有“中国味”的基督著作，以便自己宣传起来省时省力，因此书中渗透了不少中国文化，特别是儒学的成分。别看他在书中将儒教归为封建迷信，但其实他自己的儒家思想就已经是根深蒂固了。因此，可以说这本书在一定程度上是儒家改造了基督教义。

就是这么一本文化水平不高、内容混乱的基督宣传手册却给了洪秀全很大的启发。这并不是说洪秀全本身立场不坚定，或是他文化水平有限，而是，这本书与洪秀全特定的身世经历和心理条件密切相关。

一心想靠着入仕的机会得到别人尊敬的洪秀全，屡战屡败，这对他的打击简直是毁灭性的。在他第二次应考的时候，第一次看到了这本《劝世良言》，但当时他对这种布道的书一点兴趣也没有，随便收起来，就又一心扑到了考试上。后来经过几番失败，洪秀全偶然重读了《劝世良言》，此时低落的心情和此前满怀希望的情境大不一样，而书中正好有抨击“儒教”，批评科举的文字，这让洪秀全看着很是舒心。他觉得洋人信奉的上帝比国人信奉的佛祖对他更有启发，于是决定信仰基督教。可是，洪秀全对于基督教完全是个门外汉，当时又没有人正确引导他，一点基督教的基础知识也没有，因此完全是仅凭《劝世良言》中的内容去单方面地领悟基督教的教义，这就难免会因认识不足而产生偏差。因此可以说，洪秀全的基督教信仰，从根基上来说就不纯正。

如果说，洪秀全在重读《劝世良言》的时候，能遇到一位真正的基督教人士，一位真正理解基督教教义的传教士，那么他完全有可能成为一个真正的基督教徒。可是直到道光二十七年也就是公元1847年时，这个机会才出现，但那时的洪秀全已经完全自创了一套基督认识体系。

第二节 误读“良言”，独辟蹊径成就天国

受到上帝感召的洪秀全，思想进入了变化的飞跃期，对社会现实的不满使他更加兴起了革命的念头。于是他创造了“拜上帝会”，试图以此作为革命的最高纲领和精神指引，目的如此明确的“拜上帝会”也因此而走上了政治色彩浓厚的历史舞台。当然，洪秀全的最终目的还是自己坐上帝王的宝座，因此“拜上帝会”渐渐转变为不是单纯的宗教团体，而是政治和军事的组织。金田起义后，太平天国采取了政教合一的体制，宗教政治化，政治也宗教化，洪秀全认为这是基督教给自己带来的最大实惠，但其实，他从来也不知道真正的基督教是什么样。

一、天国信仰是起义的最高纲领

处于社会底层的洪秀全，他既然失去了入仕当官的机会，那么就只有两条路可走。第一条路当然是踏踏实实还当他的私塾先生，第二条路就是继续参加朝廷举办的科举考试。可这两条路，洪秀全都

没选，却选了第三条路，造反！尽管前人也有不少造反的例子，而且像刘邦、朱元璋也都是和他情况类似的草根，尽管他们改朝换代建立了新的国家政权，但并没有给中国社会的发展带来革命性的推动，百姓依然生活在水深火热的社会最底层。如今洪秀全也走上了这条道路，但他的出发点仍然和其他封建统治者一样，不是想帮助百姓推翻压在身上的封建统治政权，而恰恰是想做那个能够继续压迫老百姓的人。此时，少年修学时读过的那些书对洪秀全起到了一定的帮助作用，起码能让他从前人的起义过程中总结一些经验教训，比如起义的条件，就是他深入研究的对象。

历朝历代的起义运动都需要一个理由，这个理由当然是当政者欺压百姓，人民生产生活无法维持，社会出现了不安定因素。其次，自然是要有一位能振臂一呼的领袖，以便带动和发展一支起义力量。第三也就是历代帝王纷纷采用的一招——“君权神授”，这样易于得到百姓的支持和信任。最后一点，也是最为重要的一点，那就是组建起义军的队伍，其中，最初参加起义的人员很重要。

于是，洪秀全开始分析当前形势，他欣慰地发现这4个条件还都是存在的。虽然当时清王朝的统治相当稳固，照理说，这并不是一个革命的最好时机。不过，洪秀全深知起义越早，竞争对手越少，这有助于自己掌控全局，不至于像朱元璋似的，不但要和元统治者浴血奋战，还得花时间、花力气去剿灭其他的起义队伍。至于谁来做这个义军统帅，这自然不是问题，洪秀全造反的初衷就是因为自己科考失败，失去了受人关注的机会，如今这个机会来了，他自然当仁不让地要占住义军领袖的位子。关于“君权神授”，洪秀全也早就做好了准备，他篡改基督教义而创建的“拜上帝会”，正是为了达到这一目的而衍生的。当然，最后一条，最初起义的核心力量还是很不容易拼凑的，洪秀全千辛万苦，终于在志同道合者冯云山的帮助下，发展了广西紫荆山的贫民们。就他们本地的艰苦生活来看,该地民众绝对有起义的理由和想法,可由于缺少领袖因而一直还处于萌芽状态,洪秀全这位领袖的到来终于使他们走上了造反的道路。洪秀全所领导的太平天国起义是中国历史上最大的农民起义之一,作为起义组织者、发动者的洪秀全,发挥了极大的个人作用,是他最早去发动和组织百姓,撰写宣传手册,但这位理论家的起义之路似乎并不是那么顺利。

洪秀全和此前绝大多数农民起义领袖一样,来自社会底层,可他的造反又和别人不大一样。洪秀全虽然文化程度不高,可比起不学无术的刘邦和做过乞丐、当过和尚的朱元璋来说,他起码也算是个文化人,他完全可以走另一条丰衣足食的道路,何苦非要冒险搞什么起义运动?

如前所述,科举考试的确给了洪秀全莫大的刺激,一度险些让他精神失常,只能说,洪秀全的心理承受能力太差了,这个从小被家人捧坏、宠坏的孩子太欠缺磨炼。于是,他从一个执著追求仕途的热血青年,成为了一个对儒家和孔老夫子意见极大,不惜破口大骂的叛逆型知识分子。可尽管如此,四书五经毕竟占据了他 1/3 的人生,对他的影响已经扎了根,发了芽,怎么可能说划清界限就一点影子也没有了呢?作为一个读书人,洪秀全虽然放弃了儒家信仰,可他仍渴望得到另一种信仰的引领和启发。他从梁发所著的《劝世良言》中找到了他所需要的东西。书中所宣称的"上帝为唯一真神"的观念和某些平等思想以及一些基督教的仪式,使洪秀全确立了新的信仰,他惊喜地发现,基督教的力量比儒教要强大得多,完全可以用来动员和组织百姓,这就为他日后的起义奠定了基础。

当然,作为一个领袖人物,要树立自己的威信,这并不是件容易的事,尤其对于洪秀全来说,此前没做过什么惊天动地的大事,要想创造一个"君权神授"的神话,还真是个令他头痛的问题。经过深思熟虑，他把几年前自己因科考失败而卧床40多天、昏迷两日的大病，修改提炼成了他是上天去见上帝和耶稣，从而发现上帝是自己的父亲，耶稣基督是自己的亲大哥。上帝还把金玺和宝剑送给了他，派他下凡执行推翻清朝统治的任务。显然，洪秀全认为这则哄骗百姓的童话，其内容还不够玄妙、力度还不够强大，还不足以让百姓们看到自己头上的光环，于是继续加油添醋，把打击的目标设定在了没有保佑他顺利通过科考的孔子身上。据他自己所说，当时他在天上和自己的天父以及众位天使们痛斥了孔子的罪行，后来他按捺不住满腔怒火，还出手痛殴了孔子。最后，为了向天父显示自己有能力完成他所交托的任务，还施展十八般武艺，将一众妖魔鬼怪打落到十八层地狱，受到天父的赞许和嘉奖，特封他为“天王大道君王全”。可笑的是，这样一个情节荒谬、人物混乱的“神话故事”在经过洪秀全的不断补充和完善后，最终竟然作为太平天国的头号文件正式发表了。由此我们也可以看出，洪秀全所渴望得到的功业和荣耀，完全出现在他的梦里，也就是只有在自己编织的自欺欺人的梦境里才能出现。尽管如此，洪秀全也通过这个神话，树立了自己的威信，迈出了成功的第一步。但这并不代表此后就顺风顺水，他要指望这虚无缥缈的天上荣耀带给他千秋功业，那只能是南柯一梦。

二、从布道到发动群众

虽然洪秀全自觉和不自觉地对起义理论和舆论进行了初步的包装和完善，但是他只停留在理论家的水平，要论起真抓实干，他的能力还有些欠缺。此时，他有了起义的准备，就差大规模动员和组织百姓了。但是，洪秀全的能力和作用太有限了，如果不是他的几个亲戚一直附和他、服从他、帮衬他，他还真做不了什么大事。尤其是他的表弟冯云山，不但是一位出色的实干家，更因为共同的志向，始终坚定不移地跟随在他身旁，竭尽全力地帮助他。

洪秀全开始创建“拜上帝会”时，并没像开始想象的那样一呼百应。最先受他召唤的只有他的族弟洪仁玕和表弟冯云山，这两位既是他的同窗，也是和他有着同样经历的“难友”，当过私塾先生，也都在入仕这条路上屡受打击和挫折。不过，劝说与他出身经历都极为相似的人信奉一个为他们所利用的上帝，并不是一件难事，可对于其他人来说，这“拜上帝会”的感召力未免还有些薄弱。当时，答应入会的人大多是洪秀全的亲友和贫苦的读书人，如此狭小的圈子怎么可能使自己的队伍发展壮大呢？尽管洪秀全信心十足，甚至还请当地有名的铁匠，铸了一把三尺长的“斩妖剑”随身佩带，但是他这些怪异的举动不但没有吸引更多的追随者，还遭到了族人的攻击，这位上帝的儿子在自己的家乡都待不下去了。

于是公元1844年的春天，他只得率领着冯云山、冯瑞嵩、冯瑞珍这几个表弟，也就是仅有的几位追随者外出传教。可是一连走了十多个省县，也只吸收了几十人入会。冯瑞嵩和冯瑞珍最先坚持不住了，自动退出了起义队伍，只剩下冯云山还坚定不移地跟着洪秀全。可是他俩传教不成，连吃饭都成了问题，洪秀全只好决定回家，并打发冯云山先回去，可是冯云山并没有这么做，以后的3年他们相互失去了联系。洪秀全为了解决自己的生存问题，只好又当起了私塾先生。

这次布道的挫折，并没有让洪秀全灰心丧气，他知道宣传布教是个长期深入的细致工作，为了更好地武装自己，他开始埋头研究基督教，用两三年的时间先后写出了《原道救世歌》、《原道醒世训》。在这些著作中，洪秀全号召百姓崇信上帝，宣扬被压迫者所能接受的平等、平均思想。当然，洪秀全所谓的“平等”，并不等同于现代社会的人人平等、每个人都享有同样的权利和义务的思想，而是让人们认同并接受在“平等”的前提下,自己这个上帝在人间的化身,仍然是凌驾于普通百姓头上的救世主,力图让大家相信,他作为天父的儿子完全有能力带领百姓过上好日子。

公元1847年三月,洪秀全又一次前往广州。这次广州之行,使他结识了美国传教士罗孝全,并首次阅读了基督教的“圣经”——《旧约全书》和《新约全书》,还全面了解了基督教的宗教仪式。但是,罗孝全感觉洪秀全对利用基督教的目的性很强,因而对洪秀全很有戒心,甚至拒绝为他进行“洗礼”,这让洪秀全大感羞辱,一气之下离开了广州。

无疑,这是继科举考试后洪秀全所受到的又一次沉重的打击,他甚至绝望地感到连上帝也抛弃了他。可是此时的洪秀全再也不是之前一受刺激就倒下的脆弱男子,随着这些年宣传“拜上帝会”所遭受的打击和挫折,他的身心都已经开始成长,趋于成熟。此时,他意外地得到了冯云山的消息,于是马上动身去找这位昔日的部下。

洪秀全本以为一直在广西紫荆山区生活的冯云山此时也不过还是一名私塾先生,可见到冯云山后,他才知道,经过冯云山这几年坚持不懈的努力,加入“拜上帝会”的民众已经突破了3000人。

这个冯云山,曾被史学家评为“其忠勇才德与智谋器度实为太平天国第一人”。事实也证明,无论是能力还是素养,冯云山都比洪秀全高出太多。如果说洪秀全是理论家的话,那么冯云山无疑就是个实干家。当他决心追随洪秀全干一番大事业后,就从没有想到过要退缩。虽然他也和洪秀全一起经历了创业初期的种种不顺,但这并没有动摇他的信念,他到桂平后,了解到紫荆山区山高林密、交通不便的特点,于是便认定这里是从事秘密活动的好地方。为了得到当地百姓的信任,他先给人做短工、打杂,直到逐渐被当地人所接受和认可后,他才表明并恢复了自己私塾先生的身份,开始宣传反叛思想。他选中紫荆山区这块地方作为突破口,无疑是明智的,因为这个山区的百姓生活在社会最底层,很渴望改善目前的生活状态。于是,经过冯云山的积极活动,这里穷苦的烧炭工们多半加入了“拜上帝会”。正是这最初的3000人,奠定了太平天国十几年的基业。但是,我们不得不说,这成功迈出的第一步,不是理论家洪秀全所能完成的,而是实干家冯云山才能做到的。

为了使越来越多的会员成为一支真正具有战斗力的队伍,洪秀全和冯云山一方面以“平等”口号继续鼓动百姓反抗地主、乡绅的权威,另一面又制定了“十款天条”,明确了自己的领导地位。同时也作为军纪,约束下属。这样,就使“拜上帝会”极大地区别于纪律散乱而无所作为的天地会等反清帮会,表现出极强的战斗力和发展势头。

为了进一步壮大“拜上帝会”的声势,洪秀全开始进行大规模地捣毁孔庙、佛寺、道庵以及甘王庙、雷庙、龙母庙和各种神坛社稷的“打庙”活动,在这些行动中,洪秀全不仅冲在最前边,一面高呼“斩呀!杀妖,杀妖”,一面将泥塑菩萨砸烂,将木雕偶像焚毁,而且还宣布其罪状或提诗。尽管这些场面有很重的装腔作势的痕迹,但无论如何总算是成功地引起了人们的注意,越来越多的人开始加入“拜上帝会”。

第三节　拜上帝会:号召革命的产物

从一名失意儒生成长为太平天国的领袖,洪秀全终于凭着“上帝”的支持建立了自己的“霸业”。虽然,洪秀全和他的“太平天国”并没有最终获得胜利,像刘邦、朱元璋一样实现改朝换代的心愿,但是他毕竟也造成了近代中国政局的第一次大动荡,对于新思想、新事业有着启迪作用。尽管,洪秀全的“拜上帝会”一力宣扬反叛思想,并最终帮助他走上了统治天国的道路,但从当时的形势来看,这是势在必行的历史轨迹,是劳苦大众对清朝政府腐败统治的有力反抗。

一、扭转不利局面,天国内部又一个领导的崛起

正当洪秀全的“拜上帝会”蓬勃发展的时候,一次令人意想不到的变故发生了。“拜上帝会”中的骨干分子冯云山被桂平知县冠以“阳为拜会,阴图谋叛”的罪名被捕入狱,而当时洪秀全却身在广州。“拜上帝会”一下失去了两大领导人,几乎陷入瘫痪状态。地主阶级一看反抗的时候到了,于是上到朝廷官员下到地主,都对“拜上帝会”采取了严厉的打击措施,会员遭到欺凌和迫害,致使不少人都产生了退会的念头,“拜上帝会”面临着分裂和瓦解的危险。就在这个关键时刻,一个年轻的会员杨秀清站了出来,他先是将所有会员召集到一起,然后利用人们的迷信思想上演了一出“鬼上身”的好戏。

会员们被召集到一起后,杨秀清先是痛斥朝廷和地主阶级对“拜上帝会”的迫害,说到激动之处,突然仰面倒地,口吐白沫不省人事。众人大惊,刚要上前抢救,却见杨秀清突然坐了起来,不但表情神态和以前大不相同,就连声音也大有变化,他神情严肃地告诉大家,他是天父,这次下凡是要借杨秀清的口传达旨意,命令会众们端正态度,坚定立场,齐心协力继续完成在人间杀妖除魔的大任。这一下所有人都被镇住了,大家都相信在“拜上帝会”最艰难最危险的时候,天父没有抛弃他们,以后也将全力庇护他们完成大任,于是一个个士气激扬,再也不想退会的事。杨秀清此举虽然是彻头彻尾的欺骗,但不得不说,正是因为他的有勇有谋才使得会众们迅速稳定了情绪,同时令“拜上帝会”得以继续巩固和延续。

后来教众们贿赂了官府,终于使得冯云山被无罪释放。此时,洪

秀全和冯云山对于杨秀清之前的做法也心如明镜,知道他此举纯粹是利用迷信活动假传天父的旨意,但会众们一直对此深信不疑,况且他的做法也确实在危难时刻拯救了"拜上帝会",于是只好承认了杨秀清有代天父下达指示的权力。非但如此,洪秀全还对这种做法表示了极大的肯定和认同,同年的9月,他就亲自导演了又一场类似的把戏,他让会员萧朝贵假托天兄耶稣上身,借他之口向百姓宣传洪秀全是真命天子。此后,杨秀清和萧朝贵正式进入了"拜上帝会"的领导行列。

由于当时清朝官员大都只是拜金者,谁也没心思真正镇压"拜上帝会",因此,这一时期洪秀全的队伍迅速发展壮大。可是随着"拜上帝会"组织的扩大和斗争形势的激烈,洪秀全越来越控制不住局面,这从杨秀清和萧朝贵这两个普通会员轻易进入领导核心就可以看出,洪秀全个人的能力实在很有限。这就使得头脑灵活的杨秀清对洪秀全的领袖地位构成了威胁,可以说,从那时开始,洪秀全与杨秀清争夺最高领导权的斗争已经开始了。不过,当时的形势对洪秀全来说还是很有优势的,因为此时的"拜上帝会"教义早已深入人心,基层会员还是将上帝和洪教主视若最高领袖,可以说洪秀全在下层会员中的威望始终高于其他人,他的地位也不可能被轻易动摇。所以,此时的杨秀清还不敢公开跟洪秀全争夺权力。不过,洪、杨之间的矛盾虽然在这一时期没有爆发,但它却是真实存在的,这也为以后的太平天国内讧埋下了伏笔。

起义的一切准备已经在紧锣密鼓地进行中,为了重建并扩大领导核心队伍,有5个人被批准进入"天父"神圣家族,这就是"天父"代言人杨秀清,现在正式成为"天父"上帝的第四子;出身富裕家庭的韦昌辉,舍得把家产无偿捐献给"拜上帝会",因此他成为"天父"第五子;曾经代"天兄"传言的萧朝贵,则作为"帝婿"出现,他能干的妻子杨宣娇(也作洪宣娇)因与杨秀清认为兄妹,而成为“天父”的第六女;才华出众的石达开,也被洪秀全、冯云山吸收到领导队伍中,成为“天父”家的老七。实际上,此时的杨秀清、萧朝贵已经成了冯云山的上司,而洪秀全、冯云山对于韦昌辉和石达开这两位知识分子,则给予了提拔重用。

虽然核心队伍扩大了,但是接踵而来的问题是,队伍中的权力也被分散了,这就给日后的诸王内讧提供了前提条件。不过,当时的洪秀全还算明智,想方设法巩固了自己至高无上的领袖地位。此时,万事俱备,起义迫在眉睫,“拜上帝会”制造了“苍天已死,黄巾当立”、“十八子主神器”之类的谶语,如:“三八二一(洪),禾乃(秀)玉食,人坐一土(全),作尔民极。”明确向民众表示,这是上天派遣洪秀全来拯救大家于水火之中的暗示,一时间,洪秀全的形象立刻在民众的心目中变得无比高大。公元1850年春天,洪秀全穿起了黄袍,正式以圣主的身份,接见了各方入会百姓。同年夏天,洪秀全为了对付地方团练的打击,正式下达了“团营”令,各地会员也都积极响应圣主的号召,纷纷变卖田产、房屋,以家庭为单位成群结队地来到广西金田,前后达两万余人,太平天国起义由此正式轰轰烈烈地开始了。

二、金田起义,“拜上帝会”的辉煌

洪秀全领导的这支起义队伍最开始由于有天地会分散了清政府的注意,因而并没有受到坚决的打击,但很快清廷就发现,这支在金田起义的队伍对统治政权颇具威胁,于是调集6省兵力,命首席军机大臣尚赛阿为钦差大臣,亲统大军开赴广西金田。

一开始,起义军士气高昂,创下了两胜清军的辉煌战绩。借着这个有利局势,公元1851年三月份,洪秀全在武宣东乡称天王,建立了军师和五军主将制度。

太平军的战斗力是惊人的,战术上也是灵活机动的,而清军与其相比则完全陷入被动挨打的局面。当时清朝的官员们都在忙着争权夺利,根本没有心思整顿防务,操练士兵,这些没有受到严格训练和正确指导的士兵,其战斗力可想而知,因此即使对手是非正规军队,也一样不堪一击。

起义最初的8个月,是太平军最风光的日子。他们先东下,后往西,又北上,攻克了永安州,这是太平军攻下的第一座城池,取得的第一个阶段性胜利。洪秀全心中大喜,当即在此地发布了著名的封王诏令,封杨秀清为东王,萧朝贵为西王,冯云山为南王,韦昌辉为北王,石达开为翼王。不过,虽然这几位都被封了王,但还隶属于东王杨秀清麾下,于是,全军的指挥大权落在了杨秀清手里。

虽然取得了不错的成绩,但是,在永安城内,太平军仍未确定总体战略目标,这时太平军起义后所面临的第一次重大危机到来了。由于洪秀全的部队在此滞留了半年之久,致使赛尚阿有了打击他们的机会,他指挥手下两员大将广西绿营提督向荣和广州八旗副都统乌兰太将永安城团团围住,企图让太平军弹尽粮绝。好在洪秀全看清了形势,毅然决定带领太平军突围,一直打到了广西桂林。虽然此时的太平军人数不多,但大家却齐心协力,勇气倍增,因而尽管清军武器装备先进,也没能挡住粮食紧缺、武器严重不足的起义军。

这一仗充分显示出了洪秀全的领导能力和作战水平,虽然这陆续而来的成功也离不开他手下的几员得力干将,随后,太平军攻占了广西全州。可是此时,太平军又遭受了自起义以来最重大的一次挫折。湘军创始人之一的江忠源,时任湘军统帅,是位打仗的好手,他只率领500余人的子弟兵,在蓑衣渡埋伏好,静等着太平军的到来。果然,毫无准备的起义军被打了个措手不及,太平军精锐部队损失惨重,不但众多武器被缴获,而且人员死伤无数,大大削弱了太平军的实力。在这场战斗中,南王冯云山因伤不治身亡,这无疑是太平天国和洪秀全个人的重大损失。因为,对于洪秀全来讲,冯云山的身亡使得他在领导核心里更为杨秀清所孤立。此时,太平军不得不改变了原来的计划,转攻长沙。

在湖南最南部的城镇道州,太平军有了调整休养的时间,面对血的教训,洪秀全这个小知识分子出身的领袖,显然底气不足。杨秀清针对当前局势,提出现在的太平军只有直奔金陵才有出路,即使不能夺取全国政权,至少可以把黄河以南的地区划为自己的地盘。洪秀全接受了这一提议,于是大军继续北上。

很快,洪秀全就知道这个决定是何等的英明。在道州、江华、永明、郴州、茶陵,短短的两三个月中,竟然有5万多贫苦百姓加入了太平军,这无疑使得太平军从此真正获得了东下长江、席卷江南省会的力量。虽然洪秀全一直标榜自己是救世主,掌握着百姓的幸福,但其实还是百姓给了他继续前进的力量。太平军只用了20来天的时间,就攻下了武昌城。这是太平军攻下的第一座省城,又招收了附近的不少饥民,使得太平军的队伍扩大至50万人,一时间声威大震。

可是,胜利来得太快,难免让洪秀全、杨秀清冲昏了头脑,此时的他们,开始为了要权还是要利的问题起了争执。原先,洪秀全的主张要比杨秀清更高明,他和女将卞三娘主张继续北进,攻下河南,然后直接进攻北京,夺取全国政权。但是杨秀清只看到了南京这块肥肉,而且又不想再过艰苦的征战日子,只想舒服地享受人生,因而坚持要东进南京。本来如果按照洪秀全的决策,一路打到北京也不是不可能,因为当时清廷的湘军、淮军尚未建立,北边防线很是薄弱,太平军如果像攻占湖南那样迅速进军,不给清廷军队以喘息的机会,估计起码有百分之八十以上的胜算,这样一来,中国历史就很有可能被改写,清廷很可能在孙中山倡导革命前的几十年就被颠覆了。可惜,成功来得太快,连洪秀全、杨秀清自己都没有做好心理准备。于是,当巨大的成功和众多的机遇摆在面前时,他们没有好好地珍惜,而是沉醉在锦衣玉食的生活之中,以往那种革命精神早抛到了脑后。对洪秀全和杨秀清来说,现在最重要的事情不是推翻清朝政府,而是享受生活。于是,这二位从为了太平军到底是北上还是东进而争得面红耳赤的统帅很快便达成了共识,放弃北上,东进南京。无疑,这是洪秀全这一生最重大的战略失误。

此后,太平天国没能再奋发图强,继续扩大胜利果实,却因为领袖们丧失了斗志而逐渐走上了下坡路。定都南京后,洪秀全、杨秀清对北伐中原做了最后一次讨论,洪秀全主张自己镇守江南,让杨秀清率大军直取中原,攻占河南。杨秀清心里想的则是,这样自己很吃亏,便宜都归了洪秀全,于是他借口说南方人去北边容易水土不服,而且,水路交通也不发达,断然拒绝了洪秀全的命令。如果是在以前,杨秀清抗命的举动一定会令洪秀全火冒三丈、大发雷霆,可如今连洪秀全自己都不想再过南征北战的苦日子了,于是,两位领袖又达成了一致意见。这也从一个侧面表明,洪秀全的太平天国起义,其实质并不是像他之前所宣扬的那样,是为了广大劳苦百姓谋福利,而恰恰是为了满足自己对权力和奢靡生活的追求,一旦自己的目的达到了,“推翻清朝统治,救百姓于水火”的誓言早就被抛到九霄云外去了。拜上帝会金田起义,定都南京,取得了一系列胜利,辉煌无比,但也到了由上升到走下坡路的转折关头。

第四节 孔子教化深入,裹足不前,埋下失败的种子

洪秀全和杨秀清定都南京后,便开始享受胜利果实。尽管革命

尚未成功,可是这两位已经完全放弃了努力。金田起义后,洪秀全便娶了15个老婆,东乡建国后,又猛增为36个,到定都南京也就是所谓的天京时,已经直线上升至88个。我们不得不说,小农意识强烈的洪秀全成不了大事,因为此时这位目光短浅的天国领导人根本忘记了自己该干什么。虽然还没拿到全国的统治政权,可是,天国里的特权阶层却已经真的制造出来了,这使得本就缺乏领导能力的洪秀全更加逃避现实,除了拿孔老夫子出气外,就剩自己陶醉于幸福生活了。但可笑的是,尽管他把孔子骂得一无是处,可自己却因为头脑中的夫子教化太深入而最终裹足不前。

一、贪图享受,一塌糊涂的天国政权

自从太平天国定都南京后,洪秀全已经完全被胜利冲昏了头脑,他想的不是如何巩固胜利果实,而是迫不及待地拆毁大批民房,以便为自己修建金碧辉煌的天朝宫殿。俗话说:“由俭入奢易,由奢入俭难。”不加约束、放任自流追求奢靡生活的态度,会像毒品一样侵入人心,腐蚀理智,最终使人完全腐化堕落。无疑,在这方面,洪秀全并没有时常给自己敲警钟,所以他堕落了。

洪秀全的腐化堕落,光看他为自己修建的宫殿就可以知道。这位天王再也不是起义初期和百姓吃在一起、住在一处的革命领袖了。天王府修建了两次才让洪秀全满意,周围十余里,围墙高两丈多,厚4尺,内外两重,外重称为太阳城,内重称为金龙城,整个天王府被装饰得金碧辉煌。

当然,光有一座宫殿还不能让洪秀全满意,为了体现自己崇高的地位,他还精心制定了一套等级森严的礼仪,每次举行什么活动,或是他要出行,就得把这番排场好好拿出来展示一番,以满足他的虚荣心。其实,不只是他,整个太平天国的领导层,人人都有自己的一套礼仪制度。天王、东王及各王、侯、丞相、检点、指挥外出，朝内军中大小官员、兵士、百姓，必须回避，在道路两边跪着迎接，否则就有被砍头的危险。这些规定毫不逊于中国封建社会帝王百官的威风，这哪里是救百姓于水火之中，分明是又一个祸害百姓的龙潭虎穴。

洪天王却显然没有意识到这些，此时的他正陶醉在奢侈放荡的宫中生活里，过着被美人包围的日子，别说政事了，连大门都很少出。东王杨秀清也同属此流，他和洪秀全一样沉醉在享乐中。当然，权力是不能放弃的，因此，尽管二人一天到晚醉生梦死，可还不忘把一套精神枷锁架在基层百姓的头上，以便养活这些明为领袖实为寄生虫的人。从洪秀全制定的封建制度来看，这位天王比腐败的大清皇帝也好不了多少。首先，他规定，在服饰上只有官员才能“遵官职制造穿着，无官之人，仅准红色包头，其汗袍、蚊帐、足裘尤不准用”，如果谁敢不遵守这项制度，“斩首不留”。在称呼上，他又创造了各种等级的专用称呼，比如对于王长女，臣下要称呼其为长天金，第二女则称呼二天金。再如丞相女至军师女皆称玉；师帅女至两司马皆称雪；丞相子至军帅子皆称公子，不过这公子的称呼还略有分别，如果是丞相的儿子就称丞公子，如果是检点的儿子则称检公子。这些令人发笑的称呼并没能显示出天朝的威严，反而显示出了洪秀全那种类似于乡间暴发户的琐碎龌龊，不但映衬出他低劣的文化层次和思想境界，而且还让人们清楚地看到了存在于他身上的儒家封建思想。

洪秀全的残忍苛刻不仅是针对天朝百姓的，就连自己的成群妻妾也成了受害者。住进天王府后，洪秀全从不操心政事，而是将全部心思用在了制定严苛制度上，对于自己的妻子，也制定了不少约束管理制度，如果哪个妻子敢惹他不高兴，动辄大刑伺候，甚至不惜横加杀害，没有一点心疼怜悯之心。尽管他一直把孔子骂得一无是处，但他自己却坚持执行孔教的“三从四德”说教，甚至还自创了一套变态的“十该打”和“四不准”制度。所以，那些不幸成为洪秀全猎物的女人们，不但没享受到幸福安乐的家庭生活，反而整天生活在心惊胆战之中，稍不留神就可能丢掉性命。

洪秀全在南京过着帝王生活，可实际上他根本没具备享受的资本，像刘邦、朱元璋等靠起义夺取统治政权的帝王，都是在一统天下之后才开始适当地享受生活，可洪秀全却不顾清朝统治政权还稳稳地掌控着全国的大部分地区，并没有因为太平天国的存在而有所动摇的事实，一味地漠视清廷的威胁，一心沉浸在自己的享乐之中。这种思想不仅使得天国的几位领袖放弃了颠覆清统治政权的最好时机，而且也没有对太平天国的进一步发展提出任何有益的方法。进京不久，洪秀全颁布了《天朝田亩制度》。作为一个曾经的底层百姓，洪秀全当初没少受地主的压迫，因此他幻想着“通天下皆一式”，想把这个社会变成一个“有田同耕，有饭同食，有衣同穿，有钱同使，无处不均匀，无人不饱暖”的美好世界。不过，事实证明，这只是他缺乏调查研究的个人终极理想，连他自己都不知道该如何具体实行这一制度，所以这《天朝田亩制度》最终也只成为一种乌托邦式的空想。

二、孔孟非妖书，教化深入，止足不前

由于学识和经验的不足，洪秀全和杨秀清对于太平天国的管理严重脱节，政权机构没有得到完善，这使得庞大的太平天国中央机关没有发挥应有的作用，实质上只成为了洪秀全个人的总后勤部，没有行政职能，完全形同虚设。东王、北王、翼王则各自设有六部，并自己组织选拔官员的考试，形成了一个个独立的小朝廷。这不但不易于管理，而且各王之间互相排挤戒备，这使得百姓更是遭殃，不知该听命于谁，可想而知，当时的天朝政权一派混乱。

当时，很多知识分子头脑尚算清醒，他们看到这个政权一塌糊涂，没什么发展前途，因此，尽可能不把自己陷进去，这就使得太平天国内部人才稀少，有远见、有能力的人更是不见踪影。再加上太平军所到之处，对各种庙宇、儒、释、道三教大规模破坏，更加引起了知识分子的反感。

据说，在南京，洪秀全就曾下令把孔庙拆毁，把孔子的牌位劈成几块，要么当柴火，要么扔进污秽之所。还将诸子百家的著作，全部归类为“妖书”，尽行焚毁，如果发现谁敢私自收藏、买卖、阅读“妖书”，一律就地正法。这使得洪秀全身上又加了一条破坏中国传统文化的罪状。在这种情况下，还有哪个读书人愿意加入太平军呢？因此，太平军中尽是些大字不识几个的文盲，这也可以算是太平天国最终走上末路的一个因素。因为没有文化的人，对政局没有自己的判断，很容易失去政治方向，成为被别有用心者利用的工具。不仅如此，就连太平天国的科举考试，也没有正经的知识分子前来应考，只有些僧道巫觋、卦卜星相之流来充数。如此一来，太平天国已经变成了一个文化尽失的组织，失去了政治理论作为指导思想，组织管理焉能不乱？

尽管洪秀全一度厌憎孔子，也做出了不少泄私愤的举动，经过一段时间后，他又连连宣布“孔孟非妖书”，只是这“非妖书”定论的前提是，把书中的内容该删除的删除、该修改的修改。为此，天朝还成立了“删书衙”，专门修改孔孟著作。其实，说是修改，也只不过是将《论语》中的“夫子”改为“孔某”，将一些典籍中的“上帝”二字前边加个“皇”字而已。删改的只是表面，内在含义一点也没改。这说明此前洪秀全在私塾中所受的那些孔子教导令他终身难忘，孔子的思想更是已经融进了他的血液之中。

后来，在洪秀全钦定颁行的太平天国官书中，很多内容都涉及宣扬伦理纲常、孔孟之道，这些显然要比洪秀全那套“拜上帝会”的教义高明得多，因此很快便占据了天朝百姓思想的主导地位。

事实上，在之前太平天国的官书以及各类文告中，孔孟思想就已经在字里行间显示了出来。这些不仅说明孔子对洪秀全影响之深，也说明他所倡导的拜上帝会并不能在政事上对他有所帮助，孔孟之道是他不得不采用的。这种思想意识的回归和倒退，不仅加剧了天国革命的停滞，也埋下了起义最终失败的种子。

第五节　“朕之天兵多过于水”虚幻信仰与天国崩塌

有了天京这个总部，洪秀全其实已经丧失了斗志，毕竟他此前期盼的幸福生活已经到来，他认为自己目前最大的任务就是享受，其他的交给别人去管吧。正是他这种思想和做法造成了天国的内讧，使得北伐以完败告终，更使得石达开愤而出走，天京遭受清军围困。洪秀全一生靠上帝蒙骗民众，谎话说了一千遍也就当成了真话，连他自己也相信了自己是受天父庇佑的，直到清军兵临城下了，他居然还扬言“朕之天兵多过于水”，结果可想而知，在被清兵围困近三个月后，这位天王最终在病饿交加中带着自己的皇帝梦死去了。

一、北伐完败，西征受阻

公元1853年5月，洪秀全决定北伐。这并不是因为洪秀全终于从享乐生活中脱离出来，又想完成自己未竟的事业，而是因为当时的局势逼得他不得不这么做。当时，清军已经在天京周边的孝陵卫和扬州附近分别建立了江南大营和江北大营，各路清军和地方团练部队也已经大规模开赴天京，试图要把太平天国尽快灭掉。迫不得已之下，洪秀全终于决定北伐、西征，试图以此来打破僵局，并达到推翻清朝的目的。不过这次北伐显然是一次战略上的明显失误，因为这支两万人的北伐队伍最终的命运是全军覆没，而这两万人的大军却是太平军中最精锐、最强悍、战斗力最强的队伍。为了对付这支北伐军，清军前后出动了近25万人，其中包括清军中最精锐的僧格林沁率领的蒙古骑兵和黑龙江、吉林骑兵，还有胜保率领的清军八旗主力部队，咸丰皇帝还专门从直隶、东北、西北一带调集北方最精锐的部队分别到各地驻守参战，并积极在各地新招募地方团练部队，可以说调动了北方几乎所有能调动的精锐部队。

这支北伐军可以说是典型的孤军奋战，前边没有先头部队开路，后边的援军也都忙着保护洪秀全。如果不是两员领军大将林凤祥和李开芳在战术上灵活机动，恐怕走不了多远就被清军消灭了。但尽管如此，这支队伍仍然没能逃脱全军覆没的下场。应该说，北伐刚开始时，这支队伍凭着避实击虚，不贪功、不恋战的战略战术，曾一路冲杀直捣北京，甚至距离北京只有百里之遥。但不幸接踵而来，尽管这为数不多的北伐军发挥了他们最大的潜能，可他们毕竟兵少将寡，由于后方供给不上，很快就面临弹尽粮绝的境地。当时又赶上冬天，士兵连棉衣都没有，此时的北伐军要是继续前进就等于送羊入虎口，但要是撤退，这么远的路程，粮食就是最大的问题。在这危急的关头，天王洪秀全却断然命令林凤祥和李开芳原地不动，等待增援。这显然是史上最荒谬、最糟糕的命令，因为流动作战一直是北伐军赖以生存的唯一优势，一旦放弃了这个战术，那就相当于以卵击石。别说援军没到，就算及时赶到了也抵不住清军的几十万人马！就这样，在苦苦坚持了一年半之后，北伐军没能看见援军的到来，全军覆没，而洪秀全所应承的那些援军，早在刚出发没多久也已经被清军全部歼灭了。

这一边,北伐以完败而告终,另一边同时进行的西征也因为匆忙草率而没有得到什么好处,更何况,在西征军进攻湖南的时候,他们遇到的对手是战斗力强悍的湘军。

湘军的统帅就是大名鼎鼎的曾国藩,最初太平军曾几次打败湘军,后在湘潭战役中,湘军大败太平军,接着又将太平军逐出湖南。受到了这次重创,太平军此后再也没有对湖南发动过有效的攻击。曾国藩的军事指挥才能可比洪秀全高明得多,将太平军逐出湖南后,他又率领湘军发动了强大的攻势,乘胜进军湖北。太平军的武昌守将石凤魁就更不是曾国藩的对手了,于是主动撤退了。至此,湘军一路猛进,太平军被一路撵到江西湖口、九江一带。

洪秀全、杨秀清此时才意识到,曾国藩这次是抱定歼灭太平军的决心来的,在这种情况下,洪秀全才派出太平天国最杰出的将领石达开、罗大纲前去主持西征战事。和北伐相比,西征的形势要乐观得多,毕竟有长江的水运,可以帮助援军迅速奔赴前线。再加上石达开杰出的指挥才能,太平军竟然奇迹般地大败湘军水师,并放火焚毁了停泊在江面的湘军大船百余艘。曾国藩走投无路,竟然跳江自杀,虽然后来被随从救起,但日后却“梦魂屡惊”,每每思及仍然心有余悸。借着胜利的鼓舞,西征军又进军湖北,成功地收复了武汉三镇。不过,虽然湘军败了一次,可毕竟没受到太大的影响,后勤给养又完备充足,因而很快恢复了实力,所以,曾国藩仍对九江和武汉集中火力,并把南昌握在手心里,这使得太平军的侧翼部队受到严重威胁,无法继续扩大胜利果实。西征虽然没有像北伐军一样全军覆没,而且还取得了一些阶段性胜利,可是这两次大规模的战役已经给太平天国带来了巨大的消耗,更何况,这点成果还没来得及巩固,很快就被天京小朝廷的诸王内讧打得粉碎。

二、内讧加剧衰亡，虚幻信仰没能挽救天国的崩塌

太平天国的首都天京并没有成为洪秀全的安全基地，不仅外部威胁频频，而且内部一场争权夺利所引发的内讧，又给了这支起义队伍一记重拳。

前文说过，洪秀全在定都南京后，荒废了对天国的治理，逐渐沉迷于奢靡享乐中不能自拔，日子越过越安适，脾气却越来越大，别说对自己的下属，就连对自己的妻子也是非打即杀，这就使得太平天国的统治秩序异常混乱，诸王更是自己选拔人才，自设了一个个小朝廷，形成了内讧的条件。因此可以说，太平天国后来发生的诸王内讧是由洪秀全一手造成的。

大权在握的东王杨秀清从进驻南京前，就有意与洪秀全争夺权力，令洪秀全很是烦恼。太平天国定都南京后，尽管杨秀清手中的权力不小，但他清楚地知道，洪秀全才是天国公认的领袖，而依照他目前喜怒无常的性子，说不定哪一天就会嫌自己的权力太大，可能威胁他的地位，进而痛下杀手歼灭自己。于是，便在心里暗生了与洪秀全争夺权力进而取代他的想法。同时，杨秀清贵为诸王之首的地位，又令他和韦昌辉诸王矛盾重重，如果不扫清这些障碍，相信自己的夺权之路也不会顺利，于是便对诸王多方压制、打击。

韦昌辉是个阴险狡诈之徒，他知道以自己目前的实力还不是杨秀清的对手，于是就尽可能巴结和谄媚杨秀清，和他搞好关系，暗地里却时刻在寻找除掉他的机会。在天京内讧的前一年，这场内乱已经开始显露出苗头，不少头脑清醒的人都已经预感到天国即将有大事发生。可自负的杨秀清却一门心思扑在夺权上，根本没有任何防备，他此时正“代天父传言”，逼着洪秀全封自己为万岁呢。终于，韦昌辉忍无可忍，请求洪秀全杀掉杨秀清。但洪秀全还继续持观望态

度，认为退一步海阔天空，这让韦昌辉很恼恨，他找到石达开，密谋诛杀杨秀清兄弟三人。此时，就算杨秀清再不敏感也看出来韦昌辉是要联合其他人对自己下手，于是赶紧把他们发派到前线，这场内乱才被推迟了。但这并不是一件值得庆幸的事，因为这样的推迟只会酝酿出更猛烈的暴风雨。

杨秀清以为把韦昌辉他们派到战场上，自己就可以高枕无忧了，没想到却栽在了文官手里。曾经被杨秀清毒打过的文官陈承镕，早就对杨秀清的狂妄骄横极为不满，于是找准时机向洪秀全告密，说杨秀清准备抢班夺权，这立刻让洪秀全想起了杨秀清曾一而再再而三地“代天父传言”的举动，每一次“天父下凡”，附身显圣，就连天王洪秀全也要随叫随到，也要以子辈的身份屈膝匍匐在杨秀清的脚下，聆听高高在上的“天父”训诫，甚至还要领受杨秀清人为的侮辱。更何况，这杨秀清还同样用“天父下凡”的神话为自己歌功颂德，明显有要取洪秀全而代之的迹象，这是让洪秀全最不能容忍的，于是他赶紧把韦昌辉、石达开、秦日纲招回来，下令诛杀杨秀清。这可让韦昌辉有了泄私愤的机会，他迅速带着3000人马赶回天京，于凌晨把还在做着美梦的杨秀清杀掉了。

听说杨秀清已被诛杀，洪秀全总算松了一口气，天刚亮，他就迫不及待地宣布杨秀清是“东孽”，是要坚决打倒的反叛。不过，他同时又责备韦昌辉、秦日纲在诛杨的过程中杀人太多，于是罚两人接受几百鞭刑，以压服民愤。这使得韦昌辉在天京的地位很尴尬，洪秀全此举无疑是将他推到了政治斗争的风口浪尖上，杨秀清虽然死了，但他的那些部属难免会兴起报仇之心，而洪秀全罚他领受鞭刑，明摆着是将杀杨秀清的大部分罪责都推到自己身上了，一个不留神，自己就可能死在东王余党的手里。为了扭转这种对自己极为不利的局面，韦昌辉决定一不做二不休，干脆将东王的余党也剪除干净，免留后患。于是他诱骗东王的亲信和部属去观看他受刑,结果成功地使东王府的5000名精兵强将解除了武装,全部被杀死。但是,东王府的残余势力还有不少,他们知道如今的局势不是韦昌辉死就是他们死,于是进行了凶猛的反扑。此时,洪秀全又站在了韦昌辉一边,因为他知道只有依靠韦昌辉,他才有足够的力量清除东王的残留势力。韦昌辉和洪秀全又站在一起,同东王余党展开了激烈的战斗。最终,洪秀全和韦昌辉控制了局面,但此时被杀掉的太平天国将士已多达两万人,太平军的队伍越发凋零了。这无疑是洪秀全亲手给自己挖开了坟墓。

韦昌辉的所作所为让石达开很是厌恶,于是他以“清君侧”为号召,起兵讨韦。此时的洪秀全再不敢护着韦昌辉了,生怕一个处理不好会引发兵变,于是赶紧把韦昌辉杀掉,以平息大家的愤怒。这一系列的变故,使得洪秀全从此以后对谁都有了戒心,尤其是翼王石达开。石达开知道,命运要掌握在自己手里,跟着这么一位糊涂的领袖,下场只能是比杨秀清还惨,于是他率领十多万精锐队伍悄然出走。无疑,这又让天国的大厦塌了半边。

经过这连番的打击,天国已经逐渐失去了战斗力,在此后的战争中几乎再没有翻身的机会。曾经创下辉煌事业的人才,一个个离去,曾经高歌猛进占领的城池,一座座失守,最后只剩下天京,却也陷入了援尽粮绝的境地。此时的洪秀全已经完全乱了方寸,一方面,他预感到自己的末日就要到了,另一方面,却又不相信这末日竟会来得这样快,于是他让军民挖野菜,吃草根,并且自己带头先吃。忠王李秀成分析了当前局势,力劝洪秀全弃守天京,到湖北去和扶王陈得才会合,洪秀全却大发雷霆,怒吼道:“朕之天兵多过于水,何惧曾妖者乎!”就这样,他一意死守天京,但在缺水断粮将近3个月后,他的身体终于支撑不住了,患了重病,卧床不起,可他坚持不吃药,幻想自己是上帝的儿子,天父一定会来拯救他。

公元1864年六月一日,洪秀全在天京城被清军攻破前的50天,终于带着他已经破灭的皇帝梦闭上了眼睛。随着洪秀全的死去,太平天国中央政权也宣告灭亡,一场轰轰烈烈的农民起义就这样结束了。

对洪秀权信仰的总结:

坦白地说,洪秀全的信仰几乎不能称之为信仰。他既不是坚贞的基督教信徒,又不是纯粹的基督教义受益者,他的信仰,不过是披着基督教的外衣,实质却混合了许多儒家的思想。作为一个后来“信奉”了基督教的封建知识分子,他最本质的思想还是来自于儒家学说,以至于一遇到问题,他的思维方式和处理方法就会自然地显露出儒学的痕迹,这不仅令他在成绩面前裹足不前,而且对于天国内发生的诸王内讧也缺乏相应的判断力和控制力。

和传统的小知识分子一样,洪秀全渴望通过科举考试来改变自己的人生,过上幸福的生活,然而,他的希望却一次次破灭。面对失败和挫折,洪秀全没有鼓起勇气去正视,而是选择了逃避,甚至还因为承受不了这样的打击而大病了一场。虽然他具有革命精神,也不畏艰辛创建了太平天国,可是,每次战争或是处理政事,他大多是选择逃避和退缩。在他和冯云山去广西发动百姓遇到挫折之后,他选择了回家;当太平军进入南京后,为避免和杨秀清的正面冲突,他甚至放纵杨秀清弄权;天京被围后,他不是积极地寻求突围,而是消极防守,自己还沉湎于他的虚幻宗教之中。性格的软弱使他自己导演了自己的悲剧,可以说,洪秀全的信仰不但没能帮他成就一番霸业,最终还把自己彻底送上了不归路。

后 记

春临大地，又一个生发之季欣然而至，令我喜慰的是，君王一书终可在这种孕育着勃勃生机的时节面世了！

回首去年的创作历程，除了繁复的脑力劳动更多的则是紧张与不安。毕竟从秦始皇到洪秀全，一十三位著名君王的信仰很少有人提及，我的这番工作不知是不自量力的莽撞之举，还是为大家们提供一些有用的素材呢？说实话，我心里实在没底，唯有尽力为之，同时查阅大量古籍资料，拜师访友，以弥补自己的无知，希望为本书免除起码的、低级的、不该发生的错误。

本书最大的遗憾是对于武则天和成吉思汗的描写。在中国历史上，先后曾有六七位女人临朝执政，但只有武则天真正登上了皇帝宝座，享受了“万国衣冠拜冕旒”的殊荣，成为历史上唯一的女皇帝。尽管她受到后人的口诛笔伐，但这位睿智的女性留下了无字碑，功过后人评说。客观来讲，她的政绩还是光耀千古的。她掌理朝政近半个世纪，社会稳定，经济发展，做过许多符合民众利益的事，稳固和发展了“贞观之治”，把历史推进了一大步，并对后来“开元盛世”起到了承前启后的作用。因此，当代著名史学家郭沫若认为武则天承前启后、继往开来的历史功绩将彪炳千秋！而成吉思汗是蒙古族的杰出首领和军事家。他先是统一了蒙古诸部。后又建立了统一的蒙古汗国。同时，制定军事、政治、法律等制度，创制并使用文字，对蒙古社会的发展起到了积极的推进作用。即位以后，展开大规模的军事活动不断西征，先后建立了横跨亚欧的窝阔台、察合台、钦察、伊儿四大汗国，打通了亚洲的陆路交通线，促进了东西方文化、经济的交流，特别是把我国发明的指南针、火药和活字印刷术传入欧洲，促进了西方社会的发展和世界文明的进步。在西征的同时，为完成祖国统一大业，成吉思汗又挥师南下，不断巩固和开拓祖国的疆土，为元朝的建立做出了巨大贡献。然而就是这么两位中外历史瞩目的名人，却在本书受于篇幅等限制，描写力度不够，尤其是敏感的成吉思汗侵略欧洲问题，本书一再谨言慎行，生怕节外生枝，生出些不好的影响。因此，我真是诸多遗憾之处，恐怕读者品评后也不禁失望。

值得欣慰的是，尽管本书遗憾颇多，但创作以来一直受到各界老师的关注、指导和鼓励，这其中包括作家林蔚人老师，包括人文大学教授马金科老师，以及中国邮电大学的博士郑永彪老师，本书的成型离不开诸位老师的帮助，特此表示最真挚的感谢和敬意！